DIREITO CIVIL PARA CARREIRAS POLICIAIS

Coordenação

Higor Vinicius Nogueira Jorge

DIREITO CIVIL PARA CARREIRAS POLICIAIS

2024

EDITORA *Jus*PODIVM

www.editorajuspodivm.com.br

EDITORA *Jus*PODIVM
www.editorajuspodivm.com.br

Rua Canuto Saraiva, 131 – Mooca – CEP: 03113-010 – São Paulo – São Paulo
Tel: (11) 3582.5757
• Contato: https://www.editorajuspodivm.com.br/central-de-relacionamento

Copyright: Edições *Jus*PODIVM

Diagramação: Equipe *Jus*PODIVM

Capa: Ana Caquetti

J82d Jorge, Higor Vinicius Nogueira
Direito Civil para Carreiras Policiais / Higor Vinicius Nogueira Jorge – São Paulo: Editora JusPodivm, 2024.
368 p.

ISBN: 978-85-442-5287-1

1. Direito Civil. I. Jorge, Higor Vinicius Nogueira. II. Título.

CDD 342.1

BIBLIOTECÁRIA RESPONSÁVEL

Ana Carolina Ribeiro Mois – CRB7 – RJ 007348/0

Autores

Ana Luiza Canavarros Caldart

Graduada em Direito pela UNIC - Universidade de Cuiabá (2017). Pós-graduada em Direito Público (2018), Direito Penal e Processual Penal (2019) e Segurança Pública e Sistema Penitenciário (2023). Assessora jurídica no Ministério Público do Estado de Mato Grosso (desde 2017). Aprovada no concurso Delegado Polícia Civil do Estado de Rondônia (2023). Instagram: @analuizaccaldart; E-mail: analucaldart@hotmail.com.

Denize dos Santos Ortiz

Advogada criminalista formada pela UNISINOS (2000), pós-graduada em direito penal, processo penal, direito penal econômico e processo penal econômico, pela Academia Brasileira de Direito Constitucional – ABDConst, professora da Escola Superior da Advocacia do Estado de Goiás ESA-GO, professora da Faculdade Latu Sensu, professora e mentora da KDJ Mentoria, Mentora para prova da OAB 1ª e 2ª fases e carreiras jurídicas com mais de 250 alunos aprovados, coautora de obras jurídicas, autora e coautora de artigos científicos e Palestrante. E-mail: ortiz.denize@gmail.com; Instagram @denize_ortiz; Lattes: http://lattes.cnpq.br/8131244917784508.

Joaquim Leitão Júnior

Delegado de Polícia no Estado de Mato Grosso e lotado no GAECO da unidade desconcentrada de Barra do Garças-MT, pós-graduado em Ciências Penais pela rede de ensino Luiz Flávio Gomes (LFG) em parceria com Universidade de Santa Catarina (UNISUL). Pós-graduado em Gestão Municipal pela Universidade do Estado de Mato Grosso – UNEMAT e pela Universidade Aberta do Brasil. Curso de Extensão pela Universidade de São Paulo (USP) de Integração de Competências no Desempenho da Atividade Judiciária com Usuários e Dependentes de Drogas. Colunista do site Justiça e Polícia, coautor de obras jurídicas e autor de artigos jurídicos. Ex-Diretor Adjunto da Academia da Polícia Judiciária Civil do Estado de Mato Grosso. Ex-Assessor Institucional da Polícia Civil de Mato Grosso. Ex-assessor do Tribunal de Justiça de Mato Grosso. Palestrante. Professor de cursos preparatórios para concursos públicos e integrante da KDJ Mentoria. E-mail: juniorleitaoadv@hotmail.com.

Monaliza Lopes da S. Sales

Advogada especialista em Direito Ambiental e em Energias Renováveis. Assessora do Departamento de Inovação para Produção Familiar e Transição Agroecológica do Ministério do Desenvolvimento Agrário e Agricultura Familiar.

Rodolfo Luiz Decarli

Delegado de Polícia Civil no Estado de São Paulo. Graduado em Direito pela Pontifícia Universidade Católica de São Paulo (PUC-SP), tendo recebido o prêmio "Menção Honrosa". Especialista em Direito Processual pela PUC-SP, com atuação na área acadêmica. Mestrando em Direito. Professor de cursos de graduação e pós-graduação. Professor concursado da Academia de Polícia Civil de São Paulo. Professor do curso "AdVerum". Ex-Professor da Rede de Ensino Luiz Flávio Gomes - LFG e do Curso Preparatório Federal Concursos.

Taline Rezende Paniago

Advogada, formada pela Faculdade UNIFIMES – Mineiros/GO, pós-graduada em Direito Penal e Direito Processual Penal pela Uniasselvi, Conciliadora do TJMT de 2019 a 2024, Especialista pela SALOMÃO-LTDA em Direito Imobiliário. E-mail: taline.r.paniago@gmail.com.

Apresentação da Coleção Linhas Policiais

Bem-vindo à Coleção Linhas Policiais, um projeto cuidadosamente desenvolvido para orientar e preparar você, candidato(a), rumo à aprovação nos concursos para Delegado de Polícia e outras carreiras policiais.

É com imensa satisfação que apresento esta coleção, que combina o rigor da doutrina com a praticidade de questões estratégicas, elaboradas tanto a partir de concursos anteriores quanto com o auxílio da inteligência artificial.

Nossa missão com esta coleção é oferecer uma base sólida de conhecimento, abordando os principais temas que compõem os editais dos concursos policiais.

Cada livro da coleção foi escrito por especialistas renomados, que entendem as nuances e as exigências dessas provas. Nosso objetivo é proporcionar um material didático atualizado e que seja capaz de atender tanto os iniciantes quanto os mais experientes na trajetória dos estudos para concursos públicos.

O caminho para a aprovação em concursos é repleto de desafios, mas também de grandes recompensas. A escolha de uma carreira policial não é apenas uma decisão profissional, mas um compromisso com a justiça, a segurança e o bem-estar da sociedade. A dedicação aos estudos, a persistência e a paixão pela profissão são fundamentais para o sucesso nesta jornada.

Esta coleção é composta pelos seguintes livros, cada um focado em uma área essencial para a sua preparação:

- Direito Penal
- Direito Processual Penal
- Direito Constitucional
- Direito Administrativo
- Direito Civil
- Direitos Humanos
- Medicina Legal
- Legislação Especial
- Língua Portuguesa
- Noções de Informática

Cada volume foi projetado para ser uma ferramenta indispensável, com uma abordagem teórica robusta e a inclusão de questões que simulam o nível e o estilo das provas reais. As questões são elaboradas e selecionadas com o intuito de proporcionar uma experiência prática, permitindo que você teste seus conhecimentos e identifique áreas que necessitam de maior atenção.

Sabemos que a preparação para concursos exige muito mais do que simplesmente estudar o conteúdo. É necessário desenvolver uma estratégia de estudo eficaz, manter-se motivado e superar as adversidades que surgem ao longo do caminho. Por isso, cada capítulo deste livro é construído para ser não apenas uma fonte de conhecimento, mas também uma inspiração para que você continue avançando com determinação.

O compromisso de ser um policial vai além do cumprimento da lei; é um chamado para proteger e servir. Esperamos que esta coleção seja um guia fiel e inspirador em sua jornada rumo à aprovação. Lembre-se de que cada página estudada é um passo em direção ao seu objetivo.

Desejamos a você, futuro Delegado de Polícia ou integrante de outras carreiras da segurança pública, uma jornada de estudos produtiva e motivadora.

Que a sua determinação e o seu esforço sejam recompensados com a realização do seu sonho de enfrentar o crime e proteger a sociedade.

Boa sorte e bons estudos!

Higor Vinicius Nogueira Jorge
Coordenador da Coleção Linhas Policiais
www.higorjorge.com.br

à aprovação. Lembre-se de que cada página estudada é um passo em direção ao seu objetivo.

Desejamos a você, futuro Delegado de Polícia ou integrante de outras carreiras da segurança pública, uma jornada de estudos produtiva e motivadora.

Que a sua determinação e o seu esforço sejam recompensados com a realização do seu sonho de enfrentar o crime e proteger a sociedade.

Boa sorte e bons estudos!

Hugo Vinícius Nogueira Jorge

Coordenador da Coleção Carreiras Policiais

www.hugojorge.com.br

Sumário

Capítulo 1

LEI DE INTRODUÇÃO ÀS NORMAS DO DIREITO BRASILEIRO – DECRETO-LEI Nº 4.657/42

Ana Luiza Canavarros Caldart
Denize Dos Santos Ortiz

A Lei de Introdução às Normas do Direito Brasileiro – LINDB, regulamentada pelo Decreto-Lei n. 4.657/42 e recepcionada com *status* de lei ordinária, é uma norma afeta à Teoria Geral do Direito, aplicável a todos os ramos da ciência jurídica, seja de direito público, seja de direito privado, e que tem por escopo a regulamentação de outras normas, razão pela qual é classificada pela doutrina como uma sobrenorma (*lex legum*) ou, para Pontes de Miranda, uma norma de sobredireito.

No decorrer do seu texto, a normativa aborda aspectos gerais peculiares à elaboração, vigência, eficácia, interpretação, integração e aplicação das normas no ordenamento jurídico brasileiro, passando a dispor, recentemente, com a edição da Lei nº. 13.655/2018, que alterou o seu texto, de regras específicas sobre a segurança jurídica e a eficiência na criação e aplicação do direito público.

1.1. FONTES DO DIREITO

Já no seu artigo 4º, a LINDB[1] descreve expressamente as fontes do Direito Civil, dispondo como fonte primária a lei e como fontes secundárias ou acessórias a analogia, os princípios gerais de direito e os costumes.

No mais, ficou a cargo da doutrina a distinção entre as fontes materiais e formais do direito, subdividindo-as da seguinte forma:

- Fontes materiais: Abarcam as causas determinantes da origem da norma jurídica e levam o intérprete a investigar as razões de ordem sociológica, filosófica, histórica, social etc. que resultaram no surgimento da norma jurídica.
- Fontes formais: Assimilam os mecanismos por meio dos quais as normas jurídicas se relevam, podem ser de origem estatal ou não estatal.

Fontes estatais:

a) Fonte legislativa: Constituição Federal, Leis e Atos Administrativos.

b) Fontes jurisprudenciais: Conjunto de decisões que interpreta e aplica as leis de forma uniforme por um Tribunal. Manifesta-se por meio das súmulas e precedentes judiciais.

c) Fontes convencionais: Oriundas dos tratados e convenções internacionais ratificados pelo ordenamento jurídico brasileiro.

---

1. Art. 4º Quando a lei for omissa, o juiz decidirá o caso de acordo com a analogia, os costumes e os princípios gerais de direito.

Fontes não estatais:

a) Costumes jurídicos: Originam do direito consuetudinário, que são práticas jurídicas e sociais não positivadas, mas aceitas como normas jurídicas.

b) Fontes doutrinárias: Produto do direito científico, extraída das análises e interpretações realizadas pelos estudiosos do Direito.

c) Convenções e negócios jurídicos: Os contratos e demais negócios jurídicos celebrados manifestam os seus efeitos nas relações jurídicas e, inegavelmente, consubstanciam-se como fontes formais não estatais do direto.

Importante destacarmos que, apesar de não prevista expressamente na LINDB como meio integrador da norma jurídica, a equidade vem ganhando os seus contornos valorativos na modernidade e, em casos específicos, pode ser utilizada quando expressamente prevista em lei.

Trata-se, assim, da busca do ideal de justiça na solução do caso concreto e só pode ser utilizada quando os meios de integração previstos no artigo 4ª da LINDB não forem suficientes à solução da controvérsia e não houver expressa previsão legal acerca da temática.

Portanto, conclui-se que a equidade não é fonte do direito civil, todavia, pode ser aplicada, quando prevista em lei, com função integrativa.

1.2. VIGÊNCIA, REVOGAÇÃO E VACATIO LEGIS NO ORDENAMENTO JURÍDICO BRASILEIRO

A princípio, a lei passa a existir no ordenamento jurídico brasileiro a partir da sua promulgação, momento a partir do qual recebe o respectivo número de ordem e a data da sua validade.

Ocorre que é tão somente a partir da publicação dessa lei pelo Diário Oficial que se tem o início da sua vigência, ou seja, ocasião em que a norma passa a produzir os seus efeitos no ordenamento jurídico.

Neste contexto, de acordo com o artigo 1º da Lei de Introdução ao Estudo do Direito Brasileiro, a lei entrará em vigor no Brasil, salvo disposição em contrário, 45 (quarenta e cinco) dias após oficialmente publicada. Todavia, quando a lei brasileiro produzir os seus efeitos nos estados estrangeiros, o prazo de vigência será de 03 (três) meses após a sua publicação (§ 1º do artigo 1º da LINDB)[2].

Como se vê, a regra é que a própria lei de âmbito nacional traga no seu texto a previsão expressa da data em que entrará em vigência e, caso assim não o faça, adota-se o prazo genérico de 45 (quarenta e cinco) dias após a publicação oficial da norma.

No mais, destaca-se que a contagem dos prazos de vigência se dá em dias corridos, incluindo-se a data da publicação e a data do último dia do prazo, entrando em vigência no dia subsequente a consumação integral do período anunciado pela norma, independentemente se a data final seja um feriado ou final de semana.

Outrossim, o prazo de vigência da norma, por via de regra, é indeterminado, uma vez que, nos termos do artigo 2º da LINDB[3], a lei permanecerá vigente até que outra a modifique ou revogue, do que resulta a consagração do princípio da continuidade da lei.

2. Art. 1º Salvo disposição contrária, a lei começa a vigorar em todo o país quarenta e cinco dias depois de oficialmente publicada.
§ 1º Nos Estados estrangeiros, a obrigatoriedade da lei brasileira, quando admitida, se inicia três meses depois de oficialmente publicada.

3. Art. 2º Não se destinando à vigência temporária, a lei terá vigor até que outra a modifique ou revogue.

Diante disso, tem-se que a lei posterior revoga a anterior quando expressamente o declare, quando seja com ela incompatível ou, ainda, quando regule inteiramente a matéria de que tratava a lei anterior (§ 1º do art. 2º da LINDB[4]). Ademais, caso a lei nova apenas trate de disposições gerais ou especiais em conformidade com a legislação já existente, não há que se falar em modificação ou revogação da lei anterior (§ 2º do art. 2º da LINDB).

Noutro giro, excepcionalmente, existem normas de caráter temporário, as quais nascem com prazo certo de vigência e trazem em seu bojo, expressamente, o seu prazo de vigência prefixado, e normas excepcionais, que incidem sobre determinadas situações de anormalidade social e permanecem vigente enquanto perdurar a situação inusitada. Além disso, ambas as espécies normativas são dotadas de ultratividade e incidem sobre os fatos praticados à época da sua vigência, mesmo diante de posterior revogação.

Acerca do tema, tem-se que a revogação das leis pode se dar de duas formas, as quais se classificam de acordo com a sua extensão, sendo a *ab-rogação* hipótese de revogação total do texto da lei, enquanto a *derrogação* abarca a possibilidade de revogação parcial.

Ademais, a revogação pode se dar de forma expressa (por via direta), contexto no qual a nova lei declara expressamente revogada a lei anterior ou os dispositivos eventualmente revogados, ou de maneira tácita (por via oblíqua), hipótese em que a novel legislação se apresenta incompatível com a lei anterior, inexistindo previsão expressa no texto acerca da sua revogação.

---

4. § 1º A lei posterior revoga a anterior quando expressamente o declare, quando seja com ela incompatível ou quando regule inteiramente a matéria de que tratava a lei anterior.

Não suficiente, a legislação abarca as diretrizes acerca de eventuais retificações ao texto legal, disciplinando que as correções ao texto de lei já em vigor serão consideradas lei nova, denominada lei corretiva, situação na qual, proceder-se-á a uma nova publicação e os prazos de vigência devem correr a partir dessa nova publicação (§ 4º do art. 1º da LINDB[5]).

De outro modo, caso a lei seja publicada com incorreções e erros materiais, todavia, seja corrigida antes da sua entrada em vigor, não será necessária uma nova lei, bastando a sua republicação e reabertura do prazo de *vacatio legis* especificamente com relação aos artigos revisados (§ 3º do artigo 1º da LINDB[6]).

Neste cenário, percebe-se que *vacatio legis* é o período que intermedeia a data da publicação da lei a sua efetiva entrada em vigência, com a finalidade de permitir aos seus destinatários a ciência da norma para, então, cumpri-la.

Destaca-se que a norma afasta expressamente a repristinação automática do conteúdo normativo anteriormente revogado, dispondo no seu artigo 2º, § 3º, que *salvo disposição em contrário, a lei revogada não se restaura por ter a lei revogadora perdido a vigência*.

Como se sabe, o efeito repristinatório é aquele por meio do qual uma lei revogada volta a viger no caso de revogação da sua lei revogadora, ou seja, a Lei B revoga a Lei A e, posteriormente, a Lei C revoga a Lei B. Diante disso, a Lei A não voltará ao ordenamento jurídico como norma válida tão somente em razão da revogação da Lei B, dependendo a sua restauração de expressa previsão trazida no bojo da Lei C.

5. § 4º As correções a texto de lei já em vigor consideram-se lei nova.
6. § 3º Se, antes de entrar a lei em vigor, ocorrer nova publicação de seu texto, destinada a correção, o prazo deste artigo e dos parágrafos anteriores começará a correr da nova publicação.

Neste ponto, importante destacar que a repristinação disciplinada no artigo 2º, § 3º, da LINDB, não se confunde com o efeito repristinatório inerente ao controle de constitucionalidade das leis, uma vez que, na hipótese de lei declarada inconstitucional ou quando deferida a suspensão cautelar da eficácia da norma, a lei revogada volta a viger quando a lei revogadora for declarada inconstitucional.

Isso se dá em razão da adoção do sistema das nulidades no controle de constitucionalidade, o qual afeta a própria validade da lei ou ato normativo que, a partir da sua declaração de inconstitucionalidade, será declarada nula desde o seu nascimento e, portanto, desprovida de força vinculativa (artigo 11, § 2º, da Lei n. 9.868/1999)[7].

1.3. PRINCÍPIO DA OBRIGATORIEDADE DA NORMA

A vinculação ao cumprimento das leis pelos cidadãos vem disciplinada no artigo 3º da Lei de Introdução as Normas do Direito Brasileiro[8], abarcando o princípio da obrigatoriedade da norma, por meio do qual ninguém poderá deixar de cumprir a lei argumentando o seu desconhecimento.

7. Art. 11. Concedida a medida cautelar, o Supremo Tribunal Federal fará publicar em seção especial do Diário Oficial da União e do Diário da Justiça da União a parte dispositiva da decisão, no prazo de dez dias, devendo solicitar as informações à autoridade da qual tiver emanado o ato, observando-se, no que couber, o procedimento estabelecido na Seção I deste Capítulo.

   § 2º A concessão da medida cautelar torna aplicável a legislação anterior acaso existente, salvo expressa manifestação em sentido contrário.

8. § 3º Salvo disposição em contrário, a lei revogada não se restaura por ter a lei revogadora perdido a vigência.

Neste ponto, a doutrina majoritária expressa a adoção da teoria da necessidade social acerca do princípio da obrigatoriedade da norma, a qual pressupõe o conhecimento da lei como viabilidade do seu cumprimento.

Corroborando a relatividade da obrigatoriedade da norma, o professor Flávio Tartuce, no seu Manual de Direito Civil Volume Único[9], rememora a possibilidade de anulabilidade dos negócios jurídicos nos casos de erro substancial, apontando que:

> *"o princípio da obrigatoriedade das leis não pode ser visto como um preceito absoluto, havendo claro abrandamento no Código Civil de 2002. Isso porque o art. 139, inc. III, da codificação material em vigor admite a existência de erro substancial quando a falsa noção estiver relacionada com um erro de direito (error iuris), desde que este seja única causa para a celebração de um negócio jurídico e que não haja desobediência à lei. Alerte-se, em complemento, que a Lei de Contravenções Penais já previa o erro de direito como justificativa para o descumprimento da norma (art. 8º)".*

Portanto, verifica-se que o princípio da obrigatoriedade da norma não pressupõe, de forma absoluta, que todos conhecem às leis, o que é ratificado pela expressa possibilidade disciplinada na lei civil com relação à discussão da validade dos negócios jurídicos nas hipóteses de erro de direito quando a falsa percepção for a única causa para a celebração do negócio e não haja desconformidade com a lei.

9. TARTUCE, Flávio. *Manual de Direito Civil* – Volume Único. 13. ed. Editora Método, 2023.

1.4. FORMAS DE INTEGRAÇÃO DA NORMA

Resgatando as discussões acerca das fontes secundárias do direito disciplinadas no artigo 4º da LINDB[10], verifica-se que o legislador trouxe como mecanismos de integração da norma a analogia, os costumes e os princípios gerais de direito.

Neste contexto, sabe-se que, no exercício da sua atividade, o legislador não é capaz de prever todas as situações e acontecimentos a serem amparados pela norma, o que torna necessária a disciplina de mecanismos de integração das leis para que eventuais lacunas sejam preenchidas e nenhuma controvérsia seja afastada da análise e solução jurisdicional.

Inicialmente, a legislação previu a analogia como uma das formas de suprimento do vazio legislativo, a qual pressupõe a ausência de uma lei capaz de solucionar a controvérsia, o que demanda que uma outra norma que trata de demanda similar seja aplicada ao caso concreto para a sua resolução.

Neste ponto, valiosa a distinção entre os institutos da analogia, interpretação analógica e interpretação extensiva:

- Analogia: utilizada na ausência da norma, suprindo a lacuna legislativa com a aplicação de outro texto normativo que trate de hipótese igual ou semelhante.
- Interpretação analógica: Nesta hipótese, há uma lei a ser aplicada e interpretada pelo jurista, razão pela qual não há que se falar em lacuna ou omissão. Dá-se quando uma lei é acompanhada de uma fórmula genérica que demanda uma atividade interpretativa para a solução da demanda.

10. Art. 4º Quando a lei for omissa, o juiz decidirá o caso de acordo com a analogia, os costumes e os princípios gerais de direito.

- Interpretação extensiva: De igual forma, não existe uma lacuna legislativa, porém, faz-se necessária uma ampliação do alcance ou significado da norma, uma vez que o legislador, a princípio, disse menos do que gostaria.

Na sequência, o artigo 4º da LINDB aborda os costumes como mecanismo de assimilação, o que pressupõe uma conduta lícita e reiterada da sociedade, com relevância no mundo jurídico.

Outrossim, os costumes se subdividem em *contra legem*, *praeter legem*, *secundum legem* e costume judiciário. Vejamos cada um deles:

- O costume *contra legem* é vedado, uma vez que se manifesta contrário às leis e, portanto, representa uma conduta ilícita, razão pela qual não pode ser utilizado como forma de integração e fonte do direito.
- O costume *praeter legem*, por sua vez, expressa uma conduta lícita e reiterada, com relevância no mundo jurídico, ou seja, é o costume que supre a lei nos casos omissos e preenche suas lacunas.
- O costume *secundum legem*, de outro modo, está previsto na norma, a qual reconhece a sua eficácia obrigatória.
- O costume judiciário, no que lhe toca, reconhece a jurisprudência consolidada e abarca os precedentes jurisprudenciais e as súmulas vinculantes, bem como as não vinculantes.

Prosseguindo, os princípios gerais de direito expressam a estrutura basilar do ordenamento jurídico e se manifestam como mandamentos de criação e incorporação das leis, com caráter eminentemente interpretativo e, portanto, integrador do conjunto normativo do Estado de Direito.

Ademais, importante rememorar a força normativa e coercitiva dos princípios de índole constitucional, notadamente das normas definidoras dos direitos fundamentais, as quais são autoexecutáveis e possuem aplicação imediata, independentemente do emprego de técnicas de integração, manifestando normas jurídicas propriamente ditas na expressão da eficácia horizontal dos direitos fundamentais.

De mais a mais, conforme trabalhado anteriormente, apesar de discutida por doutrinadores modernos como fonte do Direito Civil Contemporâneo, destaca-se que a equidade não é tratada como um mecanismo expresso de integração das normas jurídicas de acordo com a Lei de Introdução as Normas de Direito Brasileiro e é esse o entendimento que deve ser levado para as provas objetivas de concursos públicos.

Por fim, ainda em caráter orientativa da atividade jurisdicional, o artigo 5º da LINDB disciplina que "*na aplicação da lei, o juiz atenderá aos fins sociais a que ela se dirige e às exigências do bem comum*".

Sobre a temática, destaca-se a aproximação do direito privado com relação ao público, contexto no qual se tem por escopo a máxima efetividade do bem-estar coletivo, materializando os dogmas da liquefação dos bens jurídicos tutelados, assegurando-se através de todos os Poderes a máxima observância dos direitos fundamentais, a saber: o alcance dos fins sociais e da dignidade da pessoa humana sob uma perspectiva transindividual.

1.5. DIREITO INTERTEMPORAL – EFICÁCIA DAS LEIS NO TEMPO

As regras de direito intertemporal são pautadas na irretroatividade das leis, sendo a retroatividade trabalhada como uma exceção, a qual demanda expressa previsão normativa.

Aliás, constata-se que as leis devem respeitar as relações jurídicas consolidadas, de modo a observar, nos termos do artigo

5º, inciso XXXVI[11], da Constituição Federal, corroborado pelo artigo 6º da LINDB[12], o direito adquirido, o ato jurídico perfeito e a coisa julgada.

Neste sentido, importante a lição dos professores Cristiano Chaves de Farias, Nelson Rosenvald e Felipe Braga Netto que, citando a obra do doutrinador Carlos Roberto Gonçalves, expressam a adoção da teoria subjetiva de Gabba pelo ordenamento jurídico brasileiro. Vejamos:

> *"Costuma-se afirmar que a ordem nacional acolheu a teoria subjetiva de Gabba. Carlos Roberto Gonçalves, a respeito, teoriza: 'Acolheu-se a teoria subjetiva de Gabba, de completo respeito ao ato jurídico perfeito, ao direito adquirido e a coisa julgada. Assim, como regra, aplica-se a lei nova aos casos pendentes (facta pendentia) e aos futuros (facta futura), só podendo ser retroativa, para atingir fatos já consumados, pretéritos (facta praeterita), quando: a) não ofender o ato jurídico perfeito, o direito adquirido e a coisa julgada; b) quando o legislador, expressamente, mandar aplicá-la a casos pretéritos, mesmo que a palavra 'retroatividade' não seja usada'."*[13]

Diante disso, conclui-se que a regra é a irretroatividade das leis, todavia, diante da existência de expressa previsão legal e respeitado o direito adquirido, o ato jurídico perfeito e a coisa julgada, é possível que a lei nova venha a regulamentar situações anteriores à sua vigência.

---

11. XXXVI - a lei não prejudicará o direito adquirido, o ato jurídico perfeito e a coisa julgada.
12. Art. 6º A Lei em vigor terá efeito imediato e geral, respeitados o ato jurídico perfeito, o direito adquirido e a coisa julgada.
13. DE FREITAS, Cristiano Chaves. ROSENVALD, Nelson. NETTO, Felipe Braga. *Manual de Direito Civil.* 2. ed. Editora Juspodivm, 2018.

No mais, a própria LINDB, no seu artigo 6º, valendo-se da técnica de interpretação autêntica, cuidou da conceituação do que vem a ser o direito adquirido, o ato jurídico perfeito e a coisa julgada. *In verbis*:

> *Art. 6º A Lei em vigor terá efeito imediato e geral, respeitados o ato jurídico perfeito, o direito adquirido e a coisa julgada.*
>
> *§ 1º Reputa-se ato jurídico perfeito o já consumado segundo a lei vigente ao tempo em que se efetuou.*
>
> *§ 2º Consideram-se adquiridos assim os direitos que o seu titular, ou alguém por ele, possa exercer, como aqueles cujo começo do exercício tenha termo pré-fixo, ou condição pré-estabelecida inalterável, a arbítrio de outrem.*
>
> *§ 3º Chama-se coisa julgada ou caso julgado a decisão judicial de que já não caiba recurso.*

Acerca da temática, forçoso o reconhecimento da tendência moderna à relativização da coisa julgada e do direito adquirido, reforçando a afirmativa da ausência de direitos absolutos na seara jurídica.

À vista disso, a própria jurisprudência vem relativizando a coisa julgada, ainda que excepcionalmente, quando presentes preceitos constitucionais de especial relevância, tal como nas hipóteses envolvendo ação de investigação de paternidades julgadas improcedentes em razão da impossibilidade de realização do exame de DNA.

No mesmo sentido, verifica-se a inclinação jurisprudencial e doutrinária com relação a ponderação do ato jurídico perfeito e dos direitos adquiridos, especialmente diante de discussões envolvendo concepções de ordem pública e matéria da mais alta envergadura constitucional, tal como a dignidade da pessoa humana.

A exemplo, os professores Cristiano Chaves de Farias, Nelson Rosenvald e Felipe Braga Netto, no já citado Manual de Direito

Civil, mencionam o repulsivo direito à escravidão, contexto no qual o reconhecimento do direito de não ser escravizado implica a eliminação do direito de possuir escravos.

1.6. APLICAÇÃO DA LEI NO ESPAÇO – TERRITORIALIDADE DAS NORMAS JURÍDICAS

O ordenamento jurídico brasileiro, em regra, adota a teoria da territorialidade moderada, contexto no qual as leis são aplicadas no território nacional, admitindo, excepcionalmente, que a lei estrangeira incida no Brasil, bem como que a lei nacional seja aplicada fora das fronteiras do território nacional.

Com isso, tem-se que o ordenamento jurídico brasileiro admite tanto as regras da territorialidade, nos termos dos artigos 8º e 9º da LINDB[14], bem como a extraterritorialidade, conforme artigos 7º, 10, 12 e 17[15] do mesmo diploma legal.

Diante disso, inicialmente, adota-se a lei do domicílio da pessoa no que toca às normas estruturantes do começo e do fim

14. Art. 8º Para qualificar os bens e regular as relações a eles concernentes, aplicar-se-á a lei do país em que estiverem situados.

    Art. 9º Para qualificar e reger as obrigações, aplicar-se-á a lei do país em que se constituírem.

15. Art. 7º A lei do país em que domiciliada a pessoa determina as regras sobre o começo e o fim da personalidade, o nome, a capacidade e os direitos de família.

    Art. 10. A sucessão por morte ou por ausência obedece à lei do país em que domiciliado o defunto ou o desaparecido, qualquer que seja a natureza e a situação dos bens.

    Art. 12. É competente a autoridade judiciária brasileira, quando for o réu domiciliado no Brasil ou aqui tiver de ser cumprida a obrigação.

    Art. 17. As leis, atos e sentenças de outro país, bem como quaisquer declarações de vontade, não terão eficácia no Brasil, quando ofenderem a soberania nacional, a ordem pública e os bons costumes.

da personalidade, inclusive com relação ao nome, à capacidade e aos direitos de família (artigo 7º da LINDB[16]).

Corroborando a adoção da *lex domicilli*, o artigo 21, inciso I, do Código de Processo Civil[17], impõe a competência da autoridade judiciária brasileira para o processo e julgamento das ações envolvendo réus domiciliados no Brasil, independentemente da sua nacionalidade.

No mais, acerca das regras orientadoras do casamento, a Lei de Introdução abarca regulamentação específica e direcionada ao Código Civil, especialmente com relação aos impedimentos matrimoniais. Além disso, disciplina que o casamento entre estrangeiros poderá ser efetivado no Brasil, desde que perante autoridades diplomáticas ou consulares do respectivo país dos nubentes.

Outrossim, o Decreto-Lei n. 4.657/42, no seu artigo 7º, § 3º, institui que nas hipóteses em que os nubentes conservem domicílios distintos, eleger-se-á o primeiro domicílio conjugal.

Na sequência, no que toca ao regime de bens e às regras patrimoniais, aplica-se a lei do local em que os cônjuges tenham domicílio e, sendo diversos, o primeiro domicílio conjugal.

Além disto, disciplina o § 5º do artigo 7º da LINDB que:

> *"o estrangeiro casado, que se naturalizar brasileiro, pode, mediante expressa anuência de seu cônjuge, requerer ao juiz, no ato de entrega do decreto de naturalização, se apostile ao mesmo a adoção do regime de comunhão parcial de bens, respeitados os direitos de terceiros e dada esta adoção ao competente registro, o que viabiliza a modificação de regime de bens aos estrangeiros naturalizados."*

---

16. Idem 17.
17. I - o réu, qualquer que seja a sua nacionalidade, estiver domiciliado no Brasil.

Ademais, com relação do divórcio realizado por um ou ambos os cônjuges brasileiros no território estrangeiro, a lei disciplina que o seu reconhecimento se dará no Brasil apenas 01 (um) ano após a data da sentença homologatória do divórcio, exceto se o divórcio for precedido de separação judicial pelo mesmo prazo, contexto no qual os seus efeitos serão imediatos.

Caberá ao Superior Tribunal de Justiça eventual reexame da matéria, a requerimento do interessado, para que os pedidos de homologação de sentenças estrangeiras de divórcio de brasileiros produzam os seus efeitos no território nacional.

Este dispositivo deve ser enfrentado com ressalvas, uma vez que os prazos mínimos para o divórcio não existem mais no ordenamento jurídico brasileiro, cenário em que o Código de Processo Civil passou a prever, inclusive, que a sentença estrangeira de divórcio consensual produz os seus regulares efeitos no Brasil, independentemente da homologação pelo Superior Tribunal de Justiça.

De outro modo, a Lei nº. 12.036/2009, que versa sobre o divórcio realizado no estrangeiro de um ou ambos os cônjuges brasileiros, passou a exigir a homologação das sentenças estrangeiras no que diz respeito ao estado das pessoas.

No que se refere ao domicílio, a Lei de Introdução disciplina que exceto nos casos de abandono, o domicílio do chefe de família se estende ao outro cônjuge aos filhos não emancipados, bem como o domicílio do tutor ou curador se estende aos incapazes sob sua guarda.

Não suficiente, o domicílio da pessoa que não tiver residência fixa será o local em que for encontrada (art. 7º, § 8º, da LINDB).

Em seguida, a partir do seu artigo 8º, a Lei de Introdução as Normas do Direito Brasileiro tratam das regras de territorialidade com relação aos bens, impondo a adoção da norma do local em que estes se situam. Outrossim, com relação aos bens móveis, prevê que os bens acompanharão o domicílio do seu proprietário e, no que tange ao penhor, aplica-se a lei do domicílio da pessoa que detiver na posse da coisa empenhada.

De mais a mais, quando aborda o tema obrigações, a Lei Introdutória parte para a adoção da regra o *locus regis actum*, ou seja, a obrigação será regida pelo local em que for constituída (artigo 9º da LINDB).

Foi com base neste dispositivo, dentre outros, que a jurisprudência do Superior Tribunal de Justiça se firmou no sentido de que a cobrança de dívida de jogo ocorrida no exterior não ofende a soberania nacional, o que restou corroborado pelo artigo 884 do Código Civil. Vejamos:

> *"RECURSO ESPECIAL. CIVIL. PROCESSUAL CIVIL. AÇÃO MONITÓRIA. COBRANÇA. DÍVIDA DE JOGO. CASSINO NORTE-AMERICANO. POSSIBILIDADE. ART. 9º DA LEI DE INTRODUÇÃO ÀS NORMAS DO DIREITO BRASILEIRO. EQUIVALÊNCIA. DIREITO NACIONAL E ESTRANGEIRO. OFENSA À ORDEM PÚBLICA. INEXISTÊNCIA. ENRIQUECIMENTO SEM CAUSA. VEDAÇÃO. TRIBUNAL ESTADUAL. ÓRGÃO INTERNO. INCOMPETÊNCIA. NORMAS ESTADUAIS. NÃO CONHECIMENTO. PRESCRIÇÃO. SÚMULA Nº 83/STJ. CERCEAMENTO DE DEFESA. OCORRÊNCIA. 1. Na presente demanda está sendo cobrada obrigação constituída integralmente nos Estados Unidos da América, mais especificamente no Estado de Nevada, razão pela qual deve ser aplicada, no que concerne ao direito material, a lei estrangeira (art. 9º, caput, LINDB). 2. Ordem pública é um conceito mutável, atrelado à moral e a ordem jurídica vigente em dado momento histórico. Não se trata de uma noção estanque, mas de um critério que deve ser revisto conforme a evolução da sociedade. 3. Na hipótese, não há vedação para a cobrança de dívida de jogo, pois existe equivalência entre a lei estrangeira e o direito brasileiro, já que ambos permitem determinados jogos de azar, supervisionados*

pelo Estado, sendo quanto a esses, admitida a cobrança. 4. O Código Civil atual veda expressamente o enriquecimento sem causa. Assim, a matéria relativa à ofensa da ordem pública deve ser revisitada sob as luzes dos princípios que regem as obrigações na ordem contemporânea, isto é, a boa-fé e a vedação do enriquecimento sem causa. 5. Aquele que visita país estrangeiro, usufrui de sua hospitalidade e contrai livremente obrigações lícitas, não pode retornar a seu país de origem buscando a impunidade civil. A lesão à boa-fé de terceiro é patente, bem como o enriquecimento sem causa, motivos esses capazes de contrariar a ordem pública e os bons costumes. 6. A vedação contida no artigo 50 da Lei de Contravenções Penais diz respeito à exploração de jogos não legalizados, o que não é o caso dos autos, em que o jogo é permitido pela legislação estrangeira. 7. Para se constatar se houve julgamento do recurso de apelação por órgão incompetente e se, no caso, a competência é absoluta, seria necessário examinar a competência interna da Corte estadual a qual está assentada em Resolução e no Regimento Interno, normas que não se revestem da qualidade de lei federal, o que veda seu conhecimento em recurso especial. 8. A juntada dos originais de documento digital depende de determinação judicial e, no caso dos autos, tanto o juiz de primeiro grau quanto a Corte estadual dispensaram a providência, dada a ausência de indícios de vício, não restando comprovada a violação do art. 365, § 2º, do CPC/1973. 9. Nos termos da iterativa jurisprudência desta Corte, sedimentada em recurso repetitivo, a ação monitória fundada em cheque prescrito está subordinada ao prazo de 5 (cinco) anos, previsto para a cobrança de dívidas líquidas. Incidência da Súmula nº 83/STJ. 10. Apesar de se tratar de processo monitório, havendo dúvidas acerca do contexto em que deferido o crédito, de valor vultoso, sem a exigência de garantias, deve ser permitida a produção de provas em sede de embargos, sob pena de cerceamento de defesa. 11. Recurso conhecido em parte e, nessa parte, parcialmente provido. (STJ – REsp n. 1.628.974/SP, relator Ministro Ricardo Villas Bôas Cueva, Terceira Turma, julgado em 13/6/2017, DJe de 25/8/2017.)"

Adentrando no tema sucessões, o artigo 10 da LINDB disciplina que, a respeito da sucessão por morte ou por ausência, adota-se as regras do último domicílio do falecido, em observância ao artigo 1.785 do Código Civil[18].

Para mais, as regras sucessórias e hereditárias dos bens situados no Brasil, mas pertencentes a estrangeiro, devem observar as leis nacionais, ressalvados os casos em que a lei do domicílio do *de cujus* seja mais favorável ao cônjuge e aos filhos do casal.

Noutro giro, com relação às sociedades e fundações, o artigo 11 do Decreto-Lei n. 4.657/42[19] impõe a observância das leis do local da sua constituição, disciplinando regras específicas com relação ao seu funcionamento, aquisição de bens e direito de propriedade.

Na sequência, considerando que o ordenamento jurídico brasileiro admite a execução de decisões judiciais emanadas de órgãos judiciais estrangeiros, tem-se que, perpetrados os requisitos de compatibilização com o ordenamento jurídico interno, a sentença estrangeira será assemelhada àquelas de origem interna para a sua exequibilidade, desde que observada a sua homologação ou a concessão de *exequatur* às cartas rogatórias pelo Superior Tribunal de Justiça (artigo 12 da LINDB[20]).

Com relação aos fatos ocorridos no exterior, a Lei de Introdução disciplina que a sua prova deve se dar de acordo com as leis estrangeiras (artigo 13 da LINDB[21]), sendo vedado, todavia,

---

18. Art. 1.785. A sucessão abre-se no lugar do último domicílio do falecido.
19. Art. 11. As organizações destinadas a fins de interesse coletivo, como as sociedades e as fundações, obedecem à lei do Estado em que se constituírem.
20. Art. 12. É competente a autoridade judiciária brasileira, quando for o réu domiciliado no Brasil ou aqui tiver de ser cumprida a obrigação.
21. Art. 13. A prova dos fatos ocorridos em país estrangeiro rege-se pela lei que nele vigorar, quanto ao ônus e aos meios de produzir-se, não admitindo os tribunais brasileiros provas que a lei brasileira desconheça.

os meios de prova não admitidos no Brasil. No mais, a produção probatória será regida pela lei local, admitindo-se que o juiz exija prova do texto e da vigência da norma estrangeira, caso dela não tenha conhecimento (artigo 14 da LINDB[22]).

Para que sejam executadas no Brasil, as sentenças estrangeiras devem reunir os seguintes requisitos (artigo 15 da LINDB[23]):

- Proferida por juiz competente ao julgamento do feito;
- Demonstrada a regularidade na citação das partes ou, ainda, demonstrada à revelia;
- Ter passado em julgado;
- Estar revestida das formalidades indispensáveis a sua execução no local em que foi proferida;
- Estar traduzida por intérprete regularmente autorizado;
- Ser homologada pelo Superior Tribunal de Justiça (modificação perpetrada com o advento da Emenda Constitucional n. 45/2004).

Ademais, o artigo 963 do Código de Processo Civil[24], em evidente coexistência e complementação ao Decreto-Lei n. 4.657/42, ainda pressupõe que, além dos requisitos trabalhados pela Lei de

22. Art. 14. Não conhecendo a lei estrangeira, poderá o juiz exigir de quem a invoca prova do texto e da vigência.
23. Art. 15. Será executada no Brasil a sentença proferida no estrangeiro, que reúna os seguintes requisitos:
24. Art. 963. Constituem requisitos indispensáveis à homologação da decisão:
    I - ser proferida por autoridade competente;
    II - ser precedida de citação regular, ainda que verificada a revelia;
    III - ser eficaz no país em que foi proferida;
    IV - não ofender a coisa julgada brasileira;
    V - estar acompanhada de tradução oficial, salvo disposição que a dispense prevista em tratado;
    VI - não conter manifesta ofensa à ordem pública.

Introdução, que a sentença estrangeira (i) não pode ofender a coisa julgada brasileira, bem como (ii) deve respeitar a ordem pública e (iii) ser eficaz no país de origem.

Ainda com os olhares voltados ao direito privado, o artigo 17 da Lei de Introdução ao Estudo do Direito Brasileiro prevê que "*as leis, atos e sentenças de outro país, bem como quaisquer declarações de vontade, não terão eficácia no Brasil, quando ofenderem a soberania nacional, a ordem pública e os bons costumes*".

Neste ponto, analisando a tendência jurisprudencial, verifica-se uma contrariedade do Supremo Tribunal Federal com relação às disposições do artigo 17 da LINDB, uma vez que, no julgamento do RE n. 363.331/RJ, firmado em sede de repercussão geral, a Suprema Corte reconheceu que, nos termos do artigo 178 da Constituição Federal, as normas e os tratados internacionais limitadores da responsabilidade das transportadoras aéreas de passageiros, especialmente as Convenções de Varsóvia e Montreal, têm prevalência com relação à legislação interna afeta aos Direitos do Consumidor.

De outro modo, em consonância com as disposições da Lei Introdutória, no julgamento do REsp 1.842.066/RS, o Superior Tribunal de Justiça limitou os efeitos da decisão conferida anteriormente pela Suprema Corte acerca da tarifação e consolidou o entendimento no sentido de que as sanções indenizatórias por danos morais oriundas do extravio de bagagens e atraso de voos não se submetem às tarifações da Convenção de Montreal, devendo ser observadas as regras disciplinadas do Código de Defesa do Consumidor.

No que concerne aos reflexos da lei estrangeira no ordenamento jurídico interno, fundamental a lição do professor Bernardo Gonçalves Fernandes[25] que, citando Hans Kelsen, dispõe da

25. FERNANDES, Bernardo Gonçalves. *Curso de Direito Constitucional*. 10. ed. Editora Juspodivm, 2018.

soberania como uma qualidade do poder do Estado, sendo absoluta, de modo que nenhuma outra manifestação pode se contrapor à vontade estatal.

Neste ponto, corrobora-se a contrariedade da posição adotada pela Suprema Corte acerca da tarifação, ao passo que a sobreposição das normas de direito internacional em face da legislação nacional expressa evidente desrespeito à vontade do legislador e, consequentemente, à soberania nacional.

Ultrapassadas as tratativas acerca dos efeitos e reflexos das decisões estrangeiras no ordenamento jurídico brasileiro, a partir do seu artigo 19, o Decreto-Lei n. 4.657/42 retoma a tratativa de questões afetas ao direito das famílias, trazendo a competência das autoridades consulares brasileiras para a celebração do casamento de brasileiros, bem como para a realização dos atos de Registro Civil e de tabelionato, inclusive com relação ao nascimento e óbito dos filhos de brasileiros ou brasileiras nascidos no país da sede do Consulado.

De mais a mais, os seus parágrafos, acrescidos pela Lei n. 12.874/2013, passa a prever a possibilidade de divórcio extrajudicial, partindo da celebração pelas autoridades consulares da separação consensual e divórcio de brasileiros, desde que não haja filhos menores ou incapazes do casal e sejam respeitados os pressupostos legais acerca dos prazos, procedendo-se ao registro na respectiva escritura pública com relação à partilha de bens e pensão alimentícia.

No mais, poderá constar do acordo à opção pela retomada pelo cônjuge do seu nome de solteiro ou, ainda, a conservação do nome eleito a partir da celebração do casamento.

1.7. ALTERAÇÕES TRAZIDAS PELA LEI N. 13.655/2018 COM REPERCUSSÃO NO DIREITO PÚBLICO

A aprovação da Lei n. 13.655, de 25 de abril de 2018, expressa um marco significativo no cenário jurídico brasileiro, promovendo alterações substanciais na Lei de Introdução ao Estudo do Direito Brasileiro – Decreto-Lei n. 4.657/42, com a inserção dos artigos 20 ao 30.

Ademais, esta legislação trouxe importantes mecanismos e inovações, modernizando e adequando o ordenamento jurídico nacional em face dos desafios enfrentados pelo Direito Público, conferindo segurança jurídica, clareza, coerência e previsibilidade das decisões judiciais, bem como promovendo a confiança legítima dos cidadãos na atuação do Estado.

Não suficiente, a inovação legislativa passou a prever importantes norteadores aos aplicadores do Direito em situações de incertezas e lacunas legislativas, de modo a incentivar, igualmente, a máxima efetividade das normas e a utilização de técnicas de interpretação conforme, promovendo a estruturação do Direito de maneira mais justa e eficaz.

A segurança hermenêutica, trazida logo no artigo 20 da LINDB, representa um dos aspectos mais relevantes das alterações promovidas pela Lei n. 13.655/2018, refletindo a preocupação do legislador em consolidar interpretações mais estáveis e previsíveis às normas jurídicas, contribuindo para a segurança do ordenamento jurídico.

O princípio da segurança hermenêutica visa fornecer cláusulas claras para a interpretação das leis, promovendo a uniformidade nas decisões judiciais e administrativas, viabilizando a antecipação dos efeitos de determinadas normas, com a consolidação do regimento normativo interno e do próprio Estado de Direito, pautando-se no dever de motivação concreta e na responsabilidade decisória dos agentes estatais.

Neste ponto, a legislação veda que nas esferas administrativa, controladora e judicial, as decisões sejam pautadas em valores jurídicos abstratos, bem como que sejam desconsideradas as consequências práticas das decisões, devendo o julgador demonstrar, concretamente, a necessidade e a adequação da medida aplicada em face das demais alternativas disponíveis para a solução da controvérsia, o que corrobora o próprio texto constitucional constante no artigo 93, inciso IX, da Constituição Federal.

No mesmo sentido, o artigo 21 da LINDB, ao trabalhar a invalidação de ato, contrato, ajuste, processo ou norma administrativa nas esferas administrativa, controladora ou judicial, pressupõe que a decisão enfrente, de modo expresso, as consequências jurídicas e administrativas do ato, admitindo, ainda, a regularização do ato quando ocorra de modo proporcional, equânime e sem prejuízos aos interesses gerais.

Não suficiente, a norma consagra o princípio da menor onerosidade da regularização, ao passo que a decisão que ratificar o ato não poderá impor aos envolvidos ônus ou perdas anormais ou excessivos à luz da situação concreta.

Na sequência, o artigo 22 da Lei Introdutória disciplina regras de interpretação relativa às normas de gestão pública, visando à promoção da atuação administrativa em conformidade com os valores democráticos, assegurando-se a garantia do interesse público.

Prevê, ainda, que a aplicação das sanções deve se pautar na natureza e na gravidade do ilícito cometido, bem como nos danos provenientes para a administração pública, analisadas as circunstâncias agravantes e atenuantes, além dos antecedentes do agente infrator.

Outrossim, institui no seu § 3º do mesmo artigo 20 que as sanções anteriormente aplicadas sejam consideradas na dosimetria das demais sanções da mesma natureza e relativas ao mesmo fato gerador da reprimenda.

Em seguida, o regime de transição, trabalhado pelo artigo 23 da LINDB, norteia as situações em que uma nova lei é implementada e há a necessidade de estabelecer regras para a sua aplicação com relação aos fatos ocorridos sob a égide da norma anterior.

Neste cenário, a legislação estipula que a nova lei trazida à ordem jurídica interna não prejudicará o direito adquirido, o ato jurídico perfeito e a coisa julgada, prezando, mais uma vez, pela segurança e estabilidade das relações sociais.

Diante disso, conclui-se que o regime de transição estabelecido da Lei Introdutória busca o equilíbrio entre a necessidade de atualização legislativa e a proteção dos direitos e garantias já consolidados, impedindo que mudanças normativas retroajam para prejudicar a estabilidade e a confiança nas relações jurídicas firmadas.

Além disto, a Lei de Introdução as Normas do Direito Brasileiro, no seu artigo 24, previu o princípio da invalidade referencial, o qual determina que a revisão do ato, contrato, ajuste, processo ou norma administrativa no âmbito das esferas administrativa, controladora ou judicial deve levar em conta as orientações gerais firmadas à época da prática do ato, não se admitindo a declaração de invalidade com base nas mudanças manifestadas após a sua prática.

No mais, "*consideram-se orientações gerais as interpretações e especificações contidas em atos públicos de caráter geral ou em jurisprudência judicial ou administrativa majoritária, e ainda as adotadas por prática administrativa reiterada e de amplo conhecimento público*" (parágrafo único do artigo 24 da LINDB).

O artigo 26 da Lei de Introdução as Normas do Direito Brasileiro abarcam a convalidação dos atos administrativos por compromisso sem compensações e estabelece uma importante ferramenta para a regularização dos atos perpetrados em desconformidade com a legislação vigente.

Outrossim, sabe-se que o termo convalidação expressa a correção e posterior validade de um ato inicialmente viciado ou irregular, permitindo a adequada produção dos seus efeitos jurídicos pretendidos.

Neste ponto, o artigo 26 da LINDB prevê que a administração pública poderá, mediante compromisso, convalidar atos administrativos que apresentem vícios sanáveis, desde que não acarretem prejuízos a terceiros ou mesmo à própria Administração Pública. Trata-se de um acordo formal firmado entre a Administração Pública e os interessados, por meio do qual há um compromisso de correção das irregularidades apontadas no ato administrativo.

Além disso, o dispositivo disciplina que a possibilidade de convalidação independe de compensações, ou seja, não se exige nenhuma contrapartida por parte do interessado, o que viabiliza a maior celeridade na regularização do ato, o que vai ao encontro do princípio da eficiência na atividade administrativa.

De outro modo, já no seu artigo 27, a LINDB aborda as hipóteses de convalidação do ato administrativo por compromisso e com compensações, admitindo alternativa diversa da anteriormente trabalhada, exigindo uma contrapartida por parte dos interessados para a regularização do ato.

Neste fragmento, a convalidação do ato administrativo por compromisso e com compensações implica em um acordo formal entre a Administração Pública e os interessados, o qual pode resultar em obrigações a serem cumpridas, observadas as relações de proporcionalidade e razoabilidade com a cláusula a ser corrigida no ato administrativo, vedados os prejuízos desproporcionais aos interessados, o que garante o equilíbrio entre o interesse público e o privado envolvidos.

Por fim, destaca-se que hipóteses de convalidação do ato administrativo por compromisso e com compensações podem variar de acordo com a discricionariedade da administração pública. No entanto, é fundamental que tais hipóteses estejam em conformidade com os princípios da legalidade, da razoabilidade, da proporcionalidade e da segurança jurídica.

Na sequência, a legislação enfrenta questões afetas à responsabilização do agente público no exercício das suas funções, estabelecendo que o agente estatal responderá pessoalmente por suas decisões ou opiniões técnicas em caso de dolo ou erro grosseiro, que deve ser interpretado como culpa grave.

Como se vê, trata-se de hipótese de responsabilização pessoal e subjetiva, a qual demanda a comprovação da conduta dolosa ou do erro grosseiro empregado no desempenho das suas funções. Ademais, esse dispositivo não exclui a responsabilidade civil objetiva do Estado, disciplinada no artigo 37, § 6º, da Constituição Federal, mas reforça a regra da responsabilidade regressiva do agente público.

Destarte, o artigo 29 da LINDB estabelece o mecanismo de consultas públicas aos cidadãos, o que se dará preferencialmente por meio eletrônico, o que tem por objetivo promover a transparência e a participação da sociedade no processo de elaboração dos atos normativos, tratando-se de instrumento essencial à legitimidade e efetividade das diretrizes adotadas pelo Poder Público, o qual contará como respaldo da sociedade na sua atuação.

Este mecanismo permite ao Poder Público o acesso a um conjunto mais amplo de informações e propostas, enriquecendo o processo decisório e contribuindo para a elaboração de normas necessárias e eficazes. Além disso, a realização da consulta pública fortalece os princípios democráticos, promovendo a participação cidadã na vida política e na gestão dos assuntos de interesse coletivo.

Não se trata de um mecanismo vinculativo do ente estatal, apenas constitui um importante instrumento de diálogo com a população, viabilizando a construção do ordenamento jurídico de forma colaborativa, de modo que a convocação conterá a minuta do ato normativo e fixará o prazo e as demais condições da consulta pública realizada, com a observâncias das normas legais e regulamentares específicas eventualmente existentes (§ 1º do art. 29 da LINDB).

Derradeiramente, no seu artigo 30, o Decreto-Lei n. 4.657/42 prevê que as autoridades públicas devem atuar para aumentar a segurança jurídicas na aplicação das normas, inclusive por meio de regulamentos, súmulas administrativas e respostas a consultas.

Trata-se de mecanismos de caráter vinculante com relação às entidades e órgãos a que se destinam, até ulterior revisão (parágrafo único do artigo 30 da LINDB), corroborando o caráter vinculativo das decisões em prol da previsibilidade, da segurança jurídica e, mais uma vez, estabilização das relações.

Capítulo 2

DAS PESSOAS NATURAIS

No vasto campo do Direito Civil, a análise das pessoas naturais constitui um ponto crucial e fascinante, uma vez que se debruça sobre a essência da existência humana e suas relações jurídicas.

O estudo da pessoa natural está abarcado entre os artigos 1º ao 39 do Código Civil, dispondo do indivíduo como sujeito dotado de direitos e deveres na ordem jurídica e protagonista da dinâmica social.

De imediato, o artigo 1º do Código Civil inaugura a matéria afirmando que "*toda pessoa é capaz de direitos e deveres na ordem civil*", do que se extrai a capacidade de gozo, a qual é assegurada a todas as pessoas, independentemente de qualquer condição.

Neste ponto, destaca-se que a capacidade de gozo (ou de direito), pertencente a todos, não se confunde com a capacidade de fato (ou de exercício), a qual pressupõe a maioridade civil para o seu exercício, excluindo os incapazes da sua fruição, nos termos dos artigos 3º e 4º do Código Civil.

Neste contexto, conclui-se que a soma da capacidade de direito (de gozo) com a capacidade de fato (exercício), manifesta a capacidade plena da pessoa natural.

No âmbito do Código Civil, a concepção de pessoa natural está intrinsecamente ligada à ideia de personalidade jurídica, que se inicia com o nascimento com vida. A partir desse momento, o indivíduo adquire direitos e obrigações, consagrando-se como sujeito de direito, o que ressalta não apenas a dimensão legal da questão, mas abarca a importância ética e social atribuída à dignidade da pessoa humana.

Noutro giro, tem-se a capacidade civil que, compondo ponto-chave do Código Civil, define a aptidão da pessoa natural para o exercício dos atos da vida civil, o que se dá com o alcance da maioridade aos 18 anos e, em regra, confere plena capacidade ao indivíduo para a prática de atos jurídicos.

Outrossim, não se pode ignorar o direito à personalidade, também trazido na parte introdutória do Código Civil, o qual assegura os atributos inerentes à pessoa natural, tal como o nome, a imagem, a intimidade e a vida privada que, para a doutrina e a jurisprudência majoritárias, é assegurado desde a concepção.

De mais a mais, importante ao estudo do Direito Civil a distinção dos conceitos vinculados à legitimação, legitimidade e personalidade que, na obra do professor Flávio Tartuce[1], foram proficientemente trabalhados:

- **Legitimação:** capacidade especial para determinado ato ou negócio jurídico. Como primeiro exemplo, cite-se a necessidade de outorga conjugal para vender imóvel, sob pena de anulabilidade do contrato (arts. 1.647, inc. I, e 1.649 do CC). Outro exemplo envolve a venda de ascendente a descendente, havendo necessidade de autorização dos demais descendentes e do cônjuge do

1. TARTUCE, Flávio. *Manual de Direito Civil* – Volume Único. 13. ed. Editora Método, 2023.

alienante, mais uma vez sob pena de anulabilidade (art. 496 do CC).

- **Legitimidade:** é a capacidade processual, uma das condições da ação (art. 3.º do CPC/1973, repetido parcialmente pelo art. 17 do CPC/2015). Constata-se que o próprio legislador utiliza os termos legitimação e legitimidade como sinônimos. Exemplificando, o art. 12, parágrafo único, do CC/2002, trata dos legitimados processualmente para as medidas de tutela dos interesses do morto, fazendo uso do termo *legitimação*. O certo seria mencionar a legitimidade.
- **Personalidade:** é a soma de caracteres da pessoa, ou seja, aquilo que ela é para si e para a sociedade. Afirma-se doutrinariamente que a capacidade é a medida da personalidade, ou seja, "a personalidade é um *quid* (substância, essência) e a capacidade um *quantum*".

Em síntese, o Código Civil delineia o status e a posição jurídica da pessoa natural, reconhecendo sua importância no cenário jurídico brasileiro, contexto no qual passaremos aos estudos dos principais pontos abordados nos mais variados concursos e certames.

2.1. A PERSONALIDADE CIVIL

O Código Civil brasileiro, em seu artigo 2º, estabelece o nascimento com vida como o marco inicial da personalidade civil. Este dispositivo reflete não apenas uma formalidade jurídica e o marco inicial da capacidade de direito, mas manifesta a proteção e o reconhecimento da vida humana como elemento essencial ao surgimento de direitos e deveres individuais.

> *Art. 2º. a personalidade civil da pessoa começa do nascimento com vida; mas a lei põe a salvo, desde a concepção, os direitos do nascituro.*

Deste dispositivo, extrai-se a ideia do nascituro como o indivíduo concebido, mas que ainda não nasceu, do que originou a discussão acerca do início da personalidade civil e culminou no desenvolvimento das teorias natalistas, concepcionistas e da personalidade condicional no que diz respeito ao tema. Vejamos:

- **Teoria natalista:** De acordo com os defensores da teoria natalista, a personalidade jurídica só terá início a partir do nascimento com vida, ao passo que o nascituro tem apenas expectativa de direitos. É este o posicionamento do Supremo Tribunal Federal, firmado no julgamento da ADI n. 3510, ratificando a constitucionalidade da Lei de Biossegurança (Lei n. 11.105/2005), que admitiu o uso de células-tronco embrionárias em pesquisas científicas para fins terapêuticos, afirmando que "*o embrião referido na Lei de Biossegurança ("in vitro" apenas) não é uma vida a caminho de outra vida virginalmente nova, porquanto lhe faltam possibilidades de ganhar as primeiras terminações nervosas, sem as quais o ser humano não tem factibilidade como projeto de vida autônoma e irrepetível*".
- **Teoria concepcionista:** Para os adeptos à teoria concepcionista, o início da pessoa humana se dá a partir da concepção, ou seja, a partir da nidação (momento em que o embrião se fixa na parede uterina), sendo este o momento aquisitivo, também, dos direitos da personalidade. O nascituro, portanto, é titular de direitos na ordem jurídica. Os defensores desta teoria apontam que o seu fundamento originário se deu no Esboço do Código Civil, elaborado por Teixeira de Freitas. Esta teoria foi adotada pelo Superior Tribunal de Justiça, no

julgamento do REsp. 1.415.727/SC, para reconhecer que a personalidade jurídica se inicia com a concepção, reconhecendo o direito à indenização referente ao seguro DEPVAT em decorrência da morte de nascituro.

- **Teoria da personalidade condicionada (ou formal):** Apregoa que a personalidade civil se dá a partir do nascimento com vida, todavia, os direitos do nascituro estariam sob condição suspensiva concentrada, justamente, no seu nascimento com vida. Neste contexto, o nascimento com vida se apresenta como um elemento acidental do ato jurídico que subordina a sua eficácia, qual seja, a aquisição da personalidade civil.

Ademais, não podemos ignorar a subdivisão da personalidade jurídica, trabalhada pela professora Maria Helena Diniz[2], que trata da personalidade jurídica no seu aspecto formal e material. Perceba-se:

- **Personalidade jurídica formal:** relacionada com os direitos da personalidade, tal como o direito à vida, direito à imagem, direito ao nome, dentre outros, a qual é conferida ao nascituro desde a sua concepção.

- **Personalidade jurídica material:** é aquela relacionada aos direitos patrimoniais do indivíduo e, portanto, está condicionada ao nascimento com vida.

Além disso, fundamental o apontamento acerca da Lei n. 11.804/2008, conhecida como Lei dos Alimentos Gravídicos, a qual, logo no seu artigo 1º, prevê o direito de alimentos às mulheres gestantes, o que reforça a inclinação do ordenamento jurídico ao reconhecimento dos direitos do nascituro.

2. Maria Helena. *Código Civil anotado*. 15. ed. São Paulo: Saraiva, 2010. p. 302-303.

No mesmo sentido, o Pacto de São José da Costa Rica (Convenção Americana dos Direitos Humanos), ratificado pelo Brasil através do Decreto n. dispõe no seu artigo 4º. 1. que "*toda pessoa tem o direito de que se respeite sua vida. Esse direito deve ser protegido pela lei e, em geral, desde o momento da concepção. Ninguém pode ser privado da vida arbitrariamente*", o que demonstra, de igual forma, a adoção da teoria concepcionista.

Diante disso, conclui-se que, de acordo com o Código Civil, o início da personalidade jurídica se dá a partir do nascimento com vida, resguardando-se, todavia, os direitos da personalidade desde a concepção. De outro modo, para a doutrina amplamente majoritária, a personalidade jurídica é conferida ao nascituro desde a sua concepção.

2.2. INCAPACIDADE

Dando continuidade às tratativas da personalidade jurídica, nos seus artigos 3º ao 5º, o Código Civil de 2002 enfrenta a temática da incapacidade, trabalhada como uma limitação jurídica ao exercício da capacidade de fato e que visa proteger aqueles que não possuem o necessário discernimento para a prática dos atos da vida civil.

Com o advento da Lei n. 13.146/2015 – Estatuto da Pessoa com Deficiência, publicada em 07 de julho, tem-se a consolidação do regimento disciplinado na Convenção de Nova York, ratificada pela República Federativa do Brasil através do Decreto n. 6.949/2009, pelo procedimento do artigo 5º, § 3º, da CF/88 e, portanto, com *status* de emenda constitucional, por meio do qual se consagrou os princípios da igualdade plena das pessoas com deficiência, assegurando-se a sua autonomia nos atos da vida privada, de modo que, atualmente, são considerados absolutamente incapazes apenas os menores de 16 anos.

Ademais, com o advento do Estatuto da Pessoa com deficiência, não se faz mais possível a interdição absoluta dos maiores de 18 anos, de modo que foi afastado o processo de interdição, dando-se lugar ao mecanismo da tomada de decisão apoiada, disciplinado no artigo 1.783-A do Código Civil, a qual visa o auxílio da pessoa com deficiência para a celebração de atos mais complexos.

Sendo assim, não há na atual redação do Código Civil de 2002 a previsão de maiores de 18 anos absolutamente incapazes.

Dessa maneira, nos dias de hoje, em observância ao artigo 6º da Lei n. 13.146/2015, pessoas com deficiência possuem a plena liberdade para o exercício dos atos da vida civil, tais como a possibilidade de contrair casamento e constituir união estável, bem como exercer direitos sexuais e reprodutivos, exercer o seu direito à família e à convivência familiar e comunitária, dentre tantos outros.

Neste cenário, voltando os olhos aos absolutamente incapazes, ou seja, àqueles menores de 16 anos, extrai-se uma presunção absoluta de incapacidade, pautada exclusivamente no critério etário.

Na sequência, o Caderno Civil, no seu artigo 4º, elenca as hipóteses de incapacidade relativa, incluindo os (i) maiores de 16 e menores de 18 anos, (ii) os ébrios habituais, viciados em tóxicos, (iii) aqueles que, por causa transitória ou permanente, não puderem exprimir sua vontade, bem como (iv) os pródigos.

Nesses casos, a incapacidade relativa pode ser suprida mediante processo judicial de curatela, que pode ser pleiteada por pais, tutores, cônjuge ou qualquer parente, bem como pelo Ministério Público ou pelo próprio interessado.

No que toca aos relativamente incapazes enquadrados no critério estritamente etário, ou seja, aqueles maiores de 16 e menores de 18 anos, destaca-se o instituto da emancipação, que se apresenta como um ato jurídico que antecipa alguns dos efeitos da aquisição da capacidade civil plena, deixando de ser incapaz e passando a ser capaz.

Importante destacar que a antecipação da capacidade de fato para os maiores de 16 e menores de 18 anos, por si só, não antecipa os efeitos para a prática de atos que exijam a maioridade civil para o seu exercício, tal como a possibilidade de obter a Carteira Nacional de Habilitação.

Outrossim, a emancipação é ato formal e solene, que exige a sua consagração por instrumento público, a qual se dará nas hipóteses específicas do artigo 5º, parágrafo único, do Código Civil, disciplinada em rol taxativo.

São hipóteses de emancipação:

- **Emancipação voluntária:** Dá-se pela concessão dos pais ou de um deles na falta do outro, mediante instrumento público, independentemente de homologação judicial. A produção dos seus efeitos depende do seu registro no Registro Civil das pessoas naturais.
- **Emancipação legal:** Ocorre pela prática de atos específicos e legalmente previstos, os quais presumem que a capacidade de fato foi efetivamente atingida pelo indivíduo, materializando-se através do casamento, do exercício de emprego público efetivo, pela colação de grau em curso de ensino superior, pelo estabelecimento civil ou comercial, bem como pela existência de relação de emprego desde que, em função destes, o menor com dezesseis anos completos tenha economia própria. Produz os seus efeitos independentemente do seu registro no Registro Civil das pessoas naturais.
- **Emancipação judicial:** Concretizada por meio de sentença judicial, ouvido o responsável legal, nas hipóteses

em que os pais não concordem em emancipar o filho ou, ainda, quando o menor tiver dezesseis anos completos e estiver na assistência de tutor. A decisão judicial afasta a necessidade de instrumento público. Tal como a emancipação voluntária, a produção dos seus efeitos depende do seu registro no Registro Civil das pessoas naturais.

- **Emancipação legal do menor militar:** Disciplinada no artigo 73 da Lei n. 4.375/1964, reproduzido pelo artigo 239 do Decreto n. 57.654/1966, prevê que aquele que possui 17 anos e esteja prestando serviço militar, terá cessada a sua incapacidade civil.

2.3. EXTINÇÃO DA PESSOA NATURAL

A extinção da pessoa natural, no contexto do Código Civil, refere-se ao término da existência jurídica de um indivíduo. A pessoa natural, portanto, de acordo com os artigos 1º e 2º, conjugados com o artigo 6º, todos do Código Civil, é sujeito de direitos e deveres desde o seu nascimento até a sua morte.

Neste ponto, destaca-se o instituto da comoriência, que reflete a situação de morte simultânea de pessoas que são herdeiras recíprocas. Diante disso, o reconhecimento da comoriência se dá quando a morte de ambos os indivíduos se dá na mesma situação, sem que seja possível, por perícias técnicas, indicar qual deles faleceu primeiro.

Nestas circunstâncias, presume-se que ambos faleceram ao mesmo tempo (artigo 8º do Código Civil), tornando intransmissíveis os bens entre os comorientes, ou seja, ignora-se o vínculo sucessório existente entre eles.

Na sequência, para o ordenamento jurídico interno, a morte pode se dar, em síntese, de duas formas:

- Morte real, que é aquela regulamentada pelo artigo 6º do Código Civil e se dá, em regra, após a cessação das atividades encefálicas, constatada por profissional da medicina ou, na ausência deste, por duas testemunhas (Lei n. 9.434/1997), que dará causa a um atestado de óbito a ser registrado no Cartório de Registro Civil das Pessoas Naturais;
- Morte presumida (ficta ou morte civil) que, por sua vez, ocorre nos casos de inexistência de um cadáver, decorrente da declaração de ausência, o que pode ocorrer sem ou com o procedimento de ausência, nas situações elencadas, respectivamente, no artigo 7º e no artigo 22 e ss., todos do Código Civil.

Existem duas hipóteses trazidas pela lei de declaração da morte presumida sem o procedimento de ausência, o que se dará quando (i) for extremamente provável a morte de quem estava em perigo de vida; (ii) se alguém, desaparecido em campanha ou feito prisioneiro, não for encontrado até dois anos após o término da guerra, situações em que a morte presumida apenas poderá ser requerida após esgotadas as buscas e averiguações, devendo a sentença fixar a data provável do falecimento.

No mais, o procedimento de ausência abarca as hipóteses de desaparecimento da pessoa natural sem a existência de um corpo, não havendo indícios acerca das causas que levaram ao seu desaparecimento.

Neste ponto, três são as fases relativas ao procedimento de ausência, o que se dará por meio de ação judicial, iniciando-se com a (i) curadoria dos bens do ausente – artigos 22 ao 25 do Código Civil; (ii) sucessão provisória – artigos 26 ao 36 do Código Civil; (iii) sucessão definitiva – artigos 37 ao 39 do Código Civil. Passemos ao estudo de cada uma delas.

Da curadoria dos bens do ausente:

A princípio, destaca-se que só haverá a ausência após uma decisão judicial que a declare. Diante disso, aberto o procedimento de ausência, dá-se início à curadoria dos bens do ausente, que consiste na nomeação de um curador e na respectiva arrecadação dos bens daquele que está desaparecido.

Como se vê, toma-se uma cautela para a proteção dos bens do ausente, considerando o seu, ainda provável, retorno. Diante disso, o curador fica vedado de alienar os bens curatelados.

De mais a mais, nos termos do artigo 25 do Código Civil, caberá ao cônjuge do ausente o encargo de curador legítimo, desde que este não esteja separado judicialmente ou de fato há mais de 02 anos.

Ausente o cônjuge, a curadoria caberá aos pais do ausente e, na falta dos pais, aos descendentes, desde que não haja impedimento. Inexistindo cônjuges, pais e descendentes, caberá ao juiz a tarefa de nomear um curador dativo ou *ad hoc*.

Esta fase terá duração de 01 ano quando o ausente não deixar procurador previamente estabelecido e 03 anos quando indicada a pessoa pelo desaparecido, encerrando-se pela confirmação da morte do ausente, pelo seu retorno ou, ainda, pela abertura da sucessão provisória.

Sucessão provisória:

Transcorrido o prazo da curadoria dos bens, os interessados poderão requerer a abertura da sucessão provisória.

Nos termos do artigo 27 do Código Civil, são considerados interessados:

> *(i) O cônjuge não separado judicialmente;*
>
> *(ii) Os herdeiros, sejam eles legítimos ou testamentários;*
>
> *(iii) Os que tiveres direitos relacionados com os bens do ausente para após a sua morte (legatários);*
>
> *(iv) Os credores de obrigações vencidas e não pagas.*

Aberta a sucessão provisória, com a produção dos seus efeitos após 180 dias de publicada a sentença na imprensa oficial, os herdeiros entram na posse dos bens do ausente, porém, devem prestar garantia acerca da sua restituição em caso de retorno da pessoa desaparecida.

Os herdeiros necessários, por sua vez, não precisam prestar garantia para a imissão na posse.

Após o trânsito em julgado da decisão que declara aberta a sucessão provisória, admite-se a abertura de eventual testamento deixado pelo ausente, bem como do inventário para a partilha dos bens.

Outrossim, extrai-se do texto legal que os herdeiros provisórios representam ativa e passivamente o ausente, razão pela qual correrá contra eles as ações pendentes e aquelas que vierem a ser propostas no curso do procedimento de ausência, todavia, a lei veda a alienação e a hipoteca dos bens imóveis, o que poderá ser efetivado apenas por decisão judicial, evitando-se a ruína dos bens.

Os bens móveis, por sua vez, que estejam sujeitos à deterioração ou extravio, podem ser convertidos em bens imóveis ou em títulos garantidos pela União, o que se dará por meio de decisão judicial.

No mais, dado o trânsito em julgado da decisão que determina a abertura da sucessão provisória, o seu prazo correrá por 10 anos, podendo ser reduzido para 05 anos nas hipóteses em que o ausente tenha mais de 80 anos e de mais de 05 anos datarem as últimas notícias ao seu respeito.

Por fim, a etapa da sucessão provisória será encerrada pela confirmação da morte do ausente, pelo seu retorno ou, ainda, pelo pedido de abertura da sucessão definitiva.

Sucessão definitiva:

Neste momento, permite-se aos herdeiros o levantamento das garantias prestadas, com o domínio resolúvel dos bens da pessoa desaparecida. A partir da abertura da sucessão definitiva, caso o ausente venha a regressar dentro do prazo de 10 anos da abertura da sucessão definitiva, terá direito aos bens no estado em que se encontrarem. Ultrapassado o período de 10 anos da abertura da sucessão definitiva o ausente não terá mais direito à restituição dos seus bens.

Acerca da sucessão definitiva, Flávio Tartuce[3], em consonância com o entendimento do Superior Tribunal de Justiça, defende que, nas hipóteses em que a pessoa desaparecida tenha mais de 80 anos e de mais de 05 anos datarem as últimas notícias, não haveria a necessidade de se observar as fases da curadoria dos bens e da sucessão provisória, ingressando-se diretamente na sucessão definitiva.

No mais, aberta a sucessão definitiva e não possuindo o ausente herdeiros, os bens serão considerados vagos e serão transmitidos ao domínio do Estado, nos termos do artigo 1.844 do Código Civil, sendo do Município ou Distrito Federal, quando situados na respectiva circunscrição, ou da União nas hipóteses de território federal.

2.4. DIREITOS DA PERSONALIDADE

A proteção dos direitos da personalidade é um tema central no âmbito do Código Civil, representando um conjunto de prerrogativas inalienáveis e indispensáveis à dignidade e integridade do indivíduo.

3. TARTUCE, Flávio. *Manual de Direito Civil* – Volume Único. 13. ed. Editora Método, 2023.

Neste ponto, temos o campo jurídico mais sensível aos indivíduos, ao passo que busca resguardar a sua esfera mais íntima e singular, conferindo-lhe a tutela necessária diante de possíveis violações.

Portanto, estes direitos, no contexto jurídico, constituem um conjunto de prerrogativas inerentes à condição humana, destinadas a resguardar aspectos fundamentais da dignidade, integridade física e moral, bem como o elemento íntimo e privado de cada pessoa.

Dentre as noções gerais que permeiam os direitos da personalidade, destaca-se a sua natureza extrapatrimonial, uma vez que não se vinculam diretamente a valores econômicos, sendo inalienáveis, imprescritíveis e irrenunciáveis.

A evolução deste núcleo de direitos reflete a sensibilidade da sociedade em relação às transformações culturais, tecnológicas e sociais, contexto no qual se tem a interessante distinção traçada entre os direitos da personalidade, os direitos fundamentais e os direitos humanos.

Os direitos humanos são prerrogativas inerentes à condição do ser humano, os quais demandam positivação no ordenamento jurídico externo (internacional).

Os direitos fundamentais, por sua vez, são os direitos mais sensíveis aos seres humanos e que, sob o aspecto formal, contam com positivação no ordenamento jurídico interno, nos mais variados documentos legais.

Por fim, os direitos da personalidade manifestam os direitos fundamentais, todavia, sob a ótica do direito privado, desenvolvido a partir dos estudos de Otto Von Gierke, positivados, sobretudo, mas não de forma exaustiva, no Código Civil de 2002, em título próprio.

Sendo assim, os direitos da personalidade representam um alicerce essencial para a compreensão da dinâmica do ordenamento jurídico, cujo propósito é proteger a dignidade e a individualidade de cada ser humano, contribuindo para a construção de uma sociedade justa e preservadora dos valores fundamentais inerentes à condição humana.

2.4.1. Contexto histórico

Os direitos da personalidade são um produto complexo e evolutivo da história, os quais se desenvolveram em diferentes contextos sociais, fruto da doutrina germânica e francesa, notadamente após as barbaridades perpetradas na Segunda Guerra Mundial, voltando os olhos jurídicos à supremacia da dignidade da pessoa humana.

Sob a ótica interna, o Código Civil de 1916, vigente no Brasil por quase 90 (noventa) anos, não contava com disposições específicas sobre os direitos da personalidade, ao passo que, à época, predominava a concepção patrimonialista do direito, a qual associava os interesses individuais em prol do patrimônio concentrado.

De outro modo, com o advento do Código Civil de 2002, consolidou-se uma tratativa mais abrangente e moderna com relação a estes direitos, do que resultou na incorporação dos princípios constitucionais voltados aos aspectos intrínsecos à personalidade de cada indivíduo.

A valorização da dignidade da pessoa humana como princípio fundamental da Constituição de 1988 influenciou diretamente na concepção dos direitos da personalidade no Novo Código, conferindo-lhes *status* normativo e garantindo uma proteção mais efetiva, abarcada pela perspectiva civil-constitucional.

Diante disso, tem-se que o surgimento dos direitos da personalidade no âmbito do Código Civil de 2002 representou, portanto, um grande marco na evolução do Direito Civil Brasileiro, ao passo que a incorporação desses direitos no ordenamento jurídico reflete a crescente consciência da necessidade de assegurar a integral proteção da pessoa humana, o que vai além dos seus interesses patrimoniais, mas abarca sua vida, individualidade, intimidade, imagem e honra.

2.4.2. Direito à integridade física

O direito à integridade física, na lição dos professores Cristiano Chaves, Nelson Rosenvald e Felipe Braga Netto[4], deve ser estudado sob três principais aspectos: (i) tutela do corpo vivo, (ii) tutela do corpo morto e (iii) autodeterminação do paciente, o que abarca, em síntese, a tutela do corpo humano.

Diante disso, verifica-se que a tutela da integridade física abrange diversas situações, desde a proteção contra agressões físicas até a prevenção de danos à saúde e à vida, contexto no qual o próprio Código Civil, no seu artigo 13, veda, salvo por exigência médica, a disposição do próprio corpo nas hipóteses em que se tenha a redução permanente da integridade física ou, ainda, quando contrariar os bons costumes.

Na sequência, já no seu artigo 14, o Código Civil dispõe que "*é válida, com objetivo científico, ou altruístico, a disposição gratuita do próprio corpo, no todo ou em parte, para depois da morte*", e foi com base nesses dispositivos que a jurisprudência e a doutrina firmaram o entendimento pela prevalência da vontade manifestada pelo doador de órgãos em vida, sobre a vontade dos seus familiares, bem como que por meio do qual se permite a doação de órgãos duplos ou regeneráveis ainda em vida.

Neste cenário, desenvolveu-se a discussão acerca da transexualidade e, atualmente, pela tendência constitucional da prevalência da dignidade da pessoa humana, afastou-se a ideia

4. DE FREITAS, Cristiano Chaves. ROSENVALD, Nelson. NETTO, Felipe Braga. *Manual de Direito Civil.* 2. ed. Editora Juspodivm, 2018.

"patológica" anteriormente defendida, o que deu lugar à autonomia privada e destacou o direito ao gênero, passando o Supremo Tribunal Federal[5] a admitir a alteração do sexo da pessoa no seu registro civil, diretamente no Cartório de Registro Civil, independentemente da realização da prévia cirurgia de transgenitalização ou mesmo de autorização judicial, trazendo o direito à felicidade como um direito fundamental.

Outrossim, a Corte Suprema destacou que a alteração do prenome e do sexo da pessoa transgênero deve se pautar apenas no consentimento livre e informado, independentemente de quaisquer outros requisitos, o que deve ocorrer em caráter sigiloso, sem qualquer menção ou remissão nos documentos civis acerca de eventuais alterações.

Por outro lado, as discussões acerca da recusa de consciência e dos procedimentos de transfusão de sangue nos casos vinculados à religião das Testemunhas de Jeová, mostram-se deveras mais complexas.

Neste ponto, a questão exige maior ponderação de interesses, o que deve se dar à luz do caso concreto, a depender da gravidade e urgência da situação de risco, bem como da capacidade do indivíduo de manifestar a sua vontade.

Atualmente, a doutrina e a jurisprudência se inclinam pela predominância da autonomia da vontade daquele que se recusa ao tratamento médico por questões religiosas, excetuando-se os casos de paciente menor de idade ou, ainda que maior, quando presente uma emergência médica (iminente perigo de morte), contexto no qual a transfusão de sangue deverá ser realizada, independentemente da vontade dos familiares, considerando a vida um proto-direito, ou seja, a causa primária de todos os demais direitos.

5. Informativo 892 – Supremo Tribunal Federal.

Neste sentido, norteou-se o Enunciado n. 403 da Jornada de Direito Civil:

> *"O Direito à inviolabilidade de consciência e de crença, previsto no art. 5º, VI, da Constituição Federal, aplica-se também à pessoa que se nega a tratamento médico, inclusive transfusão de sangue, com ou sem risco de morte, em razão do tratamento ou da falta dele, desde que observados os seguintes critérios: a) capacidade civil plena, excluído o suprimento pelo representante ou assistente; b) manifestação de vontade livre, consciente e informada; e c) oposição que diga respeito exclusivamente à própria pessoa do declarante."*

Por fim, importante destacarmos as alterações promovidas pela Lei n. 14.443/2022, que revogou o § 5º do artigo 10 da Lei n. 9.263/1996, afastando a necessidade de autorização de cônjuges ou companheiros para a utilização de métodos contraceptivos invasivos, tal como técnicas de laqueadura, ao passo que tal exigência viola o direito à disposição do próprio corpo.

2.4.3. Direito à integridade psíquica

O direito à integridade psíquica é um tema relevante e sensível, abordado no âmbito do Código Civil em diversos países, com o objetivo de proteger a saúde mental e emocional das pessoas.

Diante disso, embora o Código Civil se concentre, primordialmente, nas questões patrimoniais e contratuais da vida privada, a proteção da integridade psíquica é reconhecida como uma dimensão essencial do direito à dignidade da pessoa humana.

Atualmente, não se pode ignorar a existência de uma gama de demandas cíveis que discutem os danos morais oriundos do desrespeito aos mais diversos aspectos que abarcam o essencial ao ser humano, tal como a honra, a imagem e a liberdade, dentre tantos outros, os quais advêm, diretamente, do direito à integridade psíquica dos indivíduos.

Foi neste ponto que o Supremo Tribunal Federal, no julgamento do RE 580252, reconheceu o direito à indenização por danos morais aos presos que cumprem pena privativa de liberdade em situação desumana ou degradante, comprovadamente oriundas da falta ou insuficiência das condições legais de encarceramento, o que se deu com fundamento no artigo 37, § 6º, da Constituição Federal, contexto no qual, considerando a indisponibilidade dos direitos, foi afastada a aplicação da teoria da reserva do possível, em observância ao princípio da dignidade da pessoa humana.

2.4.4. Direito à imagem

O direito à imagem tem por objetivo resguardar a privacidade e a dignidade das pessoas em relação à utilização não autorizada da sua figura, abarcando a divulgação indevida de fotografias, vídeos ou retratos de uma pessoa, vedando, ainda, a sua utilização indevida para fins publicitários e comerciais, independentemente da constatação de objetivos difamatórios atrelados à honra dos indivíduos.

Neste ponto, além de um direito da personalidade, tutelado no Capítulo II do Livro I do Código Civil, o direito à imagem é protegido pela própria Constituição Federal, no seu artigo 5º, inciso X, no rol dos direitos fundamentais, disciplinando que "*são invioláveis a intimidade, a vida privada, a honra e a imagem das pessoas, assegurado o direito a indenização pelo dano material ou moral decorrente de sua violação*".

Outrossim, o direito à imagem, apesar de possuir caráter uno, deve ser visualizado sob tripla acepção, abarcando a imagem retrato, que manifesta a representação visual do indivíduo, bem como a imagem atributo, a qual expressa as características de identificação social da pessoa e seu comportamento ordinário, além da imagem voz, que permite a identificação do indivíduo pelo seu timbre sonoro. Tudo isso é direito à imagem.

Trata-se, além disso, de um dano presumido (*in re ipsa*), uma vez que, constatado o uso indevido da imagem alheia sem a sua devida autorização, nascerá o direito à indenização, independentemente da comprovação do prejuízo oriundo da conduta violadora, o qual decorre da simples utilização da imagem, mesmo que atribuída a referência elogiosa ao seu titular.

Todavia, neste ponto, não se pode ignorar que a imagem é dotada de função social no Estado Democrático e, constatado o interesse social na divulgação da imagem de determinada pessoa, tal como nas hipóteses envolvendo o cometimento de crimes, a regra será a sua divulgação, o que é corroborado pela liberdade de imprensa e direito de manifestação, consagrados no ordenamento jurídico constitucional, ao passo que não se admite a alegação do direito à intimidade, de cunho privado, quando sopesado o direito público à informação.

Ocorre que, o direito à informação e a liberdade de imprensa, como todos os demais direitos, não são absolutos e devem ser ponderados, razão pela qual o Supremo Tribunal Federal, no julgamento do Tema 955, Informativo n. 1120, entendeu que veículo de comunicação social pode ser responsabilizado por ter divulgado entrevista na qual entrevistado forneceu informações falsas e ofensivas à honra de outra pessoa.

Para a Suprema Corte, não viola o direito à liberdade de imprensa (art. 220/CF) a condenação de veículo de comunicação ao pagamento de indenização por dano moral que decorra da publicação de entrevista em que veiculada informação falsa. Trata-se de medida excepcional aplicável quando existir a intenção deliberada, má-fé ou grave negligência por parte da imprensa na divulgação das informações falsas.

Noutra perspectiva, ainda dentro da ponderação de direitos, valiosa a discussão acerca do direito ao esquecimento no contexto jurídico moderno, direito este que pressupõe que um indivíduo poderia impedir que determinado fato ocorrido no passado, ainda que verídico, seja exposto repetidamente ao público em geral, retomando sofrimentos ou transtornos na ordem social.

O tema foi enfrentado originalmente no Tribunal Constitucional Alemão, o qual entendeu que a proteção constitucional da personalidade não admite que a imprensa traga à tona, por tempo ilimitado, a divulgação da figura do criminoso e a exposição da sua vida privada, contexto no qual, para a Corte alemã, deve prevalecer a proteção dos direitos da personalidade.

De outro modo, analisando a questão, o Superior Tribunal de Justiça, no julgamento do REsp 1961581/MS, deliberou que o direito ao esquecimento é incompatível com o ordenamento jurídico brasileiro e, portanto, não é capaz de justificar a determinação de exclusão de publicações relativas aos fatos comprovadamente verídicos.

No mesmo sentido se deu o posicionamento do Supremo Tribunal Federal que, no julgamento do RE 1010606/RJ, Tema 786 – Repercussão Geral, entendeu que o direito ao esquecimento não comporta compatibilidade com a Constituição Federal de 1988, sendo que eventuais excessos ou abusos no direito à liberdade de expressão e de informação devem ser analisados à luz do caso concreto.

Por fim, importante destacarmos o cenário da relativização dos direitos da personalidade no contexto dos "reality show", considerando que os participantes dispõem do seu direito à privacidade e intimidade por determinado período, o que se dá através da assinatura de um contrato entre o indivíduo e a emissora.

Neste contexto, analisando a questão, o Enunciado n. 04 da I Jornada de Direito Civil, firmou a orientação no sentido de que "*o exercício dos direitos da personalidade pode sofrer limitação voluntária, desde que não seja permanente e nem geral*".

Diante disso, entende-se que a limitação aos direitos da personalidade só será admitida quando feita em caráter temporário, respeitados os parâmetros garantidores da dignidade da pessoa humana, não se tratando de uma renúncia absoluta.

2.4.5. Direito ao nome

O direito ao nome está disciplinado nos artigos 16 ao 19 do Código Civil e resguarda a identidade de cada pessoa, garantindo-lhe o uso exclusivo de seu próprio nome, sinal ou pseudônimo identificadores da pessoa no seio social, o que se dá com o propósito de proteger o indivíduo contra atentados de terceiros que visam a sua exposição ao desprezo público, do que pode resultar no direito ao dano moral e, até mesmo, patrimonial, a depender do alcance dos prejuízos suportados.

Trata-se de um direito que, além de amplamente protegido no ordenamento jurídico interno, conta com proteção no âmbito internacional, mais especificamente no Pacto de São José da Costa Rica – Convenção Americana de Direitos Humanos, que prevê no seu artigo 18 que "*toda pessoa tem direito a um prenome, e ao nome de seus pais ou de um deles. A lei deve regular a forma de assegurar a todos esses direitos, mediante nomes fictícios, se for necessário*".

Como se sabe, a disciplina do direito ao nome, no contexto da legislação interna, é trabalhada pelo Código Civil e pela Lei de Registros Públicos (Lei n. 6.015/1973), diplomas normativos que abordam a compreensão do nome como composto pelo prenome e sobrenome da pessoa, alcançando não apenas as pessoas naturais, mas também as pessoas jurídicas.

Além disso, tem-se que o nome se presta ao papel designativo do indivíduo na sociedade, exercendo função identificadora das pessoas.

No contexto da função identificadora das pessoas, importante rememorarmos que, desde o ano de 1998, a Lei de Registros Públicos conta com disposição expressa acerca da possibilidade de substituição do prenome da pessoa por apelidos públicos e notórios, o que não abarca apenas pessoas famosas, mas todo e qualquer indivíduo no seu ambiente social.

Além disso, com os avanços do ordenamento jurídico, atualmente, por ocasião do casamento e da união estável (§ 2º do artigo 57 da Lei de Registros Públicos), é possível que os contraentes suprimam nomes de família, acrescentando ao seu o sobrenome do outro e, tratando-se de direito da personalidade, o sobrenome acrescentado passa a integrar o núcleo essencial de direitos da pessoa, razão pela qual, mesmo após a separação ou divórcio, o indivíduo poderá conservar o sobrenome do ex-marido ou da ex-esposa, independentemente da vontade deste.

Não suficiente, com consideráveis alterações promovidas pela Lei n. 14.382/2022, admite-se a alteração imotivada do prenome a partir da aquisição da capacidade civil que, em regra, dá-se aos 18 anos ou, ainda, nas hipóteses de emancipação.

Nessas situações, a legislação prevê que a alteração imotivada de prenome poderá ser feita na via extrajudicial apenas uma vez, e sua desconstituição dependerá de sentença judicial (§ 1º do artigo 56 da Lei n. 6.015/1973).

Nesta conjuntura, diferentemente das hipóteses de alteração motivada, a legislação prevê que a averbação de alteração de prenome conterá, obrigatoriamente, o prenome anterior, os números de documento de identidade, de inscrição no Cadastro de Pessoas Físicas (CPF) da Secretaria Especial da Receita Federal do Brasil, de passaporte e de título de eleitor do registrado, dados esses que deverão constar expressamente de todas as certidões solicitadas, do que se extrai a preocupação do legislador com eventuais situações de artimanha por parte daquele que requer, imotivadamente, a modificação do seu nome.

Na sequência, realizado o procedimento de alteração extrajudicial do nome, o requerente deverá, às suas expensas, comunicar oficialmente aos órgãos expedidores dos documentos de identidade, CPF e passaporte, bem como ao Tribunal Superior Eleitoral, o que deve se dar, preferencialmente, por meio eletrônico.

Além disso, o § 4º do artigo 56 da Lei de Registros Públicos possibilita ao oficial de registro civil que, fundamentadamente, nos casos de suspeita de fraude, falsidade, má-fé, vício de vontade ou simulação quanto à real intenção da pessoa requerente, recuse a retificação requerida.

Outrossim, trazendo à discussão o arcabouço jurisprudencial, em 2016, no julgamento do RE 898.060, o Supremo Tribunal Federal passou a admitir a multiparentalidade, contexto no qual o indivíduo poderá ter registrado mais de um pai ou mais de uma mãe, do que resultará na produção de efeitos jurídicos próprios dentre os quais se tem a possibilidade de ostentar o nome de todos eles.

É possível, ainda, a alteração para fazer constar o nome vinculado à família do padrasto ou madrasta no nome do enteado ou enteada, o que se deu com as alterações promovidas pela Lei 11.924/2009, que modificou as disposições do artigo 57, § 8.º, da Lei 6.015/1976.

Por fim, diante da relevante pertinência temática, não podemos deixar de abordar a possibilidade de alteração do nome (prenome e sobrenome) da pessoa inserida no programa de proteção à testemunha (Lei nº. 9.807/99) nos casos em que haja fundada coação ou ameaça oriunda da colaboração com a apuração de crimes.

Nesses casos, a modificação será precedida de determinação por sentença judicial, após a oitiva do membro do Ministério Público, de modo que poderá ser de caráter temporário ou definitivo, a depender do caso concreto, independentemente da duração do prazo do programa de proteção às testemunhas.

2.4.6. Direito à intimidade

O direito à intimidade, de igual forma, é um tema crucial no âmbito do Direito Civil, e sua proteção é essencial para preservar a dignidade e a autonomia das pessoas.

O Código Civil brasileiro, em seu artigo 21, consagra expressamente o direito à intimidade como um dos direitos da personalidade, conferindo-lhe proteção jurídica específica. Perceba-se:

> *Art. 21. A vida privada da pessoa natural é inviolável, e o juiz, a requerimento do interessado, adotará as providências necessárias para impedir ou fazer cessar ato contrário a esta norma.*

O direito à intimidade abrange diversos aspectos da vida cotidiana, como o sigilo das comunicações, a inviolabilidade do domicílio, a proteção da imagem, dentre outros.

No contexto das relações jurídicas, é comum que o direito à intimidade seja invocado em situações envolvendo a divulgação indevida de informações pessoais, bem como a invasão da privacidade e a exposição não autorizada da imagem de uma pessoa. A tutela deste direito visa coibir tais condutas, viabilizando a reparação dos danos causados e a prevenção de futuras violações.

No mais, importante destacar que o direito à intimidade, assim como os demais, não é absoluto e pode sofrer limitações em casos de interesse público ou quando há colisão com outros direitos fundamentais. No entanto, tais restrições devem ser interpretadas restritivamente, preservando-se ao máximo a esfera privada do indivíduo.

A princípio, não se pode confundir intimidade com vida privada, uma vez que a vida privada é mais ampla e comporta informações que o seu titular tem a faculdade de deliberar acerca da sua divulgação ou não. De outro modo, a intimidade é mais restrita e está inserida no contexto da vida privada, abarcando, inclusive, o direito ao segredo.

Acerca da temática, recentemente, o ordenamento jurídico brasileiro foi consideravelmente modificado com o advento da Lei n. 13.709/2018, que instituiu a lei Geral de Proteção de Dados Pessoais – LGPD, a qual se desenvolveu, notadamente, nos aspectos da vida privada e da intimidade das pessoas, especialmente no contexto das redes sociais, do que resultou, inclusive, na edição da Emenda Constitucional n. 115 de 2022, que acrescentou a proteção de dados como um direito fundamental expressamente previsto no artigo 5º, inciso LXXIX, da Constituição Federal de 1988.

Outrossim, de acordo com o artigo 3.º da Lei 13.709/2018, este regulamento possui aplicação em qualquer operação de tratamento realizada no território nacional por pessoa natural ou por pessoa jurídica de Direito Público ou Privado, independentemente do meio, do país de sua sede ou do país onde estejam localizados os dados.

De outro modo, não se submetem às disposições da Lei Geral de Proteção de Dados Pessoais as informações trabalhadas, dentre outros, para fins acadêmicos, jornalísticos, artísticos ou relacionados com a investigação de ilícitos em geral, o que envolve a atividade de segurança pública, razão pela qual as investigações policiais, por exemplo, não estão sujeitas à disciplina da Lei nº 13.709/2018.

No que diz respeito ao sigilo processual nos casos em que haja documentos envolvendo dados pessoais sensíveis da pessoa, o Enunciado n. 681 da IX Jornada de Direito Civil delimitou que "*a existência de documentos em que há dados pessoais sensíveis não obriga à decretação do sigilo processual dos autos. Cabe ao juiz, se entender cabível e a depender dos dados e do meio como produzido o documento, decretar o sigilo restrito ao documento específico*".

Além disso, o direito à intimidade no contexto da vida de personalidades públicas é um tema relevante e complexo no âmbito jurídico, uma vez que, embora o direito à intimidade seja uma prerrogativa assegurada a todos, inclusive aos indivíduos notórios, a exposição pública dessas figuras frequentemente coloca em xeque a ponderação entre o direito à privacidade e o direito à informação.

Diante disso, tratando-se de pessoas públicas, a jurisprudência tem interpretado que a esfera de privacidade desses indivíduos pode ser mais restrita, dada a natureza de suas atividades e a exposição voluntária ao público.

A análise das situações envolvendo a vida íntima de famosos frequentemente leva em consideração o chamado "interesse público", especialmente quando as informações em questão têm relevância social, política ou econômica, ao passo que a liberdade de expressão e o direito à informação estão abarcados como direitos fundamentais protegidos pelo regramento constitucional.

De outro modo, não se pode ignorar que, mesmo no caso de figuras notórias, há um núcleo íntimo que deve ser preservado, razão pela qual a exposição indevida pode ensejar responsabilidade civil dos seus causadores.

Portanto, a busca por um equilíbrio entre a liberdade de expressão, o direito à informação e o respeito à intimidade constitui um desafio constante para o sistema jurídico, o qual tem por objetivo garantir a proteção dos direitos fundamentais em uma sociedade em constante transformação.

Capítulo 3

DAS PESSOAS JURÍDICAS

As pessoas jurídicas são entidades reconhecidas pelo ordenamento jurídico como detentoras de personalidade jurídica própria, distinta daquela de seus membros ou fundadores. No âmbito do Direito Civil, as pessoas jurídicas possuem características específicas que as diferenciam das pessoas físicas, contando com regulamentação própria.

O Código Civil adotou a teoria da realidade técnica para justificar a existência da pessoa jurídica, o que se deu com premissas tanto da teoria da ficção de Savigny, como da teoria da realidade orgânica de Gierke, uma vez que a pessoa jurídica é criada por uma ficção legal, mas conta com identidade organizacional própria.

O nascimento das pessoas jurídicas se dá, nos termos do artigo 45 do Código Civil, com o registro do seu ato constitutivo em órgão próprio para as pessoas jurídicas de direito privado, precedida, quando necessário, de autorização ou aprovação do Poder Executivo.

Trata-se, portanto, de um ato complexo que envolve duas etapas, iniciado pela formulação dos atos constitutivos e formando-se, em seguida, pelo registro público deste ato no órgão competente.

Outrossim, importante destacarmos que, no caso das sociedades empresárias, esse registro se dará nas Juntas Comerciais, sendo que, nas demais hipóteses envolvendo associações civis, fundações de direito privado e organizações religiosas, o registro será efetivado no cartório de registro civil das pessoas jurídicas.

As pessoas jurídicas de direito público, por sua vez, têm a sua constituição a partir da lei, independentemente do ato do registro, enquanto, particularmente, as sociedades de advogados devem ser registradas na Ordem dos Advogados do Brasil, nos termos dos artigos 15 e 16, § 3º, da Lei nº. 8.906/1994.

No mais, destaca-se os partidos políticos que, após a aquisição da personalidade jurídica na forma da lei civil, devem registrar os seus estatutos no Tribunal Superior Eleitoral (artigo 17, § 2º, da Constituição Federal).

Nas hipóteses em que a regularidade do registro civil não for observada, originar-se-ão as sociedades irregulares ou sociedades de fato, situação em que não será observado o princípio da autonomia patrimonial e os sócios desta pessoa jurídica responderão pessoal e ilimitadamente pelas obrigações assumidas pela empresa.

Diante disso, verifica-se que, em regra, o ordenamento jurídico brasileiro adota o sistema da responsabilidade subsidiária e limitada dos sócios, rechaçando o sistema da responsabilidade ilimitada, o qual só será permitido em situações específicas de irregularidade constitutiva, fraude ou abuso de direito.

Por fim, observa-se que a extinção de uma pessoa jurídica pode ocorrer por diversos motivos, tais como o cumprimento de seu objeto social, a fusão, incorporação, liquidação, ou por determinação judicial.

Neste passo, a dissolução implica na cessação da personalidade jurídica e na destinação do patrimônio remanescente de acordo com as disposições legais e estatutárias.

3.1. DIREITOS DA PERSONALIDADE E PESSOAS JURÍDICAS

Tradicionalmente, os direitos da personalidade eram associados exclusivamente às pessoas físicas, considerando-se atributos inerentes à individualidade humana. Contudo, com o desenvolvimento do Direito, especialmente no contexto da proteção dos direitos fundamentais, alguns direitos da personalidade foram estendidos às pessoas jurídicas, no que lhes for cabível.

Neste ponto, o artigo 52 do Código Civil disciplinou que "*aplica-se às pessoas jurídicas, no que couber, a proteção dos direitos da personalidade*", o que demonstra que, embora a personalidade jurídica seja distinta da personalidade natural, as entidades coletivas passaram a desfrutar de certas salvaguardas reconhecidas no âmbito do Direito Civil.

As pessoas jurídicas podem, inclusive, sofrer danos morais, o que restou disciplinado na Súmula 227 do Superior Tribunal de Justiça[1], desde que os prejuízos afetem a sua honra objetiva, abarcada pela reputação social, já que a pessoa jurídica não conta com honra subjetiva pela inexistência de consciência própria.

Contrapondo tecnicamente o posicionamento da Corte Superior de Justiça, os professores Cristiano Chaves de Farias, Nelson Rosenvald e Felipe Braga Netto lecionam:

> *"Os chamados danos institucionais são um modelo conceitual que, segundo alguns autores, seria mais adequado para explicar os danos sofridos pelas pessoas jurídicas. As pessoas jurídicas, nessa visão, não poderiam sofrer danos morais, mas danos institucionais. Sofreriam, portanto, danos materiais – sempre que a lesão patrimonial se fizesse configurada – e, em certos casos, danos institucionais. Argumenta-se que o dano*

1. Súmula 227/STJ – *A pessoa jurídica pode sofrer dano moral.*

> *moral estaria intimamente vinculado à dignidade humana e as lesões a elas vinculadas. Seria, portanto, nesse modo de enxergar as coisas, o dano moral incompatível com a pessoa jurídica, já o dano institucional seria uma ferramenta mais adequada à realidade social e normativa dos entes abstratos"*[2].

Adaptando, pontualmente, o estudo dos direitos da personalidade para o contexto das pessoas jurídicas, verifica-se, por exemplo, a proteção do nome empresarial e da marca, o qual assegura aos entes abstratos a sua identidade no mercado, conferindo-lhe proteção analógica ao direito ao nome assegurado às pessoas naturais, de modo que a marca registrada se manifesta como um atributo da personalidade jurídica, o que garante a identificação dos seus produtos e serviços na comunidade.

A imagem institucional, por sua vez, garante às pessoas jurídicas o direito de preservar a sua imagem e reputação no mercado, a fim de que toda e qualquer ação que prejudique a reputação da pessoa jurídica pode ensejar a responsabilização civil daquele que a der causa.

Assegura-se, ainda, o direito à integridade e a dignidade institucional, o que reflete na estrutura, valores e finalidades da entidade, de forma que os atos violadores da dignidade institucional, tais como aqueles que afetem a concorrência desleal ou práticas comerciais abusivas, podem ser objeto de reparação civil.

3.2. DESCONSIDERAÇÃO DA PERSONALIDADE JURÍDICA

A desconsideração da personalidade jurídica é um instituto de extrema relevância no âmbito do Direito Civil, proporcionando um instrumento jurídico que permite a superação da

---

2. DE FREITAS, Cristiano Chaves. ROSENVALD, Nelson. NETTO, Felipe Braga. *Manual de Direito Civil*. 2. ed. Editora Juspodivm, 2018.

autonomia patrimonial entre a pessoa jurídica e seus sócios ou administradores em determinadas circunstâncias.

Trata-se de uma exceção ao sistema da responsabilidade subsidiária e limitada dos sócios, adotado como regra no ordenamento jurídico brasileiro, o qual se aplica nas hipóteses de abuso da personalidade jurídica que se caracteriza em dois cenários, nos termos do artigo 50 do Código Civil:

a) Desvio de finalidade: expressa a utilização da pessoa jurídica com o propósito de lesar credores e para a prática de atos ilícitos de qualquer natureza;

b) Confusão patrimonial: hipóteses de ausência de separação de fato entre os patrimônios, caracterizada pelo (i) cumprimento repetitivo pela sociedade de obrigações do sócio ou do administrador ou vice-versa; (ii) transferência de ativos ou de passivos sem efetivas contraprestações, exceto os de valor proporcionalmente insignificante; e (iii) outros atos de descumprimento da autonomia patrimonial.

Além disso, a desconsideração da personalidade jurídica poderá se dar quando se verifique uma extensão das obrigações de sócios ou administradores à pessoa jurídica (§ 3º do art. 50 do Código Civil).

Não suficiente, o § 5º do artigo 50 do Código Civil, afasta a caracterização do desvio de finalidade nos casos de mera expansão ou alteração da finalidade original da atividade econômica específica da pessoa jurídica.

Com relação aos estudos da desconsideração da personalidade jurídica, a doutrina e a jurisprudência se desdobraram em duas principais teorias acerca da desconsideração: (i) teoria maior; e (ii) teoria menor.

Como regra, o Código Civil adotou a teoria maior para o desenvolvimento do instituto da desconsideração da personalidade jurídica, de modo que para a sua admissão, faz-se necessária a demonstração do efetivo desvio de finalidade caracterizado pelo uso abusivo fraudulento ou, ainda, quando ficar demonstrada a confusão patrimonial entre a pessoa jurídica e seus sócios.

Noutro giro, o Código de Defesa do Consumidor, no seu artigo 28, § 5º, optou pela adoção da teoria menor, de maneira a admitir a desconsideração da personalidade jurídica quando ficar demonstrado que personalidade jurídica vem sendo utilizada como um obstáculo à indenização dos lesados, independentemente da comprovação da fraude, abuso de direito ou, ainda, de eventual confusão patrimonial. Basta, portanto, que o consumidor demonstre a insuficiência de bens da pessoa jurídica aptos a resolver a dívida.

Outrossim, não se pode deixar de mencionar a hipótese da desconsideração inversa, que se dá quando demonstrado o esvaziamento do patrimônio pessoal do sócio, o qual passa a integralizar o patrimônio da pessoa jurídica.

Nestes casos, a doutrina e a jurisprudência, com o fim de solucionar o empasse criado, passaram a admitir a desconsideração da autonomia patrimonial da pessoa jurídica para atingir o ente coletivo e o seu patrimônio social, responsabilizando a pessoa jurídica por obrigações próprias dos seus sócios.

Por fim, tem-se, ainda, as situações de desconsideração indireta da personalidade jurídica, materializada diante de fraudes e abusos perpetrados por empresas controladoras, valendo-se da personalidade jurídica das empresas controladas, obtendo vantagens indevidas e ocasionando prejuízos à terceiros.

Diante disso, a desconsideração indireta admite o levantamento da proteção do patrimônio da empresa controladora, viabilizando a sua responsabilização pelos atos abusivos e fraudulentos outrora praticados.

3.3. CLASSIFICAÇÃO DAS PESSOAS JURÍDICAS

Pessoas jurídicas de direito público:

As pessoas jurídicas de direito público são entidades reconhecidas e regulamentadas pelo Código Civil de 2002, as quais podem ser de direito interno ou externo.

As pessoas jurídicas de direito público externo representam os Estados sob a ótica internacional que, no caso do ordenamento jurídico brasileiro, é traduzida na República Federativa do Brasil, bem como os organismos internacionais, a exemplo da Organização das Nações Unidas – ONU e da Organização Internacional do Trabalho – OIT.

Sob outro ângulo, as pessoas jurídicas de direito público interno estão disciplinadas no artigo 41 do Código Civil e expressam a União, os Estados, o Distrito Federal, os Territórios, os Municípios, bem como as autarquias e associações públicas, além das demais entidades de direito público criadas por lei.

Diante disso, tem-se que as pessoas jurídicas de direito público são criadas por meio de leis específicas, que estabelecem sua finalidade, competências, estrutura e demais aspectos relevantes. A sua extinção, de igual modo, dar-se-á por lei.

Pessoas jurídicas de direito privado:

As pessoas jurídicas de direito privado, por sua vez, estão disciplinadas no artigo 44 do Código Civil tem o seu rol composto pelas associações, sociedades, fundações, organizações religiosas, partidos políticos e empresas individuais de responsabilidade limitada.

a) Associações

Nos termos do artigo 53 do Código Civil, as associações são compostas pela união de pessoas que se organizam para fins não econômicos. Diante disso, as associações públicas se destacam pela ausência de lucratividade o que, todavia, não as impede de desenvolver atividade econômica que abarque a produção de bens e serviços.

O que não é admitido no cerne das associações é a repartição de eventuais lucros entre os associados que, caso existente, deverá ser convertido em prol das suas próprias atividades desempenhadas.

Ademais, tem-se que as associações são regidas pelo seu próprio estatuto social, de modo a vincular os seus associados nas relações jurídicas internas. Diante disso, o artigo 54 do Código Civil aborda uma série de requisitos voltados à confecção dos estatutos das associações, os quais, quando desrespeitados, poderão acarretar a nulidade da constituição da pessoa jurídica.

Neste ponto, fundamental destacarmos que não existe entre os associados direitos e obrigações recíprocas e a qualidade de associado é, em regra, personalíssima e intransmissível, o que poderá ser excepcionado de modo expresso no respectivo regimento.

Além disso, tem-se que a exclusão de um associado só será admitida nas hipóteses de justa causa, a qual será reconhecida em procedimento que assegure o direito de defesa e de recurso, nos termos do regimento do respectivo estatuto (artigo 57, *caput*, do Código Civil).

Por fim, o artigo 61 do Código Civil prevê que, dissolvida a associação, o remanescente do seu patrimônio líquido, após deduzidas as quotas ou frações transferidas a terceiros, será destinado à entidade de fins não econômicos preestabelecida no próprio estatuto. Em caso de omissão, o restante poderá ser destinado à instituição municipal, estadual ou federal de fins idênticos ou semelhantes.

b) Fundações particulares

As fundações contam com disciplina no artigo 62 e seguintes do Código Civil, as quais são instituídas pela livre manifestação de vontade de uma única pessoa, com o propósito de atender a fins de interesse social, destinadas a propósitos culturais, educacionais, assistenciais, científicos, artísticos, filantrópicos, entre outros.

A sua constituição se dá pela simples manifestação de vontade do instituidor, materializada por escritura pública ou testamento, a partir do qual se destina um conjunto de bens para a realização de determinados fins sociais, o que será formalizado por meio da elaboração de um estatuto, que deve ser registrado no cartório de registro civil de pessoas jurídicas.

O seu estatuto deve abarcar definições acerca da sua finalidade, estrutura, órgãos e forma de administração, norteando a atividade de acordo com a vontade do seu instituidor.

Ademais, o patrimônio destinado à fundação particular é composto pelos bens e valores doados pelo instituidor, que ficam vinculados à consecução dos fins estabelecidos no estatuto, tratando-se de um conjunto de bens impenhoráveis e que não pode ser destinado a fins lucrativos.

Tratando-se de uma entidade de fins sociais, nos termos do artigo 66 do Código Civil, as fundações privadas deverão prestar contas, em regra, ao Ministério Público estadual o qual, na função de *custos legis*, exercerá a fiscalização por meio da curadoria das fundações, zelando pela sua constituição e regular funcionamento.

Caso as fundações funcionem no Distrito Federal ou em Territórios, caberá ao Ministério Público do Distrito Federal e Territórios a sua fiscalização, conforme preceitua o artigo 66, § 1º, do Código Civil.

Finalmente, o artigo 69 do Código Civil prevê que nos casos em que as fundações manifestarem atuação ilícita, impossível ou imoral, deixando de atender as suas finalidades precípuas, bem como quando não for possível a sua manutenção ou vencer o prazo da sua existência, a dissolução da pessoa jurídica será efetivada pelo Ministério Público ou, ainda, por qualquer interessado, contexto no qual o juiz destinará os seus bens para outra fundação que desempenhe atividade semelhante, salvo quando houver disposição em contrário trazida no próprio estatuto social.

c) Sociedades

As sociedades disciplinadas no Código Civil são associações de pessoas que se unem com o objetivo de explorar atividade econômica ou alcançar finalidades específicas, e sua estrutura é definida de acordo com a natureza do empreendimento.

No mais, estas entidades podem ser simples ou empresárias, ambas caracterizadas pelo exercício da atividade econômica e indicadas pela partilha econômica dos resultados.

As sociedades empresárias desenvolvem práticas lucrativas mediante o exercício da atividade empresária, o que está disciplinado no artigo 982 do Código Civil. De outro modo, as sociedades simples, apesar de contarem com fins lucrativos, concentram a sua atuação em uma atividade não empresária, tal como os consultórios em sociedade médica, escritórios de contabilidade etc.

As sociedades empresárias, por exercerem atividade empresária, devem ser registradas nas Juntas Comerciais, ao passo que as sociedades simples realizam o seu registo no cartório de registro civil das pessoas jurídicas.

Além disso, as sociedades empresárias e simples podem assumir a forma de sociedade em nome coletivo, sociedade em comandita simples, sociedade limitada ou sociedade anônima.

Na sociedade em nome coletivo, todos os sócios respondem de forma ilimitada e solidária pelas obrigações sociais, de modo que a participação de terceiros como sócios é restrita, e a constituição da sociedade demanda a elaboração de um contrato social (artigo 1.039 e ss. do Código Civil).

Na sociedade em comandita simples, por sua vez, trabalhada no artigo 1.045 e ss. do Código Civil, há dois tipos de sócios: (i) os comanditados, que respondem ilimitada e solidariamente nas relações jurídicas travadas, e (ii) os comanditários, que têm responsabilidade limitada ao valor de suas cotas. A participação de terceiros é restrita aos comanditários.

Em seguida, na sociedade limitada se tem uma das formas mais comuns de sociedades firmadas no Brasil, por meio da qual os sócios têm responsabilidade limitada ao valor de suas quotas, e a participação de terceiros é facilitada. Ademais, a sua constituição exige contrato social registrado em cartório e a administração pode ser realizada pelos próprios sócios ou por administradores designados (artigo 1.052 e ss. do Código Civil).

A sociedade anônima é utilizada para grandes empreendimentos, com o capital social dividido em ações (artigo 1.088 e ss. do Código Civil). Os acionistas têm responsabilidade limitada ao valor das ações subscritas ou adquiridas e a sua constituição e funcionamento são regidos por estatuto social. Por fim, registra-se que a administração é realizada por órgãos especiais denominados conselho de administração e diretoria.

Neste ponto, importante destacarmos a redação do artigo 1.160 do Código Civil, trazida pela Lei n. 14.832/2022, que passou a prever que "*a sociedade anônima opera sob denominação integrada pelas expressões 'sociedade anônima' ou 'companhia', por extenso ou abreviadamente, facultada a designação do objeto social*".

Noutro giro, as cooperativas, disciplinadas no artigo 1.093 e ss. do Código Civil, são formadas por pessoas que se unem voluntariamente para atingir objetivos econômicos, sociais e culturais comuns. Os cooperados participam ativamente da gestão e têm responsabilidade limitada ao valor de suas quotas-partes. A legislação específica das cooperativas complementa as normas do Código Civil.

Por fim, embora não prevista de forma específica no Código Civil, a Sociedade de Propósito Específico é amplamente utilizada em empreendimentos específicos, tais como projetos imobiliários e infraestrutura. Esta modalidade é criada para realizar uma atividade particularizada, com prazo de duração determinado e patrimônio segregado.

d) Partidos políticos e organizações religiosas

As organizações religiosas são reconhecidas no Código Civil como pessoas jurídicas de direito privado, com autonomia para criar suas próprias normas e estruturas internas.

O artigo 44 do Código Civil estabelece que a personalidade jurídica das organizações religiosas é adquirida com o registro dos seus atos constitutivos no Registro Civil de Pessoas Jurídicas, tratando-se de ato essencial à validade da sua atuação.

Outrossim, importante rememorar que as organizações religiosas contam com o direito de liberdade de expressão e de culto nas suas atividades, o que encontra respaldo no próprio texto constitucional, respeitando-se os limites da ordem pública.

Por fim, apesar da garantia da liberdade de funcionamento, não se pode afastar o controle das suas atividades diante de eventuais ilegalidades perpetradas no ato do registro ou, ainda, na sua atuação. É neste sentido o Enunciado 143 da Jornada de Direito Civil:

> *"A liberdade de funcionamento das organizações religiosas não afasta o controle de legalidade e legitimidade constitucional de seu registro, nem a possibilidade de reexame, pelo Judiciário, da compatibilidade de seus atos com a lei e com seus estatutos."*

Os partidos políticos, por sua vez, são pessoas jurídicas de direito privado, cujo funcionamento e criação são livres, observando-se os princípios da soberania nacional, do regime democrático, do pluralismo político e dos direitos fundamentais.

Finalmente, os partidos políticos possuem regulamentação regida pela Lei n. 9.096/1995 que, corroborada pelo Código Civil, disciplinou que a aquisição da sua personalidade jurídica se dá a partir do registro do seu estatuto no Tribunal Superior Eleitoral, o que lhe garante a participação nas atividades eleitorais e o pleno exercício das atribuições políticas.

e) Empresas individuais de responsabilidade limitada:

As Empresas Individuais de Responsabilidade Limitada (EIRELI) representam uma modalidade de pessoa jurídica que proporciona aos empreendedores individuais uma forma de organização que combina a simplicidade da estrutura empresarial com a limitação da responsabilidade civil decorrente das relações jurídicas travadas.

A EIRELI é conceituada como uma empresa com titularidade única, na qual o empresário é detentor da totalidade do capital social e assume responsabilidade limitada pelas obrigações da sociedade, ou seja, esta modalidade, apesar de constituída por um único sócio, permite a separação dos patrimônios da pessoa física e da pessoa jurídica, preservando o patrimônio do empresário individual.

Neste contexto, o artigo 980-A do Código Civil dispõe que a constituição da EIRELI requer a integralização de capital social não inferior a 100 (cem) vezes o valor do salário-mínimo vigente à época do registro.

A criação da EIRELI está sujeita aos procedimentos formais trazidos pela Lei Civil, incluindo o registro no órgão competente, que, conforme estabelecido no artigo 980-A, é o Registro Público de Empresas Mercantis, momento a partir do qual se tem a aquisição da sua personalidade jurídica.

Neste sentido, o Enunciado n. 471 da Jornada de Direito Civil:

> *"Os atos constitutivos da EIRELI devem ser arquivados no registro competente, para fins de aquisição de personalidade jurídica. A falta de arquivamento ou de registro de alterações dos atos constitutivos configura irregularidade superveniente."*

Diante disso, tratando-se de um novo ente personificado, é possível, de igual forma, a aplicação do instituto da desconsideração da personalidade jurídica nas hipóteses em que fique demonstrado o seu abuso.

Por fim, ainda sobre a temática das pessoas jurídicas, importante destacarmos as alterações promovidas pela Lei n. 14.382/2022, especialmente com relação a introdução do artigo 48-A no Código Civil, o qual passou a admitir que as pessoas jurídicas de direito privado, sem prejuízo do previsto em legislação especial e em seus atos constitutivos, poderão realizar suas assembleias gerais por meio eletrônico, inclusive com relação as questões privativas disciplinadas no artigo 59 do Código Civil, desde que respeitados os direitos previstos de participação e de manifestação.

Capítulo 4

DO DOMICÍLIO

O Código Civil, em seus artigos 70/78[1], trata do domicílio da pessoa natural e da pessoa jurídica, sendo relevante destacar que temos domicílio voluntário, legal ou necessário, da pessoa

1. I - da União, o Distrito Federal;

   II - dos Estados e Territórios, as respectivas capitais;

   III - do Município, o lugar onde funcione a administração municipal;

   IV - das demais pessoas jurídicas, o lugar onde funcionarem as respectivas diretorias e administrações, ou onde elegerem domicílio especial no seu estatuto ou atos constitutivos.

   § 1º Tendo a pessoa jurídica diversos estabelecimentos em lugares diferentes, cada um deles será considerado domicílio para os atos nele praticados.

   § 2º Se a administração, ou diretoria, tiver a sede no estrangeiro, haver-se-á por domicílio da pessoa jurídica, no tocante às obrigações contraídas por cada uma das suas agências, o lugar do estabelecimento, sito no Brasil, a que ela corresponder.

   Art. 76. Têm domicílio necessário o incapaz, o servidor público, o militar, o marítimo e o preso.

   Parágrafo único. O domicílio do incapaz é o do seu representante ou assistente; o do servidor público, o lugar em que exercer permanentemente suas funções; o do militar, onde servir, e, sendo da Marinha ou da Aeronáutica, a sede do comando a que se encontrar imediatamente subordinado; o do marítimo, onde o navio estiver matriculado; e o do preso, o lugar em que cumprir a sentença.

jurídica e de eleição, visto que as pessoas além de identificadas, precisam ser encontradas.

A expressão domicílio utilizada pela lei, refere seu caráter civil ou político, e não tem relação direta com a efetiva moradia/residência ou local de votação da pessoa natural, nem mesmo com a localização física da pessoa jurídica.

4.1. DOMICÍLIO DA PESSOA NATURAL

4.1.1. Domicílio voluntário

A lei civil engloba uma série de direitos e obrigações, e por assim dizer, para que seja possível efetivá-las, exige-se a existência de um domicílio, sendo que em se tratando de pessoa natural, corresponde ao local escolhido voluntariamente para ter como residência de forma definitiva ou com caráter definitivo, bem como onde exerce a grande parte de suas atividades sociais e laborais. Portanto, o local onde as pessoas naturais podem ser encontradas é conceituado como seu domicílio civil.

Na lição de Gagliano e Pamplona Filho temos como domicílio da pessoa natural é "o lugar onde estabelece residência com ânimo definitivo, convertendo-o, em regra, em centro principal de seus negócios jurídicos ou de sua atividade profissional".[2]

Art. 77. O agente diplomático do Brasil, que, citado no estrangeiro, alegar extraterritorialidade sem designar onde tem, no país, o seu domicílio, poderá ser demandado no Distrito Federal ou no último ponto do território brasileiro onde o teve.

Art. 78. Nos contratos escritos, poderão os contratantes especificar domicílio onde se exercitem e cumpram os direitos e obrigações deles resultantes.

2. GAGLIANO, Pablo Stolze; PAMPLONA FILHO, Rodolfo. *Novo curso de direito civil: parte geral.* 9. ed. São Paulo: Saraiva Educação, 2019a. v. 6.

Segundo Diniz (2009, p. 225), "Nessa conceituação há dois elementos; o objetivo, que é a fixação da pessoa em dado lugar, e o subjetivo, que é a intenção de ali permanecer com ânimo definitivo. Importa em fixação especial permanente da pessoa"[3].

A relevância do domicílio para o direito tem relação com a definição de competência para propositura de ações (a regra geral é o foro do domicílio do réu)[4].

Extrai-se dos artigos 70 e 72 do Código Civil[5] que o domicílio é o lugar de sua residência com ânimo definitivo para prática e estabelecimento de relações profissionais e seu exercício, hipótese em que temos o domicílio voluntário.

Importante traçar a diferença entre morada (possui caráter provisório), residência (caráter duradouro/habitual) e domicílio (caráter definitivo). Portanto, para termos a caracterização de

---

3. DINIZ, Maria Helena. *Curso de Direito Civil brasileiro*. São Paulo: Saraiva, 2009. v. 1.
4. Código de Processo Civil:

   Art. 46. A ação fundada em direito pessoal ou em direito real sobre bens móveis será proposta, em regra, no foro de domicílio do réu.

   § 1º Tendo mais de um domicílio, o réu será demandado no foro de qualquer deles.

   § 2º Sendo incerto ou desconhecido o domicílio do réu, ele poderá ser demandado onde for encontrado ou no foro de domicílio do autor.

   § 3º Quando o réu não tiver domicílio ou residência no Brasil, a ação será proposta no foro de domicílio do autor, e, se este também residir fora do Brasil, a ação será proposta em qualquer foro.

   § 4º Havendo 2 (dois) ou mais réus com diferentes domicílios, serão demandados no foro de qualquer deles, à escolha do autor.

   § 5º A execução fiscal será proposta no foro de domicílio do réu, no de sua residência ou no do lugar onde for encontrado. Disponibilizado: https://www.planalto.gov.br/ccivil_03/_ato2015-2018/2015/lei/l13105.htmAcesso: 12/02/2024
5. Art. 70. O domicílio da pessoa natural é o lugar onde ela estabelece a sua residência com ânimo definitivo.

domicílio precisamos da residência e do ânimo definitivo de ali estar.

O artigo 71 do Código Civil[6] nos auxilia na distinção entre residência e domicílio, visto que prevê a possibilidade de a pessoa natural ter várias residências e apenas um domicílio.

Por outro lado, o parágrafo único do art. 72 do CC[7] dispõe que havendo diversos locais de trabalho, haverá pluralidade de domicílios, neste sentido, cada domicílio corresponderá a relação dele correspondente.

Ainda, existem pessoas que não possuem residência habitual, tidos como nômades, para esta categoria o domicílio será o local onde forem encontrados, conforme prevê o art. 73, do CC.[8]

É possível que a pessoa altere seu domicílio manifestando sua intenção de mudar, sendo que para isso, não basta a mera alteração de endereço, mencionada possibilidade está prevista no art. 74, *caput* e parágrafo único, do Código Civil.[9]

---

6. Art. 71. Se, porém, a pessoa natural tiver diversas residências, onde, alternadamente, viva, considerar-se-á domicílio seu qualquer delas.
7. Parágrafo único. Se a pessoa exercitar profissão em lugares diversos, cada um deles constituirá domicílio para as relações que lhe corresponderem.
8. Art. 73. Ter-se-á por domicílio da pessoa natural, que não tenha residência habitual, o lugar onde for encontrada.
9. Art. 74. Muda-se o domicílio, transferindo a residência, com a intenção manifesta de o mudar.
   Parágrafo único. A prova da intenção resultará do que declarar a pessoa às municipalidades dos lugares, que deixa, e para onde vai, ou, se tais declarações não fizer, da própria mudança, com as circunstâncias que a acompanharem.

4.1.2. Domicílio legal ou necessário

Existe categorias de pessoas que possui domicílio expressamente previsto em lei, segundo refere o art. 76, *caput* e parágrafo único, do Código Civil[10], entre eles o incapaz que terá como domicílio o do seu representante ou assistente; o servidor público, o lugar em que exercer permanentemente suas funções; o militar, onde servir e sendo da Marinha ou da Aeronáutica, a sede do comando a que se encontrar imediatamente subordinado; o marítimo, onde o navio estiver matriculado e o preso o lugar onde cumprir sentença.

Importante destacar que nos termos do art. 77 do Código Civil[11] o agente diplomático terá como domicílio o Distrito Federal ou o último lugar que esteve no território brasileiro.

4.1.3. Domicílio de eleição

O domicílio de eleição decorre de contrato, conforme menciona o art. 78, CC[12], que permite às partes elegerem um foro para dirimir os conflitos e as ações relativas a obrigações contratuais.

---

10. Art. 76. Têm domicílio necessário o incapaz, o servidor público, o militar, o marítimo e o preso. Parágrafo único. O domicílio do incapaz é o do seu representante ou assistente; o do servidor público, o lugar em que exercer permanentemente suas funções; o do militar, onde servir, e, sendo da Marinha ou da Aeronáutica, a sede do comando a que se encontrar imediatamente subordinado; o do marítimo, onde o navio estiver matriculado; e o do preso, o lugar em que cumprir a sentença.
11. Art. 77. O agente diplomático do Brasil, que, citado no estrangeiro, alegar extraterritorialidade sem designar onde tem, no país, o seu domicílio, poderá ser demandado no Distrito Federal ou no último ponto do território brasileiro onde o teve.
12. Art. 78. Nos contratos escritos, poderão os contratantes especificar domicílio onde se exercitem e cumpram os direitos e obrigações deles resultantes.

Contudo, nem sempre será permitida a eleição de foro, as quais devem obedecer às regras constantes do art. 62 do Código de Processo Civil, que dispõe: "a competência determinada em razão da matéria, da pessoa ou da função é inderrogável por convenção das partes."

Entendimentos jurisprudenciais:

"Por se tratar de competência relativa, a ação que se refira a direitos reais sobre imóvel, excluídos aqueles que expressamente ensejem a competência absoluta do foro em que situada a coisa (art. 47, § 1°, do CPC/2015), poderá ser ajuizada no foro do domicílio do réu ou, se houver, no foro eleito pelas partes." STJ. Jurisprudência em teses. Edição 133. 20/09/2012.

"COMPETÊNCIA. PLURALIDADE DE DOMICÍLIOS. RÉU QUE POSSUI DIVERSAS RESIDÊNCIAS E MANTÉM OCUPAÇÕES HABITUAIS EM VÁRIOS CENTROS. Tendo o réu mais de um domicílio, será demandado no foro de qualquer deles (art. 94, § 1º, do CPC). Não enseja o recurso especial a pretensão de reexaminar-se matéria fático-probatória. Incidência da Súmula n. 7-STJ. Recurso especial não conhecido." STJ. Resp. 193959/RJ.

4.2. DOMICÍLIO DA PESSOA JURÍDICA

Nossa sistemática civil, no que se refere as pessoas jurídicas, podem ser divididas em duas categorias, quais sejam: pessoa jurídica de direito público[13] e pessoa jurídica de direito privado, sendo que seu domicílio será a sede indicada no ato constitutivo.

---

13. Art. 75. Quanto às pessoas jurídicas, o domicílio é:
I - da União, o Distrito Federal;
II - dos Estados e Territórios, as respectivas capitais;
III - do Município, o lugar onde funcione a administração municipal;

Entretanto, caso não seja explicitada essa fixação, o domicílio poderá ser onde funcionarem suas diretorias ou administrações[14].

A Constituição Federal, em seu art. 109, § 1º, dispõe que as causas em que a União for autora serão aforadas na seção judiciária onde tiver domicílio a outra parte. O § 2º estabelece que as causas intentadas contra a União poderão ser aforadas na seção judiciária em que for domiciliado o autor, naquela onde tiver ocorrido o fato que deu origem à demanda ou onde esteja situada a coisa ou, ainda, no Distrito Federal (VENOSA, 2004, p. 245)[15].

4.3. REFERÊNCIAS BIBLIOGRÁFICAS

- BRASIL. CONSTITUIÇÃO DA REPÚBLICA FEDERATIVA DO BRASIL. Disponível em: https://www.planalto.gov.br/ccivil_03/constituicao/constituicao.htm.Acesso em: 13/02/2024.
- ________Código Civil. Planalto. Disponível em:https://www.planalto.gov.br/ccivil_03/leis/2002/l10406compilada.htm. Acesso em 12/02/20.
- ________Código de Processo Civil. Planalto. Disponível em: https://www.planalto.gov.br/

IV - das demais pessoas jurídicas, o lugar onde funcionarem as respectivas diretorias e administrações, ou onde elegerem domicílio especial no seu estatuto ou atos constitutivos.

§ 1º Tendo a pessoa jurídica diversos estabelecimentos em lugares diferentes, cada um deles será considerado domicílio para os atos nele praticados.

§ 2º Se a administração, ou diretoria, tiver a sede no estrangeiro, haver-se-á por domicílio da pessoa jurídica, no tocante às obrigações contraídas por cada uma das suas agências, o lugar do estabelecimento, sito no Brasil, a que ela corresponder.

14. Súmula 363 STF: "a pessoa jurídica de direito privado pode ser demandada no domicílio da agência ou do estabelecimento em que se praticou o ato".

15. VENOSA, Silvio de Salvo. *Direito Civil.* São Paulo: Atlas, 2004. v. 1.

ccivil_03/_ato2015-2018/2015/lei/l13105.htm. Acesso em: 12/02/2024.

- BRASIL. Supremo Tribunal Federal.
- BRASIL. Superior Tribunal de Justiça.
- DINIZ, Maria Helena. Curso de Direito Civil brasileiro. São Paulo: Saraiva, 2009. v. 1.
- DINIZ, Maria Helena. Código Civil anotado. 15. ed. São Paulo: Saraiva, 2010. p. 302-303.
- DE FREITAS, Cristiano Chaves. ROSENVALD, Nelson. NETTO, Felipe Braga. Manual de Direito Civil. 2ª edição. Editora Juspodivm. 2018.
- DECRETO-LEI Nº 4.657/1942. Disponível em: https://www.planalto.gov.br/ccivil_03/decreto-lei/del4657compilado.htm. Acesso em: 13/02/2024.
- FERNANDES, Bernardo Gonçalves. Curso de Direito Constitucional. 10ª edição. Ed. Juspodivm. 2018.
- GAGLIANO, Pablo Stolze; PAMPLONA FILHO, Rodolfo. Novo curso de direito civil: parte geral. 9. ed. São Paulo: Saraiva Educação, 2019. v. 6.
- LEI nº 9.868/99. Disponível em: https://www.planalto.gov.br/ccivil_03/leis/l9868.htm. Acesso em 13/02/2024.
- LEI nº 13.146/2015. Disponível em: https://www.planalto.gov.br/ccivil_03/_ato2015-2018/2015/lei/l13146.htm. Acesso em 19/02/2024.
- LEI nº 6.015/1976. Disponível em: https://www.planalto.gov.br/ccivil_03/leis/l6015compilada.htm. Acesso em 19/02/2024.
- LEI nº 13.709/2018. Disponível em: https://www.planalto.gov.br/ccivil_03/_ato2015-2018/2018/lei/l13709.htm. Acesso em 19/02/2024.
- LEI nº 8.906/1994. Disponível em: https://www.planalto.gov.br/ccivil_03/leis/l8906.htm. Acesso em 19/02/2024.

- LEI Nº 8.078/1990. Disponível em: https://www.planalto.gov.br/ccivil_03/leis/l8078compilado.htm. Acesso em 19/02/2024.
- QCONCURSOS. Disponível em: https://www.qconcuros.com.
- TARTUCE, Flávio. Manual de Direito Civil – Volume Único. 13ª Edição. 2023. Editora Método.
- VENOSA, Silvio de Salvo. Direito Civil. São Paulo: Atlas, 2004. v. 1.

Capítulo 5

BENS

Rodolfo Luiz Decarli

5.1. DIFERENÇA ENTRE BENS E COISAS. A TEORIA DO PATRIMÔNIO MÍNIMO

Conceito: *Coisa é gênero. Bem é espécie. Portanto, bem é uma coisa que proporciona ao homem uma utilidade, sendo suscetível de apropriação. O ar não é bem, pois apesar da utilidade, não é suscetível de apropriação.*

5.2. PATRIMÔNIO MÍNIMO

A tese do patrimônio mínimo foi desenvolvida pelo ministro Luiz Edson Fachin, em uma obra em que ele aponta uma tendência, que é a repersonalização do direito civil, situação na qual o direito civil retira os olhos do patrimônio, colocando-os sobre a pessoa.

A tese pode ser resumida da seguinte forma: deve-se assegurar a uma pessoa o mínimo de direitos patrimoniais, a fim de que esta pessoa viva com dignidade.

Toda pessoa tem que ter o mínimo de direitos patrimoniais. A aplicação dessa teoria é verificada no art. 548 do Código Civil, o qual estabelece que é nula a doação de todos os bens sem reserva de parte, ou renda suficiente para a subsistência do doador. Portanto, este artigo consagra a nulidade da doação universal, visto que é preciso de um mínimo de patrimônio para garantir a vida digna da pessoa.

O art. 928, parágrafo único, estabelece, ao tratar da indenização contra o incapaz, que o valor indenizatório que o incapaz será responsabilizado será fixado pelo juiz com equidade, para não privar o incapaz e seus dependentes do mínimo para viver com dignidade.

As principais alterações da teoria do patrimônio mínimo terão o seu alcance no que se refere à proteção ao bem de família. A proteção do bem de família é a proteção do direito à moradia, que é consagrado constitucionalmente, bem como corolário da dignidade da pessoa humana.

Nesse caminho, o STJ consolidou o entendimento de que o imóvel de que pessoa solteira reside, seja viúva, divorciada ou separada, constitui bem de família, sendo, portanto, impenhorável, conforme Súmula 364 do STJ.

O STJ já estendeu a impenhorabilidade ao imóvel situado a pessoa jurídica, quando a família também tenha ali a sua residência. Segundo o STJ, a impenhorabilidade da lei 8.009, ainda que tenha como destinatário pessoas físicas, merecem a ser aplicadas a certas pessoas jurídicas, às firmas individuais, às pequenas empresas com conotação familiar, por haver identidade de patrimônios.

Ou seja, se a família mora nos fundos e na frente funciona uma padaria, onde o pai trabalha lá, a mãe fica no caixa e o filho na confeitaria, aquele bem será impenhorável, pois eles mesmos moram lá, pouco importando que o registro consta no nome da sociedade.

5.3. PRINCIPAIS CLASSIFICAÇÕES DOS BENS

5.3.1. Quanto à tangibilidade

- **Bens corpóreos:** tem existência corpórea e são materiais. Ex.: casa e carro.
- **Bens incorpóreos:** tem existência abstrata. Ex.: direito de autor, propriedade industrial, fundo empresarial.

5.3.2. Quanto à mobilidade

- **Bens imóveis:** não podem ser removidos sem a sua deterioração ou destruição. Podem ser subdivididos em:
  - **Por natureza:** são formados pelo solo e tudo aquilo que se incorporar a ele de forma natural. Abrange o solo, subsolo, superfície, espaço aéreo e tudo que lhe for incorporado. Ex.: árvore que é incorporada naturalmente.
  - **Por acessão física, industrial ou artificial:** tudo que o homem incorporar permanentemente ao solo, não podendo remover do solo sem a destruição, será bem imóvel. Ex.: plantações, construções, etc. Segundo o art. 81, não perdem o caráter de imóveis as edificações que, separadas do solo, mas conservando a sua unidade, forem removidas para outro local, bem como os materiais provisoriamente separados de um prédio, para nele se reempregarem.
  - **Por acessão física intelectual:** tudo que for empregado intencionalmente para exploração industrial, aformoseamento ou comodidade, estes bens móveis seriam considerados imóveis por acessão física intelectual. Exemplo clássico são as pertenças. Mas

parcela da doutrina sustenta que não há mais pertenças no código civil. Tartuce discorda.

- **Por disposição legal:** são bens considerados imóveis pela lei, a fim de dar maior proteção jurídica, tais como: o direito à sucessão aberta, direitos reais sobre imóveis (hipoteca) e penhor agrícola, excepcionalmente.

- **Bens móveis:** são aqueles que podem ser transportados sem deterioração ou destruição, sem alteração da substância ou da destinação econômico-social daquele bem, podendo ser transportados por força própria ou de terceiros. Os bens móveis poderão ser subclassificados por:
  - **Por natureza:** são aqueles que podem ser transportados sem qualquer dano, seja por força própria (semoventes) ou por força alheia.
  - **Por antecipação:** são os bens que eram imóveis, mas que foram mobilizados por uma atividade humana. Ex.: colheita de uma plantação. Todo ano o fazendeiro semeia para colher. Trata-se de um bem móvel por antecipação.
  - **Por determinação legal:** a lei estabelece que o bem é móvel, conforme art. 83 do CC, são móveis os bens suscetíveis de movimento próprio, ou de remoção por força alheia, sem alteração da substância ou da destinação econômico- social.

Ações e direitos que recaem sobre bens móveis são bens móveis. Ex.: penhor, assim como a energia, direitos pessoais de caráter patrimonial é bem móvel, etc.

Navio e aeronave, são bem móveis ou imóveis? Flávio Tartuce considera que são bens imóveis especiais ou bens móveis *sui generis*. Isso porque apesar de serem móveis, são tratados como imóveis pela lei, visto que exige um registro especial deles e admite a instituição de hipoteca.

Logo, pelo princípio de que o acessório segue o principal, a hipoteca, que é direito real de garantia, é bem móvel ou imóvel? Recaindo sobre um bem imóvel, será a hipoteca bem imóvel, pois o acessório segue o principal. Caso o direito real de garantia recai sobre bem móvel, será também considerado bem móvel. Ou seja, a hipoteca poderá ser um bem móvel ou imóvel, a depender de qual bem ela garante.

5.3.3. Classificação quanto à fungibilidade

- **Bens infungíveis:** não podem ser substituídos por outro da mesma espécie, qualidade ou quantidade. O **automóvel é um bem móvel**, mas **também é infungível**. Isso porque o carro tem chassi.
- **Bens fungíveis:** podem ser substituídos. São aqueles que podem ser substituído por outro da mesma espécie, qualidade ou quantidade.

5.3.4. Classificação quanto à consuntibilidade

- **Bens consumíveis:** são bens móveis cujo uso importa a sua destruição imediata e os bens destinados à alienação. Ex.: sanduíche gera consuntibilidade física. Carro possui uma consuntibilidade jurídica.
- **Bens inconsumíveis:** são aqueles bens que permitem a sua reiterada utilização sem que haja a sua destruição (inconsuntibilidade física), bem como aqueles que são inalienáveis (inconsuntibilidade jurídica).

É possível trabalhar dentro da inconsuntibilidade com classificações. Ou seja, um bem pode ser inconsumível juridicamente e consumível fisicamente. O carro possui uma inconsuntibilidade física, mas tem consuntibilidade jurídica, pois pode ser alienado.

5.3.5. Classificação quanto à divisibilidade

- **Bens divisíveis:** são aqueles que podem partir em porções reais e distintas, formando cada uma um todo perfeito. O art. 87 explica que os bens divisíveis são os que se podem fracionar sem alteração na sua substância (aspecto físico), sem diminuição considerável de valor (aspecto econômico), ou sem prejuízo do uso a que se destinam (aspecto funcional). Ex.: sacas de cereais são bens divisíveis.
- **Bens indivisíveis:** são aqueles bens que não podem ser partilhados, pois, do contrário, deixa de ser um todo perfeito, gerando a desvalorização do bem ou mesmo a perda das qualidades essenciais desse todo. Ex.: diamante de 5 quilates vale muito mais do que dividir o bem em 5 partes de 1 quilate cada. Portanto, é indivisível, pois há uma perda substancial do seu valor. A indivisibilidade pode decorrer da **natureza do bem**, de **imposição legal** ou mesmo **da vontade do seu proprietário**. Há uma indivisibilidade natural em relação à casa, assim como o relógio de pulso. A herança, segundo a lei, é bem indivisível até que ocorra a partilha. A indivisibilidade convencional pode ocorrer quando dois proprietários de um boi convencionarem que aquele animal não vai ser morto para vender a carne, mas tão somente para reprodução.

5.3.6. Classificação quanto à individualidade

- **Bens singulares (individuais):** são bens individuais, considerados de per si. Ex.: livro, boi, etc.

- **Bens universais:** são bens que se encontram agregados a um todo, constituído por várias coisas singulares, mas considerados em seu conjunto, formando um todo individualizado. Essa união poderá ser **fática** ou mesmo **jurídica**.
- **Universalidade de fato:** ocorre quando essa ligação é feita pela vontade humana. Esses bens que formam esta universalidade podem formar relações jurídicas próprias. Ex.: biblioteca pode ser vendida inteira, tendo um valor próprio, como a obra completa de Machado de Assis.
- **Universalidade de direito**: essa unidade individualizada é dada pela lei, sendo uma ficção legal. O art. 91 diz que há universalidade de direito quando se tem um complexo de relações jurídicas de uma pessoa dotada de valor econômico. Ex.: patrimônio, massa falida.

5.3.7. Classificação quanto à dependência em relação a outro bem (bens reciprocamente considerados)

- **Bens principais:** são aqueles que existem de forma autônoma e independente, não dependendo de qualquer outro objeto.
- **Bens acessórios:** são aqueles bens que a existência e finalidade dependem de outro bem, que é denominado principal. O acessório segue o principal, conforme o princípio da gravitação jurídica.

São bens acessórios:

- **Frutos:** Os frutos têm origem no bem principal, mas mantêm a integridade deste último, sem diminuir a substância ou quantidade. Classificam-se como:

- **Frutos naturais**: ex.: frutos de uma árvore, mas mantém a inteireza da coisa principal, no caso a árvore;
- **Frutos industriais**: decorrendo de uma atividade humana. Ex.: saco de balinhas feita por uma fábrica;
- **Frutos civis**: decorrendo de uma relação jurídica econômica, denominados de rendimentos. Ex.: aluguel é fruto para o dono do imóvel, assim como os juros e dividendos.

Quanto ao estado que normalmente se encontram os frutos, podem ser classificados em:

- **Frutos pendentes:** são os frutos que ainda não foram colhidos. Ex.: fruta que está na árvore.
- **Frutos percebidos:** são os frutos que já foram colhidos.
- **Frutos estantes:** são os frutos que já foram colhidos e já estão armazenados. Ex.: maçãs colhidas e que estão armazenadas.
- **Frutos percipiendos:** são os frutos que deveriam ter sido colhidos, mas não foram.
- **Frutos consumidos:** são os frutos que foram colhidos e não existem mais, pois foram consumidos.
- **Produtos:** Produtos são bens acessórios que saem da coisa principal, diminuindo a sua quantidade e substância. Neste ponto difere do fruto, pois este sai da coisa principal, mas não diminui a sua substância ou quantidade. Ex.: pepita de ouro retirado de uma mina. Explora-se a mina até que acabará o ouro.
- **Pertenças:** Pertenças são bens destinados a servir um outro bem, denominado de principal. O art. 93 do CC trata das pertenças, apesar de uma doutrina dizer que não se consideram bens imóveis por acessão intelectual.

Este dispositivo afirma que são pertenças os bens que, não constituindo partes integrantes, se destinam, de modo duradouro, ao uso, ao serviço ou ao aformoseamento de outro.

Há um bem que vai servir outro bem, de forma permanente, mas não sendo parte integrante deste bem. A pertença não perde a sua individualidade, pois é um bem que serve outro bem. A doutrina traz um exemplo que esclarecedor. Ex.: em uma fazenda, o sujeito compra uma caminhonete para utilizar dentro da fazenda. Este bem é uma pertença, pois é destinado a servir um bem principal, que é um imóvel, não perdendo a sua individualidade e não é parte integrante deste bem.

Pertença são todos os bens móveis que o proprietário intencionalmente emprega na exploração industrial de um imóvel ou na sua comodidade. Por isso, as pertenças se classificam como essenciais, fundamentais ou não essenciais.

O art. 94 diz que os negócios jurídicos que dizem respeito ao bem principal não abrangem as pertenças, salvo se o contrário resultar da lei, da manifestação de vontade, ou das circunstâncias do caso. Veja que, apesar de ser acessória, a pertença não segue o principal, via de regra.

Tartuce sustenta que os bens imóveis por acessão intelectual não desapareceram com o CC/02, pois eles seriam as pertenças.

- **Partes integrantes:** Partes integrantes são bens acessórios que estão unidos ao bem principal, formando um todo independente. Ex.: lâmpada que se coloca no lustre, assim como a lente que se coloca na câmera, formando um todo independente.

A diferença substancial para as pertenças é a de que as pertenças continuam guardando a sua individualidade, enquanto as partes integrantes não, pois passam a integrar o bem principal, formando um todo único.

- **Benfeitorias:** Benfeitorias são bens acessórios introduzidos em um bem móvel ou bem imóvel, visando a sua conservação, ou melhor de sua utilidade.

Podem ser classificadas em:

- **Benfeitorias necessárias:** têm por finalidade conservar ou evitar que o bem se deteriore. Ex.: reforma no telhado da casa para evitar que o telhado desabasse.
- **Benfeitorias úteis:** aumentam ou facilitam o uso ou a utilidade da coisa. Ex.: instalar grades na janela da casa.
- **Benfeitorias voluptuárias:** são benfeitorias para mero deleite. Ex.: piscina numa casa.

Não se pode confundir benfeitorias com acessões, eis que as primeiras são melhorias e as últimas são incorporações.

5.3.8. Classificação quanto ao titular do domínio

- **Bens particulares:** são bens que pertencem ao particular (física ou jurídica).
- **Bens públicos:** pertencem a pessoa jurídica de direito público interno. Os bens públicos podem ser classificados em diferentes tipos:
- **Bens de uso geral (ou de uso comum do povo):** são aqueles necessários ao uso geral do povo, sem a necessidade de uma permissão especial. Ex.: praças e ruas, ainda que cobre pedágio.
- **Bens de uso especial:** são bens ou terrenos que são utilizados pelo próprio estado para execução de um serviço público especial. Isto é, há uma destinação especial àquele bem, denominado de afetação. Ex.: repartições públicas, sede da prefeitura, etc.

- **Bens públicos dominicais:** são bens que fazem parte de um patrimônio disponível da pessoa jurídica de direito público. Ex.: terras devolutas, pois não têm uma destinação específica. Os bens dominicais podem ser convertidos em bem de uso comum ou bem de uso especial.

Os bens de uso comum e de uso especial são inalienáveis, enquanto os bens dominicais são alienáveis. Mas esta inalienabilidade não é absoluta, podendo perdê-la, desde que haja desafetação, ou seja, que mude a destinação do bem.

Na afetação, o bem dominial passa a ser afetado a uma função. Ex.: terreno vazio passou a ser a sede da prefeitura. Na desafetação, há a mudança da destinação do bem para a categoria de bens dominicais. Ou seja, passam a fazer parte do patrimônio disponível da pessoa jurídica de direito público, podendo ser alienado. Os bens públicos podem ou não ser alienáveis, a depender da destinação ou não do bem, se há afetação ou não.

Seja qual for a espécie de bem público, nenhum deles está sujeito a usucapião.

Para muitos doutrinadores está superada a dicotomia: bem público e bem privado. Para eles, haveria agora uma tricotomia, trazendo o denominado bem difuso. Ex.: bem ambiental seria bem difuso. Esta superação, e a visualização do bem difuso, é a melhor concepção civil constitucional, como é o caso do meio ambiente, em que se considera que tal bem é da coletividade.

O que é res nullius? Res nullius são as coisas que não têm dono, ou seja, coisas de ninguém. Por uma questão lógica, estas coisas só podem ser bens móveis, pois se o bem imóvel não pertence a qualquer pessoa, ele pertence ao Estado. Exemplo disso são as terras devolutas.

Portanto as **res nullius se restringem aos bens móveis**.

Bem de família voluntário ou convencional

O bem de família é o imóvel utilizado como residência da entidade familiar. No direito de família existem duas formas de prever o bem de família:

- bem de família voluntário ou convencional
- bem de família legal

O bem de família é voluntário ou convencional quando pode ser instituído por alguém:

- pelos cônjuges
- pela entidade familiar
- por um terceiro

Esta instituição do bem de família convencional se dará por escritura pública ou testamento. Mas não pode ultrapassar 1/3 do patrimônio líquido da pessoa que faz a instituição.

O bem de família convencional não revoga o bem de família legal, podendo inclusive conviverem.

No caso do bem de família convencional, os cônjuges devem aceitar expressamente este benefício.

Para que seja bem de família convencional, é necessário que o bem seja:

- imóvel
- residencial rural ou urbano
- incluindo todos os bens acessórios que compõem este bem

Atente-se que a proteção do bem de família convencional pode abranger valores mobiliários, desde que se refiram a bens cuja renda seja aplicada na conservação do imóvel e ao sustento da família.

A instituição do bem de família convencional deve ser feita por escrito, registrada no cartório de registro de imóveis, no local em que o imóvel está situado. Esta instituição se dará por escritura pública ou testamento.

São consequências da instituição do bem de família convencional:

- inalienabilidade do imóvel
- impenhorabilidade do imóvel
- isenção de execução por dívidas posteriores à instituição

Há situações em que a despeito de o bem ser de família convencional, e ter tais características, não prevalecerá estas condições:

- <u>dívidas anteriores</u> à constituição do bem de família
- no caso de dívidas posteriores <u>relacionadas a tributos relacionados ao prédio</u>
- no caso de <u>dívidas de condomínio</u>

O art. 1.715, p.ú., diz que no caso de execução dessas dívidas, o saldo existente será aplicado em outro prédio, como bem de família, ou em títulos da dívida pública, para sustento familiar, salvo se motivos relevantes aconselharem outra solução, a critério do juiz.

A inalienabilidade é a regra geral do bem de família convencional, mas é possível a alienação do referido bem se houver o consentimento dos interessados, ouvido o Ministério Público, desde que houvesse autorização judicial.

Eventualmente, comprovada a impossibilidade de manutenção do bem de família convencional, poderá o juiz extinguir o bem de família ou autorizar a sub-rogação real, colocando um bem no lugar do outro para fins de bem de família convencional.

O art. 1.722 diz que se extingue, igualmente, o bem de família com a morte de ambos os cônjuges e a maioridade dos filhos, desde que não sujeitos a curatela.

Esta extinção não impede a aplicação da proteção do bem de família legal, constante da Lei 8.009/90.

Bem de família legal

O art. 1º da Lei 8.009/90 diz que o imóvel residencial próprio do casal, ou da entidade familiar, é impenhorável e não responderá por qualquer tipo de dívida civil, comercial, fiscal, previdenciária ou de outra natureza, contraída pelos cônjuges ou pelos pais ou filhos que sejam seus proprietários e nele residam, salvo nas hipóteses previstas nesta lei.

A Súmula 364 do STJ já estabeleceu que o conceito de impenhorabilidade de bem de família abrange também o imóvel pertencente a pessoas solteiras, separadas e viúvas.

A Súmula 205 do STJ diz que a Lei 8.009/90 tem eficácia retroativa, atingindo esta impenhorabilidade de dívidas anteriores ao advento da lei. Trata-se de uma retroatividade motivada ou justificada, em prol de normas de ordem pública.

O bem de família é irrenunciável, e o seu oferecimento à penhora não o torna bem sujeito à constrição.

O STJ entende que, no caso de locação do bem, se esta renda é utilizada para manutenção daquela família, ou para locação de outro imóvel em que esta família viva, a proteção do bem de família permanece. Trata-se do bem de família indireto. Este inclusive é o teor da Súmula 486 do STJ: É impenhorável o único imóvel residencial do devedor que esteja locado a terceiros, desde que a renda obtida com a locação seja revertida para a subsistência ou a moradia da sua família.

A impenhorabilidade do bem de família no qual reside o sócio devedor não é afastada pelo fato de o imóvel pertencer à sociedade empresária.

Recentemente, o STJ estendeu a impenhorabilidade também para o imóvel comercial, desde que seja revertida a renda para custear a moradia num imóvel alugado. Nas palavras da Corte, é impenhorável o único imóvel comercial do devedor que esteja alugado quando o valor do aluguel é destinado unicamente ao pagamento de locação residencial por sua entidade familiar[1].

Do mesmo modo, o STJ entendeu que, se o executado possui um único imóvel residencial, mas quem mora nele é um parente (ex: filho), mesmo assim esse imóvel será considerado como bem de família, sendo impenhorável. Em outras palavras, constitui bem de família, insuscetível de penhora, o único imóvel residencial do devedor em que resida seu familiar, ainda que o proprietário nele não habite[2].

No caso de a família não ter imóvel próprio, a impenhorabilidade recai sobre os bens móveis quitados, que guarnecem a residência e sejam de propriedade do locatário.

Veículos de transporte, obras de arte, adornos suntuosos estão excluídos dessa impenhorabilidade.

Os demais bens dentro da residência serão considerados impenhoráveis.

O art. 3º estabelece que impenhorabilidade não é oponível aos seguintes casos:

- Titular do crédito decorrente do financiamento destinado à construção ou à aquisição do imóvel, no limite dos créditos e acréscimos constituídos em função do respectivo contrato;

1. STJ. 2ª Turma. REsp 1.616.475-PE, Rel. Min. Herman Benjamin, julgado em 15/9/2016 (Info 591)
2. STJ. 2ª Seção. EREsp 1.216.187-SC, Rel. Min. Arnaldo Esteves Lima, julgado em 14/5/2014 (Info 543).

- Credor da pensão alimentícia, resguardados os direitos, sobre o bem, do seu coproprietário que, com o devedor, integre união estável ou conjugal, observadas as hipóteses em que ambos responderão pela dívida;
- Cobrança de impostos, predial ou territorial, taxas e contribuições devidas em função do imóvel familiar;
- Execução de hipoteca sobre o imóvel oferecido como garantia real pelo casal ou pela entidade familiar. Esta exceção só se aplica se a hipoteca foi constituída por ambos os cônjuges ou de toda a entidade familiar. O fato de a hipoteca não ter sido registrada não pode ser utilizado como argumento pelo devedor para evitar a penhora do bem de família, pois o registro não é necessário (Inf. 585, STJ).
- Imóvel ter sido adquirido com produto de crime ou para execução de sentença penal condenatória a ressarcimento, indenização ou perdimento de bens.
- Por obrigação decorrente de fiança concedida em contrato de locação.

Da mesma forma, na execução civil movida pela vítima, não é oponível a impenhorabilidade do bem de família adquirido com o produto do crime, ainda que a punibilidade do acusado tenha sido extinta em razão do cumprimento das condições estipuladas para a suspensão condicional do processo.

O STJ, na Súmula 549, afirmou que ser "válida a penhora de bem de família pertencente a fiador de contrato de locação".

Além disso, o STJ entendeu que o rol das exceções do bem de família é meramente exemplificativo; e a proteção da impenhorabilidade não pode prevalecer nos casos em que o devedor age de má-fé.

Capítulo 6

TEORIA DO NEGÓCIO JURÍDICO

Conceitos de fato, ato e negócio jurídico

Fato jurídico é o fato que interessa ao direito, sendo uma ocorrência que tenha relevância jurídica.

Ato jurídico é um fato que tem relevância jurídica, mas com elemento volitivo e conteúdo lícito. É a atuação da vontade de alguém.

Negócio jurídico é um ato jurídico, com elemento volitivo e de conteúdo lícito, mas que há composição de interesse das partes, com finalidade específica e desejada pelas partes.

O negócio jurídico é o ponto principal da parte geral do Código Civil, sendo o ponto principal para entender o contrato, casamento, testamento, etc.

Negócio jurídico processual

O Novo Código de Processo Civil (NCPC) trouxe uma novidade, denominado de negócio jurídico processual.

O art. 190 do NCPC diz que, versando o processo sobre direitos que admitam autocomposição, é lícito às partes plenamente capazes estipular mudanças no procedimento para ajustá-lo às especificidades da causa e convencionar sobre os seus ônus, poderes, faculdades e deveres processuais, antes ou durante o processo.

Logicamente, o juiz controlará a validade dessas convenções processuais celebradas entre as partes. Percebam uma inovação importante do NCPC.

O art. 191 ainda diz que, de comum acordo, o juiz e as partes podem fixar calendário para a prática dos atos processuais, quando for o caso. Tal calendário processual vincula as partes e o juiz, e os prazos nele previstos somente serão modificados em casos excepcionais, devidamente justificados.

Por conta do calendário processual, fica dispensada a intimação das partes para a prática de ato processual ou a realização de audiência cujas datas tiverem sido designadas no calendário.

Ato jurídico stricto sensu

O ato jurídico stricto sensu há o elemento volitivo, mas os efeitos da manifestação de vontade já estão pré-determinados pela lei.

Ex.: ocupação de um imóvel. Os efeitos de ser proprietário de um imóvel trazem consequências jurídicas, como pagamento de tributos, condomínio, etc. Da mesma forma o reconhecimento de filho também é o ato jurídico stricto sensu, visto que o indivíduo passa a ter deveres sobre o filho.

Ato-fato jurídico (ou ato real)

Além desses conceitos, parte considerada da doutrina traz o denominado ato-fato jurídico.

Os atos-fatos jurídicos são atos, ou comportamentos humanos, em que não houve vontade, ou tendo havido vontade, o direito não a considerou.

Nos atos-fatos jurídicos, a vontade não integra o suporte fático, visto que é a lei que faz o ato-fato jurídico, atribuindo consequências ou efeitos independentemente da parte ou do sujeito ter desejado ou não estes efeitos.

Exemplo: descoberta de um tesouro sem querer.

Classificação do negócio jurídico

Quanto às manifestações de vontade dos envolvidos

Negócios jurídicos unilaterais: a declaração de vontade emana de apenas uma pessoa. Ex.: testamento, renúncia. É possível também falar em:

- **Negócios unilaterais recepticíos:** em que a declaração deve ser levada ao conhecimento do destinatário, momento em que passará a produzir efeitos (ex.: promessa de recompensa).
- **Negócios unilaterais não recepticíos:** em que o conhecimento do destinatário é irrelevante (ex.: testamento).
- **Negócios jurídicos bilaterais:** há manifestação de vontade de duas partes, coincidentes.
- **Negócios jurídicos plurilaterais:** há manifestação de vontade de mais de duas partes, com interesses coincidentes. Ex.: contrato social em que há 4 ou mais sócios para formarem uma sociedade. O contrato de consórcio a mesma coisa.

Quanto às vantagens patrimoniais dos envolvidos

- **Negócios jurídicos gratuitos:** há um ato de liberalidade. Ex.: doação.
- **Negócios jurídicos onerosos:** em ambos os lados há sacríficos de vontades. Ex.: compra e venda.
- **Negócios jurídicos neutros:** são aqueles em que não há uma atribuição patrimonial determinada. Ex.: instituição de um bem de família voluntário.

- **Negócios jurídicos bifrontes:** são aqueles em que poderão ser gratuitos ou poderão ser onerosos, a depender do contrato. Ex.: mandato, depósito, etc. Se o sujeito está recebendo pelo mandato, será oneroso, senão será gratuito.

Quanto aos efeitos no aspecto temporal

- **Negócios jurídicos *inter vivos*:** destinam-se a produzir efeitos durante a vida dos negociantes
- **Negócios jurídicos *mortis causa*:** destinam-se a produzir efeitos após a morte de determinada pessoa. Ex.: testamento e o legado.

Quanto à necessidade ou não de solenidades e formalidades

- **Negócios jurídicos formais ou solenes:** são aqueles que obedecem a uma forma ou solenidade para ser concluído.
- **Negócios jurídicos informais:** não é necessário forma ou solenidade para o ato. Ex.: locação e prestação de serviços.

Quanto à independência ou autonomia

- **Negócios jurídicos principais e independentes:** são aqueles que não dependem de qualquer outro negócio jurídico para existência. Ex.: contrato de locação.
- **Negócios jurídicos acessórios e dependentes:** são aqueles que a existência está subordinada ao negócio jurídico principal. Ex.: contrato de fiança em relação ao contrato de locação.

Quanto às condições especiais dos negociantes

- **Negócios jurídicos impessoais:** o negócio jurídico não depende de qualquer condição dos envolvidos. A prestação pode ser cumprida tanto pelo contratante ou por terceiros. Ex.: caso não queira comprar o carro numa loja, compra o mesmo carro noutra.
- **Negócios jurídicos pessoais (*intuito personae*):** o negócio jurídico depende de uma condição especial de um dos negociantes. Trata-se de uma obrigação infungível. Ex.: contratação de um pintor para fazer um quadro na casa do sujeito.

Quanto ao momento de aperfeiçoamento

- **Negócios jurídicos consensuais:** o negócio jurídico já gera efeitos a partir do momento em que ocorre o **acordo** de vontades. Ex.: compra e venda.
- **Negócios jurídicos reais:** o negócio jurídico gera efeito a partir da **entrega do objeto** (tradição). Ex.: comodato e mútuo.

Elementos estruturais do negócio jurídico. Escada Ponteana.

O negócio jurídico tem 3 planos:

- plano da existência
- plano da validade
- plano da eficácia

Atente-se que esta escada permite que um negócio seja existente, mas seja inválido, ainda que seja eficaz. Ex.: negócio jurídico anulável. Caso não seja anulado, será ele convalidado.

É possível também que o negócio seja existente, válido, mas não seja eficaz. Ex.: contrato celebrado sob condição suspensiva.

Plano da existência

No plano da existência, apesar de o Código Civil não tratar, a doutrina trata. Neste plano, há os pressupostos para um negócio jurídico, sendo seus elementos mínimos e sua essência. Sem que haja isto, o negócio não existe. Para existir negócio jurídico é necessário que tenha:

- **Partes**
- **Vontade**
- **Objeto**
- **Forma**

Não havendo algum desses elementos, o negócio não existe. O Código Civil trata diretamente do plano de validade.

Plano da validade

Para que um negócio jurídico seja válido, é necessário que tenha:

- **Partes capazes**
- **Vontade livre**
- **Objeto lícito, possível, determinado ou determinável**
- **Forma prescrita ou não defesa em lei**

Esses são os requisitos de validade do negócio jurídico. Não tendo o negócio jurídico tais requisitos, **será ele nulo de pleno direito**. Ou seja, nulidade absoluta.

O negócio também poderá ser anulável, existindo casos de nulidade relativa. A nulidade poderá ser total ou parcial:

- **nulidade total:** ocorre quando todo o negócio jurídico é anulado.
- **nulidade parcial:** ocorre quando apenas parte do negócio jurídico é anulado.

O art. 184 diz que, respeitada a intenção das partes, a invalidade parcial de um negócio jurídico não o prejudicará na parte válida, se esta for separável. Na primeira parte, este dispositivo consagra o princípio da conservação dos negócios jurídicos, tendo em vista a função social do contrato.

I. Partes capazes (capacidade do agente)

Quer dizer que é necessário tratar com o agente capaz.

É possível que o negócio seja firmado por absolutamente incapaz ou por relativamente incapaz? Sim, desde que esteja representado, em caso de absolutamente incapaz, ou assistido, caso relativamente incapaz.

- Não estando representado o absolutamente incapaz, o negócio será nulo.
- Não estando assistido o relativamente incapaz, o negócio será anulável.

No tocante à incapacidade relativa de uma das partes, o CC diz que esta incapacidade não pode ser arguida pela outra parte, ou seja, invocada pelo capaz em benefício próprio. E também não pode aproveitar cointeressados capazes, salvo se o objeto for indivisível.

A alegação de incapacidade é uma exceção pessoal. Isto é, se foi celebrado um contrato com um menor, de 17 anos, relativamente incapaz, não poderá o capaz alegar a menoridade da outra parte para fins de anulação do contrato. Somente o relativamente incapaz poderá alegar, visto que a norma é protetiva.

Da mesma forma, se Lucas celebra um contrato com o adolescente de 17 anos, Antônio, e com Carlos, de 20 anos. Carlos, que é cointeressado, também não poderá arguir a incapacidade de Antônio para fins de anulação do contrato, salvo se o objeto for indivisível.

Capacidade especial (Legitimação)

Existem determinados atos em que é necessário um plus na capacidade, ou seja, é necessária autorização específica para realizar certos atos, sendo isto denominado de legitimação.

No caso de venda de bens imóveis entre cônjuges, é necessária a autorização do outro cônjuge, denominando-se de outorga conjugal. Neste caso, haverá uma capacidade especial.

II. Vontade ou consentimento deve ser livre

O consentimento para um negócio pode ser expresso ou tácito.

O art. 111 do CC contraria um ditado popular, pois estabelece que o silêncio importa anuência, quando as circunstâncias ou os usos o autorizarem, e não for necessária a declaração de vontade expressa.

Portanto, via de regra, quem cala não consente. Isso porque Lucas calou-se, motivo pelo qual não consentiu, salvo se os usos, costumes ou circunstância o autorizem, e não seja declaração expressa de vontade necessária.

Segundo art. 112, nas declarações de vontade se atenderá mais à intenção nelas consubstanciada do que ao sentido literal da linguagem. Adota-se aqui a teoria subjetiva dos contratos e negócios jurídicos. Isto quer diz que não importa somente aquilo que está literalmente escrito, devendo ser necessário saber a intenção das partes.

O STJ já decidiu que a doação feita a um Santo, deverá ser considerada como doada a uma igreja católica, representante daquele Santo. Veja, ainda que esteja escrito que foi doado a um Santo, é preciso considerar efetivamente o que pleiteava a pessoa doadora.

No art. 113, os negócios jurídicos devem ser interpretados conforme a boa-fé objetiva e os usos do lugar de sua celebração. Trata-se de aplicação da teoria objetiva dos negócios jurídicos. Isso porque, na interpretação dos contratos, é necessário se valer da boa-fé objetiva, ou seja, a partir dos comportamentos que são esperados com aquele tipo de contrato.

O art. 114 estabelece que os negócios jurídicos benéficos e a renúncia interpretam-se estritamente. Em contratos gratuitos, como doação e comodato, não podem dar um efeito ampliativo ao contrato, devendo ser dado um efeito restritivo.

Ex.: se Lucas doou um carro, e não fez referência à aparelhagem de som, não se pode entender que Lucas doou toda a aparelhagem, visto que o contrato gratuito deve ser interpretado restritivamente.

III. Objeto lícito, possível, determinado ou determinável

- **Objeto lícito:**

É aquele que não é contrário aos bons costumes, à ordem pública, à boa-fé, à função social, etc. Se o objeto for ilícito, o negócio jurídico é nulo.

- **Objeto possível:**

Isto é, no plano fático. É preciso que exista uma possibilidade física e uma possibilidade jurídica. Se as prestações do negócio são impossíveis, o negócio deve ser declarado nulo. Haverá uma impossibilidade jurídica quando a lei veda o seu conteúdo. Ex.: não se pode negociar herança de pessoa viva.

O art. 106 do CC traz uma ressalva importante, estabelecendo que a impossibilidade inicial do objeto não invalida o negócio jurídico se for relativa, ou então se ela cessar antes de realizada a condição a que ele estiver subordinado. Este artigo estabelece que somente a nulidade absoluta tem o condão de nulificar o negócio.

Ex.: Lucas disse que conseguiria um diamante de 18 quilates para a namorada. Para Lucas, isto é impossível, mas não é absolutamente impossível. Só que essa impossibilidade é relativa. Se a impossibilidade é relativa, o negócio é válido. No entanto, se com o passar do tempo Lucas compra o diamante, o negócio será plenamente válido, ainda que estivesse sob condição suspensiva.

Por outro lado, se a impossibilidade é absoluta, não haver negócio, sendo ele nulo.

- **Objeto determinado ou determinável:**

O negócio jurídico deve ao menos ser determinável. Ex.: obrigação incerta. O objeto ainda está pendente de determinação (concentração). Por exemplo, Samer disse que entregaria 2 bois a Eduardo. No dia em que Eduardo vai pegar os bois, Samer diz quais serão os dois bois que ele irá pegar. Samer escolhe os bois A e B, ou seja, fez a concentração, visto que eram determináveis, passando a ser determinados. Isso porque o negócio é lícito, possível, determinado ou determinável.

IV. Forma prescrita ou não defesa em lei

A forma deve ser prescrita, ou seja, a lei traz a forma, ou a forma pode ser não defesa em lei, de forma que não contrarie a lei.

Como regra, a declaração de vontade não necessita de uma forma especial, salvo quando a lei o exigir. Vige o princípio da liberdade das formas.

Em casos especiais, a lei prevê a necessidade de uma formalidade. É necessário diferenciar formalidade de solenidade:

- **Solenidade:** necessidade de escritura pública.
- **Formalidade:** exigência de uma formalidade qualquer. Ex.: forma escrita.

Formalidade é gênero e solenidade é espécie.

Se houver desrespeito à forma ou for preterida de alguma solenidade essencial para o negócio, este negócio será nulo, conforme art. 166, incisos IV e V, do CC

O art. 109 do CC diz que, no negócio jurídico celebrado com a cláusula de não valer sem instrumento público, este é da substância do ato.

Ou seja, caso alguém celebre um negócio e estabeleça uma cláusula de não valer sem instrumento público, passará este a ser da substância do ato. Portanto, a imposição de um negócio solene pode decorrer da intenção das partes, razão pela qual sua inobservância poderá implicar nulidade do negócio.

O art. 108 vai estabelecer que a escritura pública somente será exigida nos negócios jurídicos que visem à constituição, transferência, modificação ou renúncia de direitos reais sobre imóveis de valor superior a 30 vezes o maior salário mínimo vigente no País.

Aqui há uma função social, pois quem compra um imóvel com valor até 30 salários mínimos tem em seu favor a presunção de que não tenha condições de arcar com a escritura pública.

Plano da eficácia

No último degrau estão os **efeitos**, mas com relação às partes ou com relação a terceiros. São elementos da eficácia de um negócio:

- **Condição** (evento futuro e incerto)
- **Termo** (evento futuro e certo)
- **Encargo ou modo** (ônus introduzido numa liberalidade)
- **Regras relativas ao inadimplemento do negócio jurídico que vão levar à resolução** (juros, cláusula penal, perdas e danos, regime de bens, etc.)

Eficácia e direito intertemporal

O art. 2.035 do CC diz que a validade dos negócios e demais atos jurídicos, constituídos antes da entrada em vigor do Código Civil de 2002, obedece ao disposto nas leis anteriores, referidas no art. 2.045, mas os seus efeitos (sua eficácia), salvo se houver sido prevista pelas partes, determinada forma de execução, se subordinam aos preceitos produzidos após a vigência deste Código.

Em outras palavras, no plano da validade vale a regra que vigia no momento de celebração do contrato. Com o CC/02, as regras continuam válidas, mesmo que tenha havido mudanças. No entanto, os efeitos que se produzirem após a entrada em vigor do CC/02, se sujeitam a ele.

Perceba que o art. 2.035 não fala de existência, estando subentendida na validade. Outra situação é o fato de que devem ser aplicadas as normas incidentes no momento da produção dos efeitos, e não da celebração do contrato.

Ex.: supondo que tenha sido celebrado um contrato na vigência do Código Civil de 1916, e trazia uma multa exagerada no contrato, causando uma onerosidade excessiva. Com o CC/02, o contrato será considerado válido, celebrado conforme as regras do CC/16, mas ele foi descumprido na vigência do CC/02. Como cláusula penal e multa estão ligadas à eficácia, é possível que o juiz aplique o art. 403 do CC/02, o qual consagra a possibilidade de o magistrado reduzir equitativamente a cláusula penal que for exagerada.

Estudo dos elementos acidentais do negócio jurídico. Condição, termo e encargo.

Os elementos acidentais do negócio jurídico são aqueles em que as partes podem ou não adicionar em seus negócios.

Condição

A condição é elemento acidental, podendo ou não estar presente no contrato. É um elemento que deriva **exclusivamente da vontade das partes**, fazendo com que o contrato ou o direito dependa de um evento futuro e incerto.

São elementos da condição:

- vontade exclusiva das partes
- assunção de uma condição
- condição de evento futuro e incerto, que pode ou não acontecer

Classificam-se a condição **quanto à licitude**:

- **condições lícitas:** estão de acordo com o ordenamento.
- **condições ilícitas:** contrariam o ordenamento, a ordem pública ou os bons costumes. Nulificam o negócio que está relacionado com aquela condição. Ex.: não se pode vender um carro, sob a condição de que Lucas mate Luiz. Este negócio é nulo, pois não se poderá executar a obrigação.

Quanto às possibilidades:

- **Condições possíveis:** são aquelas que podem ser cumpridas físicas ou juridicamente.

- **Condições impossíveis:** são aquelas que não podem ser cumpridas, podendo derivar de uma razão natural ou de uma razão jurídica. Neste caso, haverá nulidade absoluta. Ex.: Lucas diz que venderá o seu carro sob a condição de Pedro viajar a Júpiter dentro de 2 anos. Essa condição, apesar de não ser ilícita, é impossível.

Quanto à origem:

- **Condição causal:** são aquelas que têm origem em evento natural. Ex.: Lucas vende um bem a Pedro se chover amanhã.
- **Condição potestativa:** a eficácia do negócio dependerá de um elemento volitivo, da vontade humana. As condições potestativas podem ser subclassificadas em:
    - **Meramente potestativas:** dependem das vontades intercaladas de duas pessoas. São lícitas. Ex.: liberalidade instituída em favor de uma pessoa, dependente do seu desempenho artístico. Se a pessoa cantar no espetáculo da escola, a mãe vai dar uma viagem para a Disney. Neste caso, será meramente potestativa, pois dependem de vontade intercalada de duas pessoas.
    - **Puramente potestativas:** quando dependem da vontade unilateral, ao puro arbítrio de uma das partes. Neste caso, são ilícitas. Ex.: Lucas dará a viagem para a Disney se ele mesmo quiser. Isto não se trata de uma condição, em verdade.
- **Condição mista:** é aquela que depende de um ato volitivo e de um evento natural. Ex.: Lucas dará a viagem para a Disney a Pedro, se ele cantar na apresentação da escola e estiver chovendo na hora.

Quanto aos efeitos:

- **Condições suspensivas:** são aquelas que, enquanto não se verificarem as condições, o negócio jurídico não gera efeitos. Ex.: venda a contento. O aperfeiçoamento do negócio só ocorrerá com a aprovação ad gustum do comprador. A venda está a contento do comprador. Ou seja, somente passará a produzir efeitos quando o comprador aprovar.
- **Condições resolutivas:** são aquelas que, enquanto não se verificar a condição, ela não traz nenhuma consequência para o negócio jurídico, cabendo inclusive o exercício do direito sob condição. Ex.: retrovenda. É o fato do vendedor exigir o direito de recompra daquele bem. Se não for exercida a retrovenda, o negócio (compra e venda) produzirá plenamente os seus efeitos.

O art. 128 do CC diz que, se a condição resolutiva for aposta a um negócio de execução continuada ou periódica, a realização da condição resolutiva, não tem eficácia quanto aos atos já praticados, salvo disposição em contrário, desde que compatíveis com a natureza da condição pendente e conforme aos ditames de boa-fé. Portanto, o que foi feito antes da condição resolutiva permanece íntegro.

Com relação às modalidades de condição (suspensiva ou resolutiva), devem ser destacados os arts. 129 e 130 do CC.

Isso porque o art. 129 estabelece que se reputa verificada, quanto aos efeitos jurídicos, a condição cujo implemento for maliciosamente obstado pela parte a quem desfavorecer, e considera-se ao contrário, não verificada a condição maliciosamente levada a efeito por aquele a quem aproveita o seu implemento.

No art. 129, a lei veda a má-fé, pois, de forma maliciosa, não se está permitindo que a condição ocorra. Neste caso, será tido como se a condição tivesse ocorrido.

E o art. 130 diz que, ao titular do direito eventual, nos casos de condição suspensiva ou resolutiva, é permitido praticar os atos destinados a conservá-lo. Este dispositivo diz que a existência da condição impede que o sujeito exerça o seu direito, visto que há mera expectativa de direito. No entanto, isto não impede que o sujeito pratique atos destinados a conservar este direito eventual.

Termo

Termo também é um elemento acidental do negócio.

O termo faz com que a eficácia do negócio fique subordinada à ocorrência de um evento futuro e certo. Se for futuro incerto, é condição.

Classificam-se o termo em:

- **Termo inicial (dia *a quo*):**

A partir deste termo o negócio passa a produzir efeitos.

Enquanto o termo inicial não ocorre, não inicia o exercício do direito decorrente do contrato. Mas não suspende a aquisição do direito, visto que o evento é futuro e certo, já estando este evento incorporado ao patrimônio do contratante. É apenas o exercício que demanda a ocorrência de um termo.

Quem celebra o contrato sob condição suspensiva não tem o direito, mas apenas expectativa do direito. É bem diferente do termo, pois neste o sujeito tem o direito.

- **Termo final (dias *ad quem*):**

Tem eficácia resolutiva, pondo fim às consequências derivadas daquele negócio.

Prazo é o lapso entre o termo inicial e o termo final.

O art. 132 traz regras específicas para contagem dos prazos:

- Salvo disposição legal ou convencional em contrário, computam-se os prazos, excluído o dia do começo, e incluído o do vencimento.
- Se o dia do vencimento cair em feriado, considerar-se-á prorrogado o prazo até o seguinte dia útil.
- Meado considera-se, em qualquer mês, o seu 15º quinto dia, ainda que se trate do mês de fevereiro.
- Os prazos de meses e anos expiram no dia de igual número do de início, ou no imediato, se faltar exata correspondência. Ex.: celebrado o contrato no dia 30 mês de agosto. E daqui a seis meses o contrato vence, sendo no dia 30 de fevereiro. Como não existe 30 de fevereiro, será no dia 1º de março.
- Os prazos fixados por hora contar-se-ão de minuto a minuto.

O art. 135 estabelece que, ao termo inicial e final aplicam-se, no que couber, as disposições relativas à condição suspensiva e resolutiva.

Classificação dos termos:

- **Quanto à origem:**
  - **Termo legal:** fixado pela própria norma jurídica. Diferencia-se da condição, que é fixada exclusivamente pela vontade das partes.
  - **Termo convencional:** fixado pelas partes.
- **Quanto à certeza:**
  - **Termo certo (determinado):** é o tempo determinado, pois se sabe quando o evento vai ocorrer. Ex.: dia 20 de abril o devedor pagará o credor.

- **Termo incerto (indeterminado):** sabe-se que o evento ocorrerá, mas não se sabe quando. Ex.: quando Lucas morrer, Pedro vai receber herança, mesmo que não se saiba quando.

Encargo

O encargo é um elemento acidental do negócio jurídico, mas se caracteriza por trazer um ônus ligado a uma liberalidade. Normalmente há um encargo na doação, no testamento, no legado, etc. Ex.: Lucas dá o terreno a Pedro para o fim de...

Em relação à doação modal, ou doação com encargo, existem regras específicas. Isto é, só haverá liberalidade efetivamente na parte que exceder o encargo imposto.

Se o sujeito não der execução ao encargo, haverá a revogação da doação.

O art. 136 estabelece que o encargo não suspende a aquisição nem o exercício do direito, salvo quando expressamente imposto no negócio jurídico, pelo disponente, como condição suspensiva.

Perceba que a condição suspende a aquisição do direito, enquanto o termo não suspende a aquisição, mas apenas o exercício do direito. Já o encargo não suspende a aquisição e nem o exercício do direito.

O art. 137 estabelece que se considera não escrito o encargo ilícito ou impossível, salvo se constituir o motivo determinante da liberalidade, caso em que se invalida o negócio jurídico.

Via de regra, considera-se que o encargo é não escrito, mas se for para considerá-lo como não escrito, será conservado o negócio sem o respectivo encargo. Todavia, sendo o encargo o motivo determinante para a liberalidade, aí o negócio será invalidado.

Vícios do negócio jurídico

São vícios do negócio jurídico:

- **Vícios sociais:** fraude contra credores e simulação. São condenados pela repercussão social, atentando contra a boa-fé.
- **Vícios da vontade ou do consentimento:** erro, dolo, coação, estado de perigo e lesão.

a) Erro e ignorância

Erro é a falsa noção da realidade.

Segundo o art. 138, os negócios jurídicos celebrados por erro são anuláveis, desde que as declarações de vontade emanem de erro substancial que poderia ser percebido por pessoa de diligência normal, em face das circunstâncias do negócio.

Portanto, se o erro for substancial gera a anulação do negócio. Não precisa ser o erro escusável, justificável ou não. Basta que seja substancial.

A ignorância gera as mesmas consequências do erro. O erro é falsa percepção, enquanto a ignorância é o desconhecimento total quanto ao objeto do negócio. Nos dois, a pessoa se engana sozinha. O negócio é anulável, desde que o erro ou a ignorância seja essencial ou substancial.

O erro é substancial quando:

- O erro interessa à natureza do negócio, ou o erro incide sobre o objeto principal da declaração, ou ainda se há erro quanto às qualidades essenciais.

Ex.: O sujeito compra uma bijuteria, acreditando se tratar de ouro. O sujeito paga 2 mil reais e descobre que era bijuteria. Neste caso, o sujeito não teria comprado se soubesse que era bijuteria. Aqui o erro é quanto às qualidades essenciais, de modo que este erro é substancial, implicando a anulação do negócio.

Se o erro for a respeito à identidade ou à qualidade essencial da pessoa a quem se refira a declaração de vontade, desde que tenha influído nesta de modo relevante.

Trata-se do error in persona, bastando alguém que se casa e desconhece o comportamento pessoal do cônjuge, podendo justificar a anulação do casamento.

- Erro de direito, e não implicando recusa à aplicação da lei, for o motivo único ou principal do negócio jurídico.

Em tese, ninguém pode se escusar de cumprir a lei, alegando que não a conhece. No entanto, o erro de direito pode justificar a anulação do negócio quando ele for o motivo para a prática daquele negócio.

Ex.: Locatário de um imóvel comercial pode propor a ação renovatória no último ano do contrato até 6 meses antes do contrato vencer. Supondo que o indivíduo pensou errado, pensando que deveria ter proposto um ano antes ou que perdeu prazo para a ação renovatória, situação na qual ele celebra um novo contrato de locação mais oneroso do que seria se tivesse renovado o contrato.

Neste caso, poderá ele ingressar com a ação alegando erro de direito essencial ou substancial, eis que não teria celebrado o contrato se soubesse que tinha direito à ação renovatória, motivo pelo qual pede a anulação do contrato.

Veja, houve erro de direito, não houve sequer a recusa à aplicação da lei, sendo possível a anulação. O motivo do negócio jurídico é a razão pela qual uma pessoa celebra o negócio. A doutrina diferencia motivo de causa do negócio, pois a causa está no plano objetivo. No caso de contrato de compra e venda, a causa é a transmissão da propriedade, enquanto o motivo não se sabe, podendo ser os mais variados.

Assim sendo, o falso motivo, por regra, não gera anulabilidade do negócio jurídico, já que não interessa ao direito. Todavia, caso este falso motivo esteja expresso como razão determinante, aí poderá ser anulado, conforme art. 140 do CC.

O art. 141 diz que a transmissão errônea da vontade por meios interpostos é anulável nos mesmos casos em que o é a declaração direta. Meios interpostos são meios de comunicação, principalmente pela internet. Isto quer dizer que, se houver um erro de transmissão por meios interpostos, é anulável o negócio nos mesmos casos como se fossem a declaração direta. Aplicam-se as mesmas regras.

O art. 143 estabelece que o erro de cálculo não gera anulação, mas apenas autoriza a correção da declaração de vontade. Ou seja, o negócio é mantido. Trata-se de aplicação do princípio da preservação do negócio jurídico.

Ademais, o erro não prejudica a validade do negócio jurídico quando a pessoa, a quem a manifestação de vontade se dirige, se oferecer para executá-la na conformidade da vontade real do manifestante. É aplicação do princípio da preservação do negócio jurídico. Ou seja, se houver um erro na manifestação da vontade, poderá o outro contratante se oferecer para cumprir o contrato nos moldes da vontade que a pessoa desejava anteriormente.

Cabe mencionar ainda o erro quanto à pessoa ou à coisa, segundo o qual o erro de indicação, a que se referir a declaração de vontade, não viciará o negócio quando se puder identificar a coisa ou pessoa cogitada por seu contexto e pelas circunstâncias.

O que é erro obstativo?

O erro obstativo, também denominado de erro impróprio, é um erro não adotado no Código Civil. Trata-se de um erro de forma exacerbada, impedindo que o negócio venha a se formar. Seria uma hipótese em que o erro inviabilizaria a existência do negócio.

O prazo decadencial para anular um negócio jurídico eivado de erro é de 4 anos, contados da celebração do negócio jurídico.

b) Dolo

Dolo é um artifício ardiloso, sendo empregado para enganar alguém para ter um benefício próprio. O art. 145 diz que o negócio praticado com dolo é anulável, quando este for a sua causa. Trata-se do dolo substancial (essencial).

Se for o dolo acidental, haverá perdas e danos, mas o negócio é mantido. Será acidental se o negócio fosse realizado, embora por outro modo.

No caso de uma das partes se valer de um artifício malicioso para levar a outra a praticar um ato que não praticaria normalmente, visando obter uma vantagem, haverá dolo. E este dolo poderá gerar anulação do negócio jurídico.

Frise-se: dolo essencial gera anulação do negócio; dolo acidental gera perdas e danos, mas não anulação do negócio jurídico. Isso porque o negócio seria praticado mesmo assim, de outro modo, mas seria.

Ressalte-se que não só o próprio negociante pode agir com dolo, gerando a anulabilidade do negócio. É possível que haja dolo de terceiro, o qual pode acontecer se a parte, a quem aproveite o dolo, tivesse conhecimento dessa atuação do terceiro, ou ao menos devesse ter conhecimento da atuação do terceiro.

Caso a parte não tivesse conhecimento sobre o terceiro, e tampouco pudesse ter, será válido o negócio, e pelas perdas e danos daquele que sofreu o dano será de responsabilidade do terceiro.

O dolo do representante legal de uma das partes só obriga o representado a responder civilmente até a importância do proveito que experimentou.

E se o representante for convencional? Neste caso, o representado irá responder, visto que errou na eleição do representante. E mais, será o representado responsabilizado solidariamente com o representante por perdas e danos.

Classificam-se o dolo:

- **Quanto ao conteúdo:**
  - ***Dolus bonus*:** é o dolo tolerável, afirmando, por exemplo, que o produto é o melhor do Brasil. Não tem a finalidade de prejudicar o comprador.
  - ***Dolus malus*:** não é admitido. São ações maliciosas com objetivo de enganar pessoas e causar prejuízos. Neste caso, poderá haver a anulação do negócio jurídico.
- **Quanto às condutas das partes:**
  - **Dolo positivo (comissivo):** praticado por uma ação.
  - **Dolo negativo (omissivo):** praticado por uma omissão. Cabe ressaltar que o art. 147 estabelece que, nos negócios jurídicos bilaterais, o silêncio intencional de uma das partes a respeito de fato ou qualidade que a outra parte haja ignorado, é preciso que o prejudicado prove que não celebraria o negócio se a omissão não ocorresse. É preciso que fique claro que o prejudicado demonstre que o dolo é substancial, de modo que não celebraria o negócio se tivesse a informação que ele não tinha. Caso contrário, o negócio é mantido, podendo até mesmo caber perdas e danos.
  - **Dolo recíproco (dolo bilateral, dolo compensado e dolo enantiomórfico):** é o caso em que ambas as partes atuam tentando prejudicar o outro. São dois malandros. O código civil estabelece que se ambas as partes procederem com dolo, **nenhuma pode alegá-lo para anular o negócio**, ou **reclamar indenização**. Caso um deles tenha prejuízos maiores do que o outro, haverá uma compensação parcial e o

prejudicado em quantia maior poderá pleitear perdas e danos contra a outra parte. Trata-se do **dolo enantiomórfico.**

c) Coação

A coação é uma pressão física ou moral, que é exercida sobre a vontade de um negociante. Visa obriga a assumir uma obrigação que ele mesmo não queria. O art. 151 diz que a coação, para viciar a declaração da vontade, deve ser relevante. E ainda, deverá ser fundada em temor de dano iminente e considerável à sua pessoa envolvida, ou à sua família, ou aos seus bens.

Se o temor de dano disser respeito a pessoa não pertencente à família do paciente, o juiz, com base nas circunstâncias, decidirá se houve coação.

A coação pode ser classificada em:

- **Coação física:** há o constrangimento corporal. Há aqui nulidade absoluta. Há quem defenda que seja caso de inexistência, visto que não há sequer vontade da pessoa.
- **Coação moral (vis compulsiva):** é o fundado em temor de dano iminente. Há aqui a anulabilidade do ato.

O art. 152 estabelece que, no apreciar a coação, o juiz deve levar em conta o sexo, a idade, a condição, a saúde, o temperamento do paciente e todas as demais circunstâncias que possam influir na gravidade dela. Veja, é necessário analisar o caso concreto.

O prazo para ação anulatória no caso de coação é de 4 anos, contados da cessação da coação.

A coação exercida por terceiro gera anulabilidade o negócio jurídico, desde que o negociante beneficiado tivesse ou devesse ter conhecimento dessa coação ou se, pelo menos, devesse ter conhecimento. Neste caso, ambos, tanto o coator como o beneficiário da coação, vão responder solidariamente por perdas e danos.

O negócio jurídico permanece válido se o negociante beneficiário da coação não tinha o conhecimento, e nem mesmo devesse ter o conhecimento, acerca da coação investida. Neste caso, o coator responderá por perdas e danos causados ao coacto.

O art. 153 diz que não se considera coação:

- Ameaça do exercício normal de um direito. Ex.: ameaçar protestar o título em cartório.
- Simples temor reverencial. Ex.: receio de desagradar o padre da cidade.

d) Estado de perigo

Há estado de perigo toda vez que o negociante, ou parte de sua família, estiver em perigo, e a outra parte conhecer este perigo, sendo este perigo a única causa para celebrar o contrato, haverá vício do contrato.

Em se tratando de pessoa não pertencente à família do declarante, o juiz decidirá segundo as circunstâncias.

Veja, aqui há uma situação de perigo que alguém vive, ou alguém da família do contratante vive, e este é o elemento subjetivo. Esta situação de perigo deve ser conhecida pela outra parte.

Portanto, são requisitos do estado de perigo:

- situação de perigo conhecida pela outra parte (elemento subjetivo)
- onerosidade excessiva (elemento objetivo)

Nas palavras do Código Civil, há estado de perigo quando alguém, premido da necessidade de se salvar, ou de salvar algum familiar seu, de grave dano conhecido pela outra parte, assume obrigação excessivamente onerosa.

A anulação terá o prazo decadencial de 4 anos, contados da celebração do ato. Para afastar a anulação, o juiz poderá se utilizar da revisão negocial, com base no princípio da preservação dos contratos.

e) Lesão

Segundo o art. 157, ocorre a lesão quando uma pessoa está sob premente necessidade, ou por inexperiência, se obriga a prestação manifestamente desproporcional ao valor da prestação oposta.

Veja, aqui a pessoa necessitada ou inexperiente firma contrato por valor muito maior do que vale a prestação que vai receber. Mas é manifestamente maior. O CC recomenda que a análise da desproporção das prestações deve ser segundo os valores vigentes à época em que foi celebrado o negócio jurídico.

A lesão é um vício na formação do contrato. Ou seja, quando o contrato foi formado, as prestações já eram manifestamente desproporcionais. Havia um desequilíbrio negocial. Se o caso fosse de vício posterior à celebração, seria o caso de revisão contratual, pela via da imprevisibilidade, etc.

A anulabilidade do negócio poderá ser afastada, se for oferecido suplemento suficiente, ou se a parte favorecida concordar com a redução do proveito. Veja, há aqui a aplicação do princípio da conservação dos contratos.

Vale lembrar que na lesão a regra é a revisão do contrato e não a sua anulação. Doutrinariamente, o lesionado pode optar por nem pleitear a anulação do negócio jurídico e promover diretamente a revisão do contrato.

Aqui também há elementos subjetivos e objetivos:

- desproporção entre as prestações (elemento objetivo)

- premente necessidade ou inexperiência da parte (elemento subjetivo)

Lesão não se confunde com dolo, visto que este exige um aproveitamento intencional da parte beneficiada, agindo com meio articuloso para obter vantagem. Na lesão não é assim.

A lesão não se confunde com o estado de perigo, visto que, na lesão, o elemento subjetivo é a premente necessidade ou inexperiência da parte, enquanto no estado de perigo, o perigo que acomete o contratante ou alguém próximo a ele é conhecido pelo outro negociante. Na lesão não é necessário que a outra parte conheça da situação do contratante.

f) Simulação

Simulação é um vício social. Na simulação há um desacordo entre a vontade declarada (manifestação) e a vontade interna (essência, ou desejo interior).

A simulação gera a nulidade do negócio, podendo ser alegada por terceiros, mas também por uma parte contra a outra, visto que gera a nulidade do negócio jurídico, sendo uma questão de ordem pública. Nela, as duas partes contratantes estão combinadas, e a ideia normalmente é iludir terceiros, mas isto não impede de que uma alegue o vício contra a outra, visto que a nulidade é absoluta.

O art. 167 reconhece a nulidade absoluta do negócio jurídico simulado, mas prevê que irá subsistir o negócio que se dissimulou, isto é, o negócio que se buscou esconder, desde que este negócio seja válido for na substância e na forma. Tal dispositivo trata da simulação relativa. Isso porque na simulação relativa há dois negócios: o negócio aparente e o negócio escondido (dissimulado).

Veja, se for possível manter o negócio dissimulado, ele irá persistir, desde que válido na substância e na forma. Como se está a falar de uma nulidade absoluta, em todos os casos de simulação, não há necessidade de uma ação específica para declarar nulo o ato simulado. O seu reconhecimento pode ser incidental ou até mesmo de ofício pelo juiz, eis que se trata de norma de ordem pública.

O art. 167, § 1º, consagra os casos em que ocorre a simulação:

- Negócios jurídicos que conferir ou transmitir direitos a pessoas diversas das quais realmente se conferem, ou se transmite esses direitos. Trata-se de uma simulação subjetiva. Pedro finge que vende um imóvel a Lucas, quando na verdade vende a Luiz. É a ideia do "laranja".
- Negócios jurídicos que contiverem declaração, confissão, condição ou cláusula não verdadeira. Indivíduo confessa uma dívida que não existe. Trata-se de modalidade de simulação objetiva.
- Negócios jurídicos que os instrumentos particulares forem antedatados, ou pós-datados.

Há uma simulação objetiva, pois a alteração das datas terá repercussão jurídica. O rol do art. 167, § 1º, é um rol exemplificativo. O § 2º do art. 167 diz que ficam ressalvados os direitos de terceiros de boa-fé em face dos contraentes do negócio jurídico simulado.

Este comando traz a inoponibilidade do negócio simulado a terceiros de boa-fé. Isso porque a boa-fé contém um valor de ordem pública, motivo pelo qual protege a boa-fé.

Quanto ao conteúdo, a simulação pode ser classificada em:

- **Simulação absoluta:** tem aparência de negócio, mas na verdade não há negócio algum. Ex.: pai que, supostamente, doa um imóvel ao filho, mas continua usufruindo do imóvel, a fim de não responder por uma dívida que tenha contraiu.

- **Simulação relativa:** há um negócio aparente, que não existe, mas há outro negócio dissimulado, escondido. Neste caso, poderá a simulação relativa ser classificada em:
    - **Simulação relativa subjetiva:** a parte celebra um negócio na aparência, mas celebra outro na essência. Ex.: laranja. Vende-se um imóvel a Lucas, constando na escritura o nome de Lucas, mas na verdade vende-se a Luiz.
    - **Simulação relativa objetiva:** a parte celebra um negócio, mas na realidade há outra figura obrigacional. Por exemplo, para burlar o fisco celebra contrato de mútuo, quando, na verdade, seria de locação.

Frise-se que em todos os casos o negócio celebrado é nulo, pois simulação é causa de nulidade absoluta.

A reserva mental, também denominada de reticência essencial, está prevista no art. 110 do CC, estabelecendo que a manifestação de vontade subsiste ainda que o seu autor haja feito a reserva mental de não querer o que manifestou, salvo se dela o destinatário tinha conhecimento. No momento de assinar o contrato, o sujeito colocou uma coisa, quando na verdade tinha outro objetivo. Caso a outra parte não saiba, o contrato continua valendo.

No entanto, se a outra parte conhecia o vício, aí o negócio se tornará simulação. Isso porque os dois estariam combinados em declarar algo que efetivamente não seria verdade.

Em resumo, haverá reserva mental:

- se a outra parte não tem conhecimento da reserva mental, o negócio é válido.
- se a outra parte tem conhecimento da reserva mental, o negócio é nulo, visto que similar à simulação.

Para a doutrina, o que diferencia entre os vícios é o fato do declarante, no caso de reserva mental, acreditar que o declaratário não saiba que ele está mentindo. Na simulação, por sua vez, o declarante sabe que o declaratário tem o conhecimento, visto que estariam inclusive em conluio.

g) Fraude contra credores

A fraude contra credores é uma atuação maliciosa do devedor. Ante a sua iminente insolvência, o devedor começa a dissipar o seu patrimônio de forma gratuita ou onerosa, de maneira a afastar a possibilidade de seus bens responderem pelas obrigações assumidas antes das transmissões desses bens.

Lucas tem 2 imóveis, valendo 500 mil reais. Lucas deve 500 mil reais. Se for executado, vai à insolvência. Neste caso, Lucas vende um imóvel e doa outro imóvel para quando o credor executar os 500 mil reais, não encontrar bens para solver a dívida

O art. 158 estabelece que estão incluídas as hipóteses de remissão e de perdão da dívida na fraude contra credores. Se Lucas, devedor, perdoa dívida de Luiz no valor de 500 mil reais, também poderá caracterizar fraude contra credores, podendo tal negócio ser anulado pelos credores quirografários, como lesivos dos seus direitos.

Os credores quirografários promoverão ação anulatória no prazo decadencial de 4 anos, contados da celebração do negócio. Esta ação é denominada de ação pauliana ou revocatória.

O credor com garantia real também poderá propor ação pauliana ou revocatória, se a garantia se tornar insuficiente. Cabe ressaltar que apenas os credores que já o eram ao tempo dos atos de disposição poderão pleitear a anulação deles.

A ação pauliana poderá ser intentada contra o devedor insolvente, a pessoa que com ele celebrou a estipulação considerada fraudulenta, ou terceiros adquirentes que hajam procedido de má-fé.

O art. 790, VI, do NCPC, estabelece que estão sujeitos à execução, os cuja alienação ou gravação com ônus real tenha sido anulada em razão do reconhecimento, em ação autônoma, de fraude contra credores. Percebe-se que o Código Civil adotou a teoria da anulação e o NCPC confirma esta adoção.

Por conta disso, o ato praticado com fraude contra credores poderá ser anulado, dando-se em ação pauliana. Sendo anulado o negócio, o credor quirografário, que recebeu do devedor insolvente o pagamento da dívida ainda não vencida, ficará obrigado a repor, em proveito do acervo sobre que se tenha de efetuar o concurso de credores, aquilo que recebeu.

Na fraude contra credores há dois elementos:

- **elemento objetivo (*eventus damni*):** é a atuação prejudicial do devedor e do terceiro.
- **elemento subjetivo (*consilium fraudis*):** é a intenção de prejudicar o credor.

Se a disposição dos bens pelo devedor se deu de forma gratuita ou se perdoou dívidas, o art. 158 vai dispensar o *consilium fraudis*, ou seja, dispensará a prova de que o sujeito atuou com fraude contra credores.

Isto é, se abre mão do seu patrimônio de forma gratuita, basta que o credor demonstre que experimentou prejuízo com aquele comportamento, razão pela qual não necessita demonstrar o *consilium fraudis*.

A ação anulatória caberá ainda que o devedor não soubesse que com o seu ato de remissão estivesse sendo levado à insolvência.

Segundo o art. 159, serão igualmente anuláveis os contratos onerosos do devedor insolvente, quando a insolvência for notória, ou houver motivo para ser conhecida do outro contratante. Veja, a lei traz uma presunção relativa de *consilium fraudis*.

Uma hipótese em que há motivos para ser conhecida do outro contratante é a venda de bens entre irmãos.

Consoante o art. 160, se o adquirente dos bens do devedor insolvente ainda não tiver pago o preço e este for, aproximadamente, o corrente, desobrigar-se-á depositando-o em juízo, com a citação de todos os interessados. Caso o valor do bem seja inferior, o adquirente, para conservar os bens, poderá depositar o preço que lhes corresponda ao valor real.

Trata-se da aplicação do princípio da preservação contratual.

Atente-se que em face de terceiros, a ação pauliana só surtirá efeitos se comprovar a má-fé.

Ex.: Pedro vendeu para Lucas em fraude contra credores. Lucas vendeu para Luiz, mas este não sabia do ônus. No entanto, em face de Luiz não poderá sofrer a ação de fraude contra credores, visto que seria necessário provar a má-fé.

A súmula 195 do STJ estabelece que, em embargos de terceiro, não se anula ato jurídico por fraude contra credores. A súmula diz que se quiser anular um ato ou contrato por fraude contra credores, será necessário propor ação pauliana.

Cabe ressaltar que em embargos de terceiro não é possível alegar fraude contra credores, pois o instrumento correto é ação pauliana.

De acordo com o art. 164, há uma presunção relativa de boa-fé, pois, presumem-se de boa-fé os negócios ordinários indispensáveis à manutenção de estabelecimento mercantil, rural, ou industrial, ou à subsistência do devedor e de sua família. Veja, será presumido de boa-fé as alienações feitas para que o negócio continuasse em funcionamento, ou aquilo feito pelo sustento ou subsistência, ainda que tivesse em estado de insolvência.

Anulados os negócios fraudulentos, a vantagem resultante reverterá em proveito do acervo sobre que se tenha de efetuar o concurso de credores.

Se esses negócios tinham por único objeto atribuir direitos preferenciais, mediante hipoteca, penhor ou anticrese, sua invalidade importará somente na anulação da preferência ajustada.

A fraude contra credores só vai ser presumida no caso de transferência gratuita de bens ou de remissão de dívidas, pagamento de dívida antecipada, constituição de uma garantia que não existia, etc.

Presumem-se fraudatórias dos direitos dos outros credores as garantias de dívidas que o devedor insolvente tiver dado a algum credor.

Não confundir fraude contra credores com fraude à execução:

- na primeira há um instituto de direito civil, enquanto na segunda há um instituto de direito processual civil.
- na fraude à execução, é desnecessária ação pauliana, visto que o ato não é anulável, mas ineficaz, podendo ser reconhecido no próprio processo de execução, por simples petição. Na fraude contra credores o ato é anulado.
- na fraude contra credores a sentença da ação pauliana é constitutiva negativa, ou desconstitutiva, pois anula um ato. Na fraude à execução, esta decisão tem natureza declaratória, reconhecendo a ineficácia do ato praticado.

A súmula 375 do STJ diz que o reconhecimento da fraude à execução depende do registro da penhora do bem alienado, ou da prova da má-fé do terceiro adquirente.

O STJ[1] afirmou que a respeito da fraude à execução:

- é indispensável a citação válida para a configuração de fraude à execução. Somente a partir daí é que o indivíduo sabe que contra si corre um processo que poderá reduzi-lo à insolvência.
- é necessário o registro da penhora do bem alienado, ou da prova da má-fé do terceiro adquirente

A boa-fé se presume, inexistindo registro na matrícula do imóvel, quem deve provar que o terceiro adquirente tinha o reconhecimento da demanda é o credor. Por outro lado, presume a fraude à execução quando há alienação de bens realizada após a averbação do registro de bem do processo.

6.1. PRESCRIÇÃO E DECADÊNCIA

A prescrição é a perda da pretensão. Já a decadência consiste na perda do direito potestativo. Os prazos de prescrição estão concentrados em dois artigos do Código Civil: arts. 205 e 206. Os demais prazos do CC, via de regra, são decadenciais. Os prazos prescricionais são sempre em anos. Prazos em dias, meses, em anos e dias, são sempre decadenciais.

A prescrição está associada às ações condenatórias, relativas a direitos subjetivos. Há violação, nasce uma pretensão, devendo o sujeito ser condenado a indenizar.

Por outro lado, decadência está relacionada a direitos potestativos, às ações constitutivas (positivas ou negativas), em que a outra parte tem uma relação de sujeição. Ex.: numa ação

1. STJ. Corte Especial. REsp 956.943-PR, Rel. originária Min. Nancy Andrighi, Rel. para acórdão Min. João Otávio de Noronha, julgado em 20/8/2014 (recurso repetitivo) (Info 552).

desconstitutiva, como anulação de casamento, há prazo para tanto, podendo ou não exercer, não podendo a outra parte se opor quanto a isso.

Da prescrição

O art. 189 diz que, violado o direito, nasce para o titular a pretensão, a qual poderá ser extinta pela prescrição. Perceba que a prescrição é a causa extintiva da pretensão.

O direito em si permanece incólume. E, portanto, o art. 882 do CC é perfeito quando diz que não se pode repetir o que se pagou para solver dívida prescrita, ou obrigação judicialmente inexigível.

Isso porque a dívida prescrita continua sendo dívida, não podendo apenas exigir o pagamento. Para as ações condenatórias, quando não houver prazo específico, o prazo prescricional geral será de 10 anos.

O início do prazo prescricional inicia com o surgimento da pretensão, ou seja, decorre da exigibilidade do direito. A pretensão nasce após a violação do direito.

A partir do momento em que o direito é violado, há nascimento de uma pretensão. Ex.: sujeito ofendeu a moral do outro, tendo direito à reparação dos danos, contado o prazo a partir do momento em que foi praticada a ofensa.

Teoria da *actio nata* com o viés subjetivo

Parte da doutrina pondera de que não se pode admitir apenas com o surgimento do dano a contagem do prazo prescricional. Para início do prazo prescricional seria necessário o conhecimento do dano pelo sujeito que o experimentou.

Portanto, só teria início a contagem do prazo a partir do momento em que a parte teve o conhecimento do ato ou do fato do qual nasce o seu direito de exigir. O que há aqui é a adoção da teoria da *actio nata* com o viés subjetivo.

Ex.: No caso de responsabilidade civil do estado por erro médico, a data para o início do lapso prescricional não é a data do acidente, e sim a data em que a vítima tem ciência inequívoca de sua invalidez ou da extensão da incapacidade. A partir desse conhecimento é que inicia o prazo prescricional. Este é o teor de súmula 278 do STJ.

É a adoção da teoria da *actio nata* com viés subjetivo, adotada pela jurisprudência.

Em sede legislativa, esta teoria foi adotada pelo art. 27 do Código de Defesa do Consumidor (CDC), estabelecendo que prescreve em 5 anos a pretensão à reparação pelos danos causados por fato do produto ou do serviço, iniciando-se a contagem do prazo a partir do conhecimento do dano e de sua autoria.

Sobre o art. 27 do CDC, importa registrar que de acordo com entendimento do STJ a pretensão do segurado de cobrar do segurador a indenização contratada prescreve em um ano (prescrição ânua). Não se o prazo prescricional do art. 27 do CDC, pois não se trata de fato do serviço (acidente de consumo), mas de inadimplemento contratual.

Se o indivíduo experimentou o dano, mas não sabe que o experimentou, não começa a contar o prazo.

Exceção, renúncia e alteração da prescrição

De acordo com o art. 190, a exceção prescreve no mesmo prazo em que a pretensão. Os prazos aplicáveis às pretensões devem regular as exceções correspondentes.

É possível a renúncia da prescrição expressa ou tacitamente, e só valerá, sendo feita, sem prejuízo de terceiro, depois que a prescrição se consumar. Tácita é a renúncia quando se presume de fatos do interessado, incompatíveis com a prescrição.

Não é possível renúncia prévia da prescrição. Os prazos de prescrição não podem ser alterados por acordo das partes, pois têm origem estritamente legal (art. 192). Já a decadência poderá ser legal ou convencional.

Momento de alegação da prescrição e prescrição intercorrente

A prescrição pode ser alegada em qualquer grau de jurisdição, pela parte a quem aproveita (art. 193). Agora, não está limitada à primeira manifestação da parte, podendo a prescrição ser alegada em sede de recurso.

O Código Civil não traz nenhuma novidade, e, portanto, a súmula 150 do STF continua em vigor, dizendo que a execução prescreve no mesmo prazo da prescrição da ação.

O Novo Código de Processo Civil (NCPC) incluiu uma outra forma de prescrição nas ações de execução, denominada prescrição intercorrente. O art. 921 do NCPC estabelece entre as hipóteses de suspensão da execução, o fato de o executado não ter bens penhoráveis.

Nesta situação, o juiz suspende o processo pelo prazo de 1 ano, situação na qual também ficará suspensa a prescrição. Após ultrapassado o prazo de 1 ano, começa a correr o prazo da prescrição intercorrente. Então, o NCPC traz a hipótese e possibilidade de prescrição intercorrente nas ações de execução. O juiz, depois de ouvir as partes, no prazo de 15 dias, poderá de ofício reconhecer a prescrição intercorrente e extinguir o processo.

Segundo o art. 195, os relativamente incapazes e as pessoas jurídicas têm ação contra os seus assistentes ou representantes legais, que derem causa à prescrição, ou não a alegarem oportunamente.

Veja que os relativamente incapazes ou as pessoas jurídicas poderão cobrar indenização daqueles que deixou a prescrição acontecer. O art. 196 diz que a prescrição iniciada contra uma pessoa continua a correr contra o seu sucessor.

Causas que impedem ou suspendem a prescrição

A prescrição poderá ser impedida ou suspensa, bem como ser interrompida. No caso de impedimento, o prazo prescricional não começa a correr, mas na suspensão o prazo, já iniciado, para de correr, voltando a correr de onde parou.

Na interrupção, o prazo para e volta a correr do início. São hipóteses de impedimento e suspensão da prescrição:

- Não corre a prescrição entre os cônjuges, na constância da sociedade conjugal;
- Não corre a prescrição entre ascendentes e descendentes, durante o poder familiar;
- Não corre a prescrição entre tutelados ou curatelados e seus tutores ou curadores, durante a tutela ou curatela;
- Não corre a prescrição contra os absolutamente incapazes (menores de 16 anos);
- Não corre a prescrição contra os ausentes do País em serviço público;
- Não corre a prescrição contra os que se acharem servindo nas Forças Armadas, em tempo de guerra;
- Não corre a prescrição pendendo condição suspensiva;

Vale também para termo inicial, o qual recebe o mesmo tratamento da condição suspensiva. Este dispositivo seria desnecessário, pois enquanto não tiver ocorrido a condição suspensiva, não adquiriu sequer o direito, não tendo como exigir.

- Não corre a prescrição não estando vencido o prazo;
- Não corre a prescrição pendendo ação de evicção.

A evicção é a perda de uma coisa em decorrência a uma decisão judicial ou decisão administrativa que atribui determinada coisa a terceiro. Enquanto estiver cobrando algo em juízo não correrá a prescrição contra o sujeito que vendeu a coisa.

- Não corre a prescrição antes da respectiva sentença definitiva, quando a ação se originar de fato que deva ser apurado no juízo criminal;

Houve um ilícito civil e penal. O sujeito está respondendo o processo na esfera penal, razão pela qual deverá aguardar o término do processo penal para aferir a responsabilidade civil do indivíduo. Enquanto não houver a respectiva sentença definitiva, não começará a correr o prazo prescricional.

O art. 201 diz que, suspensa a prescrição em favor de um dos credores solidários, esta suspensão só aproveita aos demais se a obrigação for indivisível.

Com relação à interrupção da prescrição, percebe-se que há condutas do credor ou conduta do devedor, fazendo com que o prazo se interrompa e retorne ao seu início.

A interrupção da prescrição somente ocorrerá uma única vez, sendo as hipóteses:

- interrompe a prescrição o despacho do juiz, mesmo incompetente, que ordenar a citação, se o interessado a promover no prazo e na forma da lei processual;

O NCPC, de acordo com o art. 240, § 1º, estabelece que a interrupção da prescrição, operada pelo despacho que ordena a citação, ainda que proferido por juízo incompetente, retroagirá à data de propositura da ação.

Portanto, o prazo em que foi ajuizada a ação será considerada como marco interruptivo da prescrição, visto que o despacho terá força retroativa. O art. 19, § 2º, da Lei 9.307/96, estabelece que a instituição da arbitragem interrompe a prescrição retroagindo à data de requerimento de instauração àquela arbitragem.

Portanto, a instituição de arbitragem também interrompe a prescrição.

- interrompe a prescrição o protesto judicial ou o protesto cambial;
- interrompe a prescrição a apresentação do título de crédito em juízo de inventário ou em concurso de credores;
- interrompe a prescrição qualquer ato judicial que constitua em mora o devedor;
- interrompe a prescrição qualquer ato inequívoco, ainda que extrajudicial, que importe reconhecimento do direito pelo devedor.

Veja, aqui há uma conduta do devedor. Ex.: pagamento de juros pelo devedor. Outro exemplo o STJ entendeu que constitui causa interruptiva da prescrição a propositura de demanda judicial pelo devedor, seja anulatória, seja de sustação de protesto, que importe em impugnação de débito contratual ou cártula representativa de direito de credor.

A prescrição interrompida recomeça a correr da data do ato que a interrompeu, ou do último ato do processo para a interromper.

A prescrição pode ser interrompida por qualquer interessado.

O art. 204 diz que a interrupção da prescrição por um credor não aproveita aos outros credores. Da mesma forma, a interrupção operada contra um codevedor, ou seu herdeiro, não prejudica aos demais coobrigados.

A interrupção por um dos credores solidários aproveita aos outros, mas a interrupção efetuada contra o devedor solidário envolve os demais e seus herdeiros.

Havendo a interrupção operada contra um dos herdeiros do devedor solidário, mas se o indivíduo é herdeiro de um devedor solidário, a interrupção em relação ao herdeiro não prejudica os demais herdeiros, salvo se a obrigação for indivisível.

No § 3º, o CC estabelece que, no caso de interrupção produzida contra o principal, esta interrupção também atingirá o fiador. Trata-se de aplicação da gravitação jurídica.

Da decadência

A decadência é a perda do direito em razão do seu não exercício. A decadência pode ter origem na lei ou por convenção das partes. O art. 207 diz que, salvo disposição legal em contrário, não se aplicam à decadência as normas que impedem, suspendem ou interrompem a prescrição.

Portanto, via de regra, decadência não se interrompe e não se suspende. O art. 208 estabelece que a decadência não corre contra os absolutamente incapazes. Atente-se que os relativamente incapazes e as pessoas jurídicas também têm ação contra os seus assistentes ou representantes legais, que derem causa à decadência, ou não a alegarem oportunamente.

Como dito anteriormente, é nula a renúncia à decadência legal. Por outro lado, é possível renunciar a decadência convencional, após a sua consumação. Deve o juiz, de ofício, conhecer da decadência legal, enquanto a decadência convencional não pode ser reconhecida de ofício.

O NCPC traz a possibilidade de reconhecer a decadência sem dizer sua natureza. Todavia, se a decadência for convencional, a parte a quem aproveita poderá alegá-la em qualquer grau de jurisdição.

Capítulo 7

TEORIA GERAL DAS OBRIGAÇÕES

Conceito de obrigação

Obrigação é uma relação jurídica transitória, que existe entre um sujeito ativo (credor) e um sujeito passivo (devedor), tendo como objeto uma prestação, que pode ser positiva ou negativa. Havendo o descumprimento dessa prestação (inadimplemento), o credor poderá se satisfazer no patrimônio do devedor.

Os elementos subjetivos são:

- credor
- devedor

Os elementos objetivo:

- imediato: é a prestação
- mediato: é o objeto da prestação.

O elemento imaterial é o vínculo que liga o credor ao devedor.

Elementos subjetivos da obrigação

Os elementos subjetivos são os sujeitos, ou seja, as pessoas envolvidas na relação jurídica obrigacional.

São sujeitos:

- sujeito ativo: credor
- sujeito passivo: devedor

Existem casos em que os sujeitos são credores e devedores, uns dos outros. Isso porque existe proporcionalidade das prestações firmadas. Isto é, um deve entregar uma coisa e o outro deve pagar pela coisa. Estas prestações entre credores e devedores é denominada de **sinalagma**.

Elementos objetivo (material) da obrigação

Elemento objetivo da obrigação é o conteúdo da obrigação.

O objeto imediato da obrigação é uma prestação, a qual pode ser positiva ou negativa. A prestação positiva poderá ser uma obrigação de dar ou obrigação de fazer. A prestação negativa poderá ser uma obrigação de não fazer. É a única prestação negativa que se admite no ordenamento jurídico brasileiro, não se admitindo a obrigação de não dar.

O objeto mediato da obrigação é a coisa ou a tarefa que vai ser desempenhada pelo devedor. É o objeto imediato da prestação, seja positiva ou negativa. Portanto, é correta a afirmação: o objeto mediato da obrigação é o objeto imediato da prestação.

Por exemplo, se há a obrigação de dar coisa, o objeto imediato é a obrigação de dar, mas o objeto mediato é a própria coisa que será entregue, que será o objeto imediato da prestação de dar.

Elementos imaterial da obrigação (elemento virtual ou espiritual)

O elemento imaterial é o vínculo jurídico que existe entre as partes, sendo o elo que sujeita o devedor em favor do credor. A melhor expressão para este vínculo consegue-se extrair a partir do art. 391 do CC, que diz que todos os bens do devedor respondem pelo inadimplemento das obrigações. É o princípio da responsabilidade patrimonial do devedor.

Sobre o vínculo da obrigação, prevalece na doutrina contemporânea a chamada teoria dualista (binária), a qual estabelece que a obrigação é concebida a partir de uma relação de débito e crédito. A teoria binária pode ser percebida a partir do estudo de dois elementos básicos da obrigação:

- **débito (*schuld*):** é o dever legal de cumprir aquela obrigação.
- **responsabilidade (*haftung*):** é a necessidade de ser observar aquela prestação.

O *haftung* surge quando o *schuld* não é observado. Se o sujeito não cumpre a obrigação que deveria cumprir, nasce a responsabilidade, devendo o devedor responder com o seu patrimônio pela obrigação. Portanto, a obrigação tem dois elementos: *schuld* e *haftung*.

Veremos que há situações em que há o *schuld*, mas não há o *haftung*, bem como situações em que há o *haftung*, sem *schuld*. Exemplo de *schuld* sem *haftung* é o caso da obrigação natural, obrigação não exigível, dívida prescrita. Por isso, se o sujeito pagar a dívida prescrita, não terá direito à repetição, visto que há *schuld*, apesar de não existir mais o *haftung*.

Exemplo de *haftung* sem *schuld* ocorre na fiança. Isso porque o fiador paga dívida que não é dele, pois não tem o débito, apesar de ter a responsabilidade.

Fontes obrigacionais

São consideradas fontes obrigacionais:

- **Lei**: isso porque da lei pode surgir a obrigação.
- **Contrato:** é a fonte principal do direito obrigacional. A concepção de contrato não se confunde com a

obrigação, pois se trata de um negócio jurídico, seja bilateral ou plurilateral, que visa a criação, modificação, extinção, de direitos e deveres com conteúdo patrimonial. O contrato não se confunde com a obrigação pelo fato de que o contrato cria a obrigação. A obrigação é fruto do contrato, e, portanto, não é contrato.

- **Atos ilícitos e abuso de direito:** o abuso do direito não deixa de ser um ato ilícito.
- **Atos unilaterais:** são as denominadas declarações unilaterais de vontade, como é o caso da promessa de recompensa.
- **Títulos de crédito:** o sujeito pode ser responsabilizado a partir de um título de crédito.

Classificações das obrigações

I. Quanto ao seu conteúdo

A obrigação pode ser:

- **obrigação positiva:** há a obrigação de dar e a obrigação de fazer.
- **obrigação negativa:** há a obrigação de não fazer.

a) Obrigação de dar (positiva)

Na obrigação de dar, o sujeito passivo se compromete a entregar alguma coisa, a qual pode ser certa ou incerta. Ex.: obrigação decorrente de um contrato de compra e venda.

A obrigação de dar é subclassificada em duas modalidades:

- **obrigação de dar coisa certa (específica)**
- **obrigação de dar coisa incerta (genérica):** o objeto é determinável, mas não está determinado ainda.

i. Obrigação de dar coisa certa (específica)

Na obrigação de dar coisa certa, a coisa é individualizada. O art. 313 do CC diz que o credor não é obrigado a receber outra coisa, ainda que esta outra coisa seja mais valiosa, já que seu crédito se relaciona a uma coisa específica.

O art. 233 estabelece que a obrigação de dar coisa certa abrange os acessórios (princípio da gravitação jurídica), salvo se o contrário resultar do título ou das circunstâncias do caso.

São consequências em caso de inadimplemento da obrigação de dar coisa certa:

1) **perdeu-se a coisa sem culpa do devedor, antes da tradição (entrega ao credor):** a obrigação é resolvida, sem pagamento de perdas e danos, visto que não há responsabilidade do devedor, visto que foi sem culpa a perda.
2) **perdeu-se a coisa <u>com</u> culpa do devedor, antes da tradição (entrega ao credor):** o credor poderá exigir o equivalente da coisa, mais perdas e danos, visto que há responsabilidade subjetiva do devedor, neste caso.
3) **deteriorou-se a coisa sem culpa do devedor, antes da tradição (entrega ao credor):** o credor terá duas opções: i) resolve a obrigação, não havendo direito a perdas e danos, visto que não há culpa do devedor; ii) fica com a coisa, abatendo do preço a desvalorização da coisa. Também não terá perdas e danos.
4) **deteriorou-se a coisa <u>com</u> culpa do devedor, antes da tradição (entrega ao credor):** o credor poderá exigir o equivalente da coisa, ou mesmo ficar com a coisa deteriorada, tendo em qualquer um desses casos direito a perdas e danos, pois há responsabilidade do devedor.
5) **perdeu-se a coisa sem culpa do devedor na obrigação de restituir coisa certa que é do credor, antes da**

tradição: neste caso, aplica-se a máxima *res perit domni* (a coisa perece para o dono), devendo o credor deverá suportar o prejuízo, já que não houve culpa do devedor. Ex.: o contrato é de locação. Lucas deverá devolver o imóvel dentro de 2 dias. Um dia antes há uma tempestade e destrói o apartamento. Como Lucas não tem culpa, a coisa pereceu para o dono.

6) **perdeu-se a coisa com culpa do devedor na obrigação de restituir coisa certa que é do credor, antes da tradição:** neste caso, quem responderá pela perda da coisa será o devedor, pelo equivalente, mais perdas e danos. Isso porque, em verdade, a sua responsabilidade é subjetiva.

7) **deteriorou-se a coisa sem culpa do devedor, antes da tradição (entrega ao credor), no caso da obrigação de restituir coisa certa que é do credor:** o credor só poderá exigir a coisa no estado em que se encontra, sem qualquer indenização, ainda que parcialmente, visto que a coisa perece para o dono.

8) **deteriorou-se a coisa com culpa do devedor, antes da tradição (entrega ao credor), no caso da obrigação de restituir coisa certa que é do credor:** o credor tem direito de exigir o equivalente da coisa ou mesmo a coisa, mais perdas e danos.

Além dessas 8 regras, é necessário destacar o art. 237, o qual diz que até a tradição pertence ao devedor a coisa, com seus melhoramentos e acrescidos. Em razão desses melhoramentos e acrescidos, o devedor pode exigir o aumento do preço, já que houve.

Se o credor não anuir com este aumento, neste caso o devedor pode resolver a obrigação, visto que a lei veda o enriquecimento sem causa do credor. E neste caso a coisa era do devedor, e ela sofreu acréscimo e melhoramento.

ii. Obrigação de dar coisa incerta (genérica)

A obrigação pode ser de dar coisa certa, mas também pode ser de dar coisa incerta (obrigação genérica). A obrigação tem por objeto uma coisa indeterminada, só indicada pelo gênero e quantidade. Haverá uma indicação posterior quanto à qualidade da coisa.

E esta indicação quanto à qualidade é denominada concentração, a qual normalmente faz é o devedor. Isto é, quem normalmente faz a concentração, tornando o objeto indeterminado em determinado é o devedor.

A concentração pode caber ao devedor, situação na qual não poderá dar a pior coisa e nem é obrigado a prestar a melhor.

Caso o contrato estabeleça que a concentração caiba ao credor (art. 244), não poderá fazer a opção pela coisa mais valiosa, nem ser compelido a aceitar a coisa menos valiosa. O que temos aqui é a consagração do princípio da equivalência das prestações, preocupando-se com o sinalagma, que é a equivalência das prestações.

Após a escolha feita pelo devedor, o credor é cientificado dessa escolha, situação na qual a obrigação genérica passará a ser uma obrigação específica, aplicando-se as regras de dar coisa certa.

Antes da concentração, via de regra, não se pode falar em inadimplemento da obrigação genérica, visto que o gênero não perece. O art. 246 do CC continua consagrando que o gênero nunca perece. Segundo este dispositivo, antes da escolha, não poderá o devedor alegar perda ou deterioração da coisa, ainda que por força maior ou caso fortuito.

b) Obrigação de fazer (positiva)

Na obrigação de fazer, há uma obrigação cuja prestação consiste no cumprimento de uma tarefa a ser cumprida pelo devedor.

Ex.: prestação de serviço, contrato de empreitada de uma obra, etc. A obrigação de fazer pode ser classificada da seguinte forma:

i. Obrigação de fazer fungível

A obrigação de fazer fungível pode ser cumprida por qualquer pessoa, sem que seja o devedor originário.

Neste caso, se houver inadimplemento com culpa do devedor, poderá o credor exigir que:

- o devedor cumpra forçadamente a obrigação (fixação de astreintes ou multa).
- a obrigação seja cumprida por terceiro à custa do devedor originário.
- a conversão da obrigação em perdas e danos, não querendo cumprimento forçado ou por terceiro.

O art. 249, parágrafo único, estabelece que, em caso de urgência, pode o credor, independentemente de autorização judicial, executar ou mandar executar o fato, sendo depois ressarcido pelo devedor originário. Este dispositivo consagra uma espécie de autotutela civil.

Ex.: A encomendou 100 salgadinhos para o aniversário, mas eles ainda não chegaram, pois são 19:30 e o aniversário é as 20:00. Neste caso, A compra em outro lugar os 100 salgados e leva para casa. Após, será ressarcido pelo devedor originário. Trata-se de tutela de urgência, autotutela civil.

ii. Obrigação de fazer infungível

A obrigação de fazer também poderá ser infungível, ou seja, personalíssima (*intuito personae*).

Neste caso, se houver o inadimplemento, com culpa do devedor, o credor tem duas opções:

- exigir o cumprimento forçado da obrigação, seja por astreintes ou multa, fazendo com que o devedor execute a obrigação.
- exigir perdas e danos.

Atente-se que no caso de obrigação de fazer infungível, não é possível pedir para que outro cumpra a obrigação.

c) Obrigação de não fazer (negativa)

É a única obrigação negativa admitida no direito brasileiro. No Brasil, ninguém é obrigado a não dar alguma coisa, mas poderá admitir a obrigação de não fazer.

Segundo o art. 390 do CC, nas obrigações negativas o devedor é inadimplente desde o dia em que executou o ato de que se não devia ter executado.

A obrigação de não fazer é quase sempre infungível, como é o contrato de confidencialidade, eis que o segredo é da empresa.

Se houver o inadimplemento de uma obrigação de não fazer, com culpa do devedor, o credor tem algumas opções:

- cumprimento forçado da obrigação, ou seja, uma abstenção do ato, por meio de uma tutela específica. Ex.: juiz fixa multa para que ele desfaça o que ele fez, se for possível.
- exigir perdas e danos. Ex.: a obrigação era de não revelar segredo, mas ele revelou. Não há como voltar atrás a palavras, então caberá perdas e danos.

O art. 251 do CC autoriza que, em casos de urgência, o credor desfaça ou mande desfazer aquilo que foi feito pelo devedor, que tinha obrigação de não fazer, independentemente de autorização judicial, sem prejuízo do ressarcimento devido.

Sujeito não poderia construir, mas construiu, mas em caso de urgência o credor demoliu a construção. Isto é caso de autotutela civil, sem prejuízo de ressarcimento por parte do credor, que agora teve que arcar com o desfazimento da obra que nem deveria ter sido feita.

II. Quanto à complexidade do seu objeto

A obrigação quanto à complexidade do seu objeto pode ser:

a) Obrigação simples

Na obrigação simples, há uma só prestação.

Ex.: na compra e venda de bem determinado, basta dar este bem e esta é a única prestação.

b) Obrigação composta

Na obrigação composta, há uma pluralidade de objetos e de prestações, podendo ser subdividida em:

- **Obrigação composta objetiva cumulativa (conjuntiva)**

O sujeito passivo tem prestações cumulativas a cumprir, ou seja, deve cumprir todas as prestações previstas.

Ex.: contrato de locação. O locador é obrigado a entregar o imóvel, garantir seu uso pacífico e responder pelos vícios das coisas que foi locada. Há outros ainda, mas estas são obrigações cumulativas do locador. Já o locatário é obrigado a pagar o aluguel, assumir os encargos como condomínio, tributos, etc., usar o imóvel conforme o convencionado, a não modificar a forma externa do imóvel. São obrigações cumulativas do locatário.

- **Obrigação composta objetiva alternativa**

A obrigação se apresenta com mais de uma prestação, bastando que uma delas seja cumprida para que se cumpra a obrigação.

Se a escolha vai acontecer, via de regra caberá ao devedor (concentração). O devedor tem prestações alternativas e escolhe uma delas.

O § 1º do art. 252 do CC disciplina que o devedor não pode obrigar o credor a receber parte em uma prestação e parte em outra. Ex.: Lucas disse que no final do mês vai entregar 50 sacas de soja ou de feijão. No final do mês, não pode Lucas obrigar o credor a receber 25 sacas de soja e 25 sacas de feijão. As prestações são alternativas, ou uma ou outra.

Se a obrigação for de prestações periódicas, ou seja, todo final do mês Lucas deva entregar 50 sacas de feijão ou 50 sacas de soja, a cada mês a opção poderá ser exercida (art. 252, § 2º).

O § 3º do art. 252 vai dizer que, se houver pluralidade de optantes, poderá haver a possibilidade de não concordarem entre si, situação na qual decidirá o juiz, findo o prazo por este assinado para a deliberação.

Se a concentração couber a um terceiro, mas este não quiser escolher, ou não puder exercer, caberá ao juiz a escolha se não houver acordo entre as partes (§ 4º).

O art. 253 estabelece que, se uma das prestações não puder ser objeto de obrigação, ou se uma das prestações tenha se tornado inexequível, o débito vai subsistir em relação a outra.

Há a conversão de uma obrigação composta objetiva alternativa, se houver o perecimento de uma das prestações possíveis, será convertida a prestação composta alternativa em obrigação simples, visto que fica possível apenas uma prestação.

E se as duas prestações se tornarem totalmente impossível ou inexequíveis? Se houver culpa do devedor, e não couber a escolha ao credor, o devedor deverá arcar com a última prestação pela qual se obrigou, sem prejuízo da sua responsabilidade por perdas e danos.

Se a escolha couber ao credor, e se tornou impossível uma das prestações por culpa do devedor? Neste caso, o credor terá duas opções: ou exige a prestação restante mais perdas e danos, ou exige o valor da prestação que se perdeu, sem prejuízo de perdas e danos.

E se cabendo a escolha ao credor, e se tornam impossíveis as duas prestações? Se o cumprimento das duas prestações se tornar impossíveis, o credor poderá exigir o valor de qualquer uma das duas prestações, além de perdas e danos.

Essas duas formas de obrigações compostas não se confundem com a obrigação facultativa.

Na **obrigação facultativa**, há uma única prestação, sendo obrigação simples, apesar de estar acompanhada de uma faculdade de o devedor cumprir o acordo com uma outra opção. O credor não pode exigir esta faculdade do devedor. É uma obrigação simples.

A obrigação facultativa não está prevista no Código Civil, mas é tratada pela doutrina e jurisprudência.

III. Quanto ao número de pessoas envolvidas

A obrigação pode ser classificada quanto ao número de pessoas envolvidas. As obrigações podem ser complexas quando se analisa as partes envolvidas, denominadas **obrigações complexas subjetivas**. Neste caso, em que há mais de um credor ou mais de um devedor, ganha importância o estudo das obrigações solidárias.

O Código Civil traz preceitos em relação à obrigação solidária ativa e obrigação solidária passiva. O art. 264 do CC estabelece que existe solidariedade quando na mesma obrigação concorrer mais de um credor ou mais de um devedor, e cada um deles com direito ou obrigação à dívida toda. Solidariedade não se presume, ou decorre da lei ou da vontade das partes.

a) **Solidariedade ativa**

Na solidariedade ativa cada um dos credores solidários tem direito a **exigir do devedor** o cumprimento da obrigação por inteiro.

Alguns dos credores podem não ter demandado, enquanto alguns credores solidários não demandarem, o devedor poderá pagar a qualquer deles, desobrigando-se.

Ex.: Se Maria deve 100 mil reais a Lucas e Luiz. Se der 100 mil a Lucas, estará resolvido. Mas isto apenas se Maria não tiver sido demandada, pois se Luiz demandou Maria, só poderá pagar aquele que demandou, tendo direito a receber a dívida toda.

O pagamento feito a um dos credores solidários extingue a dívida, até o montante que foi pago. Se for pago tudo, extingue a dívida por completo.

Se um dos credores solidários falecer, os seus herdeiros são credores solidários? Não, se um dos credores solidários falecer e deixar herdeiros, cada um desses herdeiros tem direito a exigir e a receber apenas a quota do crédito correspondente ao seu quinhão hereditário, com exceção de que a obrigação seja indivisível (neste caso, o herdeiro recebe o bem inteiro e ressarce os demais).

Os herdeiros do credor solidário não são credores solidários, só podendo exigir a sua quota do quinhão hereditário.

E se a obrigação solidária for convertida em perdas e danos, pois não cabe mais cumprir? Neste caso, subsiste a solidariedade para todos os efeitos. Se deveria entregar dois cavalos para dois credores, ou seja, cada um deles poderia exigir os dois cavalos, sendo que os dois cavalos valem 100 mil reais. Se os dois cavalos morrem, porque Maria bêbada enforcou os dois, Maria deverá dar 100 mil reais para qualquer um dos dois, visto que a solidariedade subsiste, mesmo que convertida em perdas e danos.

Perceba a diferença entre solidariedade e indivisibilidade. Isso porque se a obrigação indivisível é convertida em perdas e danos, a obrigação passa a ser divisível. Mas a solidariedade, se converte em perdas e danos, continua sendo solidária.

Supondo que o credor tenha perdoado a dívida, ou tenha recebido o pagamento daquela dívida, este credor irá responder perante os outros pela parte que lhes caiba, tanto se tiver perdoado como se ele tiver recebido a dívida.

A um dos credores solidários, o devedor não pode opor exceções pessoais que eram oponíveis a outros credores solidários. Ex.: Se Suzana tem exceção pessoal contra Luiz por conta da coação para celebração do contrato, não poderá opor esta exceção pessoal em relação a Lucas. Por óbvio, isto não impede que Suzana pague Lucas e exerça direito de regresso contra Luiz.

Ainda, segundo a lei, o julgamento contrário a um dos credores solidários não atinge os demais, mas o julgamento favorável a um dos credores solidários aproveita aos demais, sem prejuízo de exceção pessoal possível de ser invocada em favor de qualquer um dos credores.

Ou seja, se um dos credores teve contra si uma exceção pessoal levantada, isto não prejudica o direito dos outros, mas se o credor foi lá e reconheceu o seu direito ao crédito, isto beneficia todos os outros credores solidários.

Mas o outro credor solidário, quando foi dar cumprimento a sentença, pode ter em relação a ele levantado uma exceção pessoal, pois este é um direito do devedor em relação especificamente àquele credor.

b) Obrigação solidária passiva

Na obrigação solidária passiva, o credor tem o direito de exigir e receber de um, de alguns ou de todos os devedores totalmente ou parcialmente a dívida que é comum. Se o pagamento tiver sido parcial, todos os devedores continuarão solidariamente obrigados pelo resto. Se houver a propositura de uma ação em face de um devedor, não importará renúncia à solidariedade (art. 275, parágrafo único, CC).

E se houver a morte de um dos devedores solidários? Se um dos devedores solidários falece, cessará a solidariedade em relação aos sucessores do de cujus, devendo os herdeiros ser responsáveis até os limites da herança e dos seus quinhões respectivos. E, portanto, não há solidariedade.

Se a obrigação for indivisível, a questão é de indivisibilidade. Agora, se pegarmos todos os herdeiros reunidos, o código vai dizer que neste caso, em relação aos demais devedores, serão considerados como único devedor. Mas isto apenas em relação aos demais devedores. Caso contrário, não. Em regra, morreu, cessou a solidariedade.

Tanto o pagamento parcial realizado por um dos devedores, como o perdão da dívida obtida por um dos devedores (fração da dívida), não tem o efeito de atingir os demais devedores na integralidade da dívida. Claro que haverá um desconto do que foi pagou ou perdoado.

Então, se 3 pessoas devem a Suzana 30 mil reais. E se Suzana perdoar Lucas 10 mil reais, poderá cobrar de Luiz e de Pedro os 20 mil reais, de qualquer um deles.

O art. 278 do CC estabelece que qualquer cláusula ou qualquer condição, ou obrigação que tenha sido adicionada ao contrato, por estipulação de um dos devedores solidários e o credor, esta cláusula ou condição adicional, ou estipulação adicional, não poderá agravar a condição dos outros devedores, que não tenham consentido com esta modificação ou adição no contrato. Trata- se do princípio da relatividade do contrato.

Portanto, se for adicionado uma cláusula por acordo entre um devedor e o credor, por lógico, em relação aos demais devedores solidários, não produzirá efeitos.

O que acontece se por culpa de um dos devedores a obrigação se torna impossível de ser cumprida?

A solidariedade subsiste, ainda que convertida em perdas e danos. No entanto, pela indenização, ou pela culpa, ou seja, pelas perdas e danos causados somente o culpado responderá.

Ex.: Lucas e Luiz são locatários, ou seja, devedores solidários de Antônio. Eles devem entregar o apartamento daqui a 1 dia, e venceram os 29 dias em que foi gozado o uso da propriedade. No 30º dia, Luiz põe fogo na casa.

Dos 29 dias de aluguel, Antônio poderá cobrar tanto Lucas quanto Luiz, mas em relação às perdas e danos causados por Luiz, Antônio somente poderá cobrar de Luiz, não podendo cobrar de Lucas.

Se a prestação se tornar impossível por culpa de um dos devedores solidários, pelo equivalente, qualquer um poderá ser cobrado, mas pelas perdas e danos, somente o devedor culpado.

Na solidariedade passiva, o devedor, quando demandado, poderá opor contra o credor as defesas que lhe são pessoais a este devedor e as defesas comuns a todos. Ex.: pagamento parcial ou pagamento total é defesa comum a todos, assim como a prescrição.

Mas este devedor demandado não poderá promover as defesas pessoais que outro codevedor tenha em relação a outro credor.

O art. 282 do CC disciplina que o credor pode renunciar a solidariedade em favor de um, de alguns ou de todos os devedores, não perdoando a dívida, mas exonera o devedor da solidariedade.

Se o credor exonera um ou alguns devedores da solidariedade, a solidariedade subsistirá em relação aos demais.

Ex.: Suzana é credora de 100 mil de 4 pessoas, cada um deve 25 mil. Suzana exonerou Lucas da solidariedade, razão pela qual

Lucas só deverá pagar 25 mil a Suzana, mas em relação aos 75 mil, Suzana poderá cobrar de qualquer dos outros 3 devedores.

O Enunciado 351 do CJF esclarece que a renúncia à solidariedade em favor de um determinado devedor afasta a sua hipótese de chamamento ao processo.

Portanto, se o devedor foi exonerado da solidariedade, não será mais considerado devedor solidário. Então não caberia chamamento ao processo.

O devedor que satisfaz a dívida por inteiro poderá exigir de cada um dos codevedores a sua quota, dividindo-se igualmente por todos os devedores a quota daquele devedor que se mostrar insolvente.

Presumem-se iguais os débitos as partes de todos os codevedores. Ex.: há 5 pessoas e elas devem 100 mil a Suzana. Suzana cobra de Lucas, e este paga os 100 mil. Lucas tem direito de receber 20 mil de cada um dos demais devedores.

Mas supondo que um deles esteja insolvente, os 20 mil de Luiz deverão ser distribuído pelos 4 devedores solventes.

Se a dívida solidária interessar exclusivamente um dos devedores, este vai responder pela dívida totalmente por quem pagou a dívida.

Ex.: Suzana celebrou contrato de fiança para o seu irmão, mas houve a dispensa do benefício de ordem, motivo pelo qual o fiador pagou diretamente. Neste caso, há direito do fiador de receber do devedor a integralidade da dívida, visto que foi exclusivamente em benefício do devedor que foi paga a dívida. É a sub-rogação legal, conforme os arts. 283 e 285.

Observa-se que o devedor que foi exonerado da solidariedade também é responsável em relação à quota do devedor que se tornou insolvente. Então, mesmo naquele caso em que o sujeito havia se desonerado da solidariedade, se sobrou 20 mil em aberto do devedor insolvente, todos eles responderão pela parte faltante do devedor insolvente.

IV. Quanto à divisibilidade do objeto

Só haverá esta classificação se houver pluralidade de credores. Ou seja, importa saber se ela divisível ou indivisível se houver mais de um credor ou mais de um devedor.

a) Obrigação divisível

Poderá ser divisível quando puder ser cumprida de forma fracionada.

Segundo o art. 257, havendo mais de um devedor ou mais de um credor em obrigação divisível, essa se presume dividida em tantas obrigações, iguais e distintas, quantos os credores ou devedores.

Isto significa que se houver uma obrigação divisível e pagar 100 mil reais e houver 10 credores, presume-se que cada um deles teria direito a 10 mil reais. E se houver 10 devedores, presume-se que cada um deles deve 10 mil reais.

b) Obrigação indivisível

Ocorrerá quando não puder ser fracionada o cumprimento. Em relação à obrigação indivisível, esta impossibilidade de fracionamento pode decorrer da própria natureza do objeto da prestação, ou por razões econômicas, ou ainda por algum motivo determinante do negócio jurídico.

A indivisibilidade poderá ser natural, legal ou por convenção das partes. Na maioria das vezes, a indivisibilidade é econômica, pois o fracionamento das coisas gera a sua desvalorização, tendo origem na autonomia privada.

Se houver 2 ou mais devedores, cada um será obrigado a dívida toda, pois a obrigação é indivisível. Mas o devedor que paga a dívida toda sub-roga-se no direito do credor em relação ao outro ou aos outros coobrigados. Há aqui um caso de sub-rogação legal.

Em caso de pluralidade de credores na obrigação indivisível, estes credores poderão exigir a obrigação por inteiro. Porém o devedor só vai se desonerar se pagar a todos os credores conjuntamente, ou a um dos credores, quando este der caução de ratificação de concordância dos outros credores.

Flávio Tartuce estabelece que se um dos credores remitir ou perdoar a dívida, a obrigação não fica extinta com relação aos demais. Mas estes demais só poderão exigir aquela obrigação, descontando a parcela do credor que remitiu ou perdoou a dívida. E este mesmo critério vai ser observado no que toca à transação, novação, compensação ou confusão com relação aos demais credores.

Supondo que Suzana tenha 3 credores, pois vendeu a eles um boi que custa 30 mil reais. Um dos credores perdoou a dívida, não querendo mais o boi. No entanto, os outros dois continuam querendo o boi. Neste caso, os credores têm direito ao boi, mas deverão pagar 10 mil reais para ter direito ao recebimento deste boi. A obrigação continua indivisível, mas é preciso descontar do valor a quota parte daquele que perdoou a dívida que existia.

A obrigação indivisível perde o seu caráter se for convertida em perdas e danos. Ex.: o boi morreu, razão pela qual Suzana deverá entregar 30 mil reais aos credores. A partir de então, a obrigação passa a se tornar divisível. Veja que, na obrigação solidária, a conversão em perdas e danos não desnatura a solidariedade.

Teoria do pagamento

Pagamento é o meio pelo qual se tem a liberação do devedor em relação ao vínculo obrigacional que ele tinha firmado com o credor.

Pagamento direto

Quando se fala em pagamento direto interessa os elementos subjetivos da obrigação, ou seja, o "*solvens*" e o "*accipiens*". Elementos subjetivos são os sujeitos daquela relação.

a) *Solvens*

É aquele que irá solver a obrigação, ou seja, é quem vai pagar. Via de regra, o "*solvens*" é o devedor, mas outras pessoas também podem pagar. O art. 304 do CC diz que qualquer interessado na extinção da dívida pode pagar, usando, se o credor se opuser, dos meios conducentes à exoneração do devedor.

Quem é o terceiro interessado na dívida? É aquela pessoa que tenha interesse patrimonial na extinção daquela dívida, como o fiador, avalista, herdeiro, etc.

Havendo o pagamento pelo interessado, ele irá se sub-rogar nos direitos do credor. Há uma sub-rogação legal. O pai que paga a dívida do filho não é terceiro interessado, devendo haver interesse jurídico.

Cabe ressaltar que o "*solvens*" poderá ser o terceiro não interessado. Se o terceiro não interessado fizer o pagamento em seu próprio nome, terá direito ao reembolso, não se sub-rogando nas posições do credor. Na verdade, terá direito apenas ao reembolso. Se pagar a dívida antes do vencimento, só terá direito ao reembolso quando houver o vencimento daquela dívida.

E se o terceiro não interessado fizer o pagamento em nome do devedor, e em conta desse devedor? Não existindo oposição do devedor quanto a este pagamento, que o terceiro não interessado faz em seu nome, este terceiro não interessado não terá direito a nada. Neste caso, considera-se como se tivesse feito uma doação, já que fez em nome do devedor e não houve oposição desse devedor.

Diferente é o art. 306, que diz que realizado o pagamento por terceiro não interessado, em seu próprio nome (terceiro), sem conhecimento ou havendo oposição do devedor, não existirá a obrigação de reembolso em relação a este terceiro, se o devedor provar que ele tinha meios para ilidir a ação do credor. Ex.: disser que a dívida estava prescrita, situação na qual não poderá cobrar do devedor.

Por outro lado, se o devedor não prova que tinha meio para ilidir a ação do credor, aí é claro que deverá pagar ao terceiro não interessado, a despeito de ter pago com a oposição, visto que o sujeito deveria ter de pagar de alguma forma ao credor. Mas como o terceiro pagou, terá este direito ao reembolso. Isso porque a lei veda o enriquecimento sem causa.

O que obsta o direito ao reembolso é considerar que o devedor poderia dizer que não pagaria o credor, pois ele era devia ao devedor, razão pela qual seria compensada a dívida, ou a dívida estava prescrita, ou ainda havia confusão. Se o devedor conseguir provar que não iria pagar a dívida, o terceiro não interessado não terá direito a reembolso.

O art. 307 estabelece que só terá eficácia o pagamento que importar transmissão da propriedade, quando feito por quem possa alienar o objeto em que ele consistiu. Ou seja, veda-se a venda a non domino, ou seja, alienação por quem não é dono.

O parágrafo único diz que, se a parte der em pagamento coisa fungível que pertença a um terceiro, não será mais possível que este terceiro reclame do credor que recebeu de boa-fé a coisa fungível e que a consumiu, ainda que o solvente não tivesse o direito de aliená-la.

b) *Accipiens*

É quem vai receber o pagamento, ou seja, a quem se deve pagar. Quem recebe normalmente é o credor, mas o pagamento pode ser feito a um representante do credor, que tenha poderes para receber o pagamento. Caso este representante não tenha poderes, este pagamento só irá valer após uma ratificação do credor, ou ainda se o devedor provar que houve a reversão do pagamento em proveito do credor.

O art. 309 do CC é válido o pagamento ao credor putativo, ou seja, aquele que parece credor, mas que não o é, desde que o credor tenha agido com boa-fé. Este dispositivo aplica a teoria da aparência.

Ex.: Eduardo é locatário de um imóvel e vem fazendo pagamentos do aluguel na imobiliária X. Após um ano, o locador mudou para imobiliária Y, sem informar ao locatário. Neste caso, Eduardo continuou depositando em favor da imobiliária X. Este é credor putativo, pois o devedor fez pagamentos por meio da teoria da aparência.

Segundo o art. 310, não vale o pagamento cientemente feito ao credor incapaz de dar quitação, salvo se o devedor provar que houve reversão do valor pago em favor daquele credor incapaz de dar quitação.

É preciso conferir uma interpretação extensiva para esta incapacidade, não abrangendo apenas a incapacidade stricto sensu (absoluta e relativa), funcionando também como tal o credor que não tinha autorização para isso. Neste caso, o pagamento deve acontecer novamente.

O art. 311 diz que deve ser autorizado para receber o pagamento quem está munido do documento representativo da quitação. Presume-se autorizado a receber o pagamento quem detém o recibo nas mãos, salvo se as circunstâncias contrariarem a presunção daí resultante.

Já o art. 312 enuncia que, se o devedor pagar ao credor, apesar de já ter sido intimado da penhora feita sobre o crédito, ou sobre a impugnação feita sobre aquele crédito por uma terceira pessoa, não deve ser tido como válido o pagamento perante o terceiro. Na verdade, será considerado ineficaz, apesar de a lei falar em invalidade.

Ex.: Lucas é credor da Suzana, tendo um cheque de 30 mil reais. Lucas está devendo Luiz, o qual promove ação de execução contra Lucas. O cheque é penhorado, e Suzana já tem ciência disso. Suzana faz o pagamento da dívida em favor de Lucas. Este pagamento é inválido, segundo a lei, em face de Luiz.

c) Do objeto e da prova do pagamento direto

Aqui há duas situações distintas: objeto do pagamento e prova do pagamento

Objeto do pagamento

O art. 313 diz que o objeto da prova é a prestação, e o credor poderá se recusar a receber o que não foi pactuado, ainda que esta coisa seja mais valiosa do que aquilo que foi pactuado.

Além disso, se não tiver sido acordado o pagamento parceladamente, não se pode obrigar o credor a receber de forma parcelada, e nem o devedor a pagar parceladamente, salvo se o contrato tiver previsão nesse sentido.

Mas há uma exceção legal, conforme o art. 916, o qual diz que, no prazo para embargos, reconhecendo o crédito do exequente, e comprovando o depósito de 30% do valor da execução, acrescido de custas e honorários de advogado, o executado pode requerer que lhe seja permitido pagar o restante em até 6 parcelas mensais. Trata-se de uma imposição legal de recebimento parcelado da dívida.

O art. 314 enuncia que, ainda que a obrigação tenha por objeto prestação divisível, não pode o credor ser obrigado a receber, nem o devedor a pagar, por partes, se assim não se ajustou.

Já o art. 315 afirma que, as dívidas em dinheiro deverão ser pagas no vencimento, em moeda corrente e pelo valor nominal, salvo o disposto nos artigos subsequentes. Trata-se de aplicação do princípio do nominalismo, o qual sofrerá temperamentos porque poderá se estar diante de uma hipótese de correção monetária.

Para se evitar os efeitos da inflação, aplicam-se índices de correção monetária, sendo absolutamente válido, encontrando previsão no art. 316, o qual afirma que é lícito convencionar o aumento progressivo de prestações sucessivas, e neste caso tem-se uma cláusula de escala móvel ou escalonamento, pois aí consegue vislumbrar a manutenção do poder aquisitivo ou do valor real da prestação.

O art. 317 estabelece que, quando, por motivos imprevisíveis, sobrevier desproporção manifesta entre o valor da prestação devida e o valor do momento de sua execução, poderá o juiz corrigir esta desproporção, desde que haja pedido da parte, de modo a assegurar o valor real da prestação.

Este dispositivo traz a revisão contratual por um fato superveniente diante de uma imprevisibilidade que resultou em onerosidade excessiva. É a denominada teoria da imprevisão.

O art. 318 diz que são nulas as convenções de pagamento em ouro ou em moeda estrangeira (cláusula valutária), também são nulas as convenções que prevejam a possibilidade de compensar o valor de uma prestação com a comparação entre a moeda nacional e uma moeda estrangeira.

Existem exceções, casos em que serão ressalvados pela legislação, como é o caso do art. 2º do DL 857/69, que diz ser estas proibições inaplicáveis aos:

- contratos e títulos referentes a importação ou exportação de mercadorias;
- contratos de financiamento ou de prestação de garantias relativos às operações de exportação de bens e serviços vendidos a crédito para o exterior;

- contratos de compra e venda de câmbio em geral;
- empréstimos e quaisquer outras obrigações cujo credor ou devedor seja pessoa residente e domiciliada no exterior, excetuados os contratos de locação de imóveis situados no território nacional;
- contratos que tenham por objeto a cessão, transferência, delegação, assunção ou modificação das obrigações referidas no item anterior, ainda que ambas as partes contratantes sejam pessoas residentes ou domiciliadas no país.

Prova do pagamento direto

O devedor que paga tem direito a quitação pelo credor, e pode reter o pagamento, enquanto não lhe seja dada. Essa quitação deverá ter os seguintes requisitos, previstos no art. 320:

- valor expresso da obrigação
- dívida que está sendo quitada (especificidade)
- identificação do devedor, ou de quem está pagando em seu lugar
- tempo e lugar do pagamento
- assinatura do credor, ou de seu representante

O parágrafo único do art. 320 diz que, ainda que a quitação não tenha os requisitos estabelecidos, valerá a quitação, se de seus termos ou das circunstâncias conseguir se perceber que a dívida foi paga.

Deve-se obstar o enriquecimento sem causa do credor. Existem algumas regras que fazem nascer a presunção de pagamento. Esta presunção é relativa, admitindo prova em contrário:

- nas obrigações de trato sucessivo, a quitação da última estabelece a presunção de que foram solvidas as prestações anteriores, salvo se houver ressalva expressa da quitação.

- se for dada quitação ao capital, sem a reserva dos juros, presume-se que houve o pagamento dos juros também. Trata-se de aplicação do princípio da gravitação jurídica.
- a entrega do título ao devedor firma a presunção relativa do pagamento, mas esta presunção de quitação fica sem efeito se o credor provar em 60 dias que não houve o pagamento.

Para a doutrina, tal presunção se dará apenas em relação aos títulos de crédito, pois se for outro instrumento contratual, será presumido o perdão da dívida.

- presumem-se a cargo do devedor as despesas com o pagamento e a quitação. Isto é, se o contrato não tratar sobre de quem serão as despesas, correrão por conta do devedor. Agora, se houver um aumento dessas despesas por fato imputado ao credor, em relação a este acréscimo, quem deverá suportar será o credor.
- Se houver o pagamento por medida ou por peso, e havendo silêncio das partes, presume-se que foi adotado os critérios do lugar da execução da obrigação.

Ex.: Se Suzana compra 10 alqueires no Estado de SP, e ele mora em Goiás. Mas qual seria a metragem do alqueire? Não foi falado. Em São Paulo, 1 alqueire é 24.000m, enquanto em Goiás 1 alqueire é 48.000m. Dessa forma, presume-se que a medida seguirá o critério do lugar da coisa.

Do lugar do pagamento direto

Com relação ao lugar do pagamento, a obrigação pode ser classificada em:

- **obrigação quesível:** é a regra. O devedor fica quieto, não saindo do lugar, pois o pagamento é feito no seu domicílio. É o credor que vai buscar o pagamento. Há uma presunção relativa de que as obrigações têm pagamento quesível, salvo se o instrumento negocial, ou a natureza da própria obrigação, ou mesmo a lei, impuser uma lei em sentido contrário.
- **obrigação portável:** o local de cumprimento é o domicílio do credor, ou um terceiro lugar.

Designados dois ou mais lugares para o pagamento ser feito, quem escolhe entre eles é o credor. Se o pagamento consistir na tradição de um imóvel, ou em prestações relativas a imóvel, este pagamento será feito no lugar em que se encontra o imóvel (o bem).

O art. 329 estabelece que, se ocorrer um motivo grave para que se não justifique o pagamento no lugar determinado, poderá o devedor fazer o pagamento em outro lugar, sem que gere prejuízo para o credor. Motivo grave será dito pelo juiz, como enchente, greve no serviço público, etc.

O art. 330 estabelece que o pagamento reiteradamente feito em outro local faz presumir a renúncia do credor relativamente ao lugar previsto no contrato. Trata-se da consagração do princípio da boa-fé objetiva, nascendo a *surrectio* para o devedor e a *supressio* para o credor.

- *Supressio*: é uma supressão, por uma renúncia tácita de um direito pelo seu não exercício pelo passar do tempo.
- *Surrectio*: é o nascimento de um direito para a parte em razão do não exercício da outra parte.

Do tempo do pagamento

O devedor deverá pagar quando houver o vencimento da obrigação. O vencimento é o momento em que a obrigação deverá ser satisfeita.

Lembre-se de que, salvo disposição legal em contrário, não se ajustando o tempo do pagamento, poderá o credor exigir imediatamente.

As obrigações condicionais devem ser cumpridas na data em que ocorrerá a condição, cabendo ao credor a prova de que deste teve ciência o devedor.

A obrigação poderá ser:

- **obrigação de execução instantânea:** é a obrigação em que é cumprida imediatamente após a sua constituição. Ex.: compra de pão na padaria.
- **obrigação de execução diferida:** neste caso, o cumprimento se dá de uma vez só, mas ocorre no futuro, de forma diferida. Ex.: Suzana compra um bem por 10 mil reais, mas ele quer 30 dias para pagar o valor.
- **obrigação de execução continuada (ou de trato sucessivo):** o cumprimento da obrigação se dará por subvenções periódicas. Ex.: comprou um bem por 10 mil reais, mas pagou em 10 meses.

O art. 333 traz um rol de situações em que há o vencimento antecipado da dívida. Se a dívida deve ser paga no momento do seu vencimento, e se há um rol de vencimento antecipado, há uma antecipação do pagamento desta dívida.

O vencimento antecipado da dívida poderá ocorrer, situação na qual terá o credor direito de cobrar a dívida antes de vencido o prazo estipulado no contrato ou marcado:

- quando há falência do devedor, ou de concurso de credores;

- quando os bens, hipotecados ou empenhados, forem penhorados em execução por outro credor;
- quando se cessarem, ou se se tornarem insuficientes, as garantias do débito, fidejussórias, ou reais, e o devedor, tendo sido intimado, se negou a reforçar as garantias.

Nestas situações, haverá o vencimento antecipado da dívida.

Mas e se houver uma solidariedade passiva, o devedor solidário também sofrerá o vencimento antecipado?

Não irá se reputar antecipado o vencimento com relação aos demais devedores solventes. Lembrando que o rol acima é meramente exemplificativo.

II. Das regras especiais de pagamento e das formas de pagamento indireto

Do pagamento em consignação

Conceitua-se como um depósito feito pelo devedor da coisa devida, a fim de que o devedor se libere de uma obrigação, podendo ocorrer na esfera judicial ou na esfera extrajudicial, neste caso o dinheiro é depositado em estabelecimento bancário oficial.

O pagamento em consignação é um meio indireto de o devedor exonerar-se do liame obrigacional que vincula o devedor ao credor.

Está sempre relacionada a uma obrigação de dar, não podendo estar relacionada a uma obrigação de fazer ou não fazer, visto que é necessário depositar a coisa.

O art. 335 estabelece um rol de situações em que a consignação poderá acontecer:

- poderá haver consignação em pagamento se o credor não puder, ou, sem justa causa, recusar receber o pagamento, ou se recursar a dar quitação;

- poderá haver consignação em pagamento se o credor não for, nem mandar representante para receber a coisa no lugar, tempo e condição devidos (obrigação quesível);
- poderá haver consignação em pagamento se o credor for incapaz de receber, for desconhecido, declarado ausente, ou se o credor residir em lugar incerto ou de acesso perigoso ou difícil;
- poderá haver consignação em pagamento se ocorrer dúvida sobre quem deva legitimamente receber o objeto do pagamento;
- poderá haver consignação em pagamento se pender litígio sobre o objeto do pagamento.

Para que a consignação em pagamento seja válida e eficaz, é necessário que o devedor observe todos os requisitos do pagamento direto, como pessoas, objeto, modo e tempo do pagamento e todos os requisitos sem os quais não é válido o pagamento.

Promovida a ação de consignação em pagamento, será citado o credor para que apresente contestação. Na contestação, o credor poderá alegar:

- não houve recusa do pagamento
- que houve justa recusa
- que o depósito não foi efetuado no prazo e no lugar do pagamento
- que o depósito não foi integral, situação na qual deverá indicar o valor

O art. 546 do NCPC estabelece que, julgado procedente o pedido, o juiz declarará extinta a obrigação e condenará o réu ao pagamento de custas e honorários advocatícios. É o princípio da causalidade.

O CC, no art. 339, diz que, julgado procedente o depósito, o devedor já não poderá levantar o objeto da consignação, eis que o levantamento da quantia consignada só será possível se os outros devedores concordarem e os fiadores concordarem. Tanto é que o art. 340 do CC diz que o credor que, depois de contestar a lide ou aceitar o depósito, aquiescer no levantamento, perderá a preferência e a garantia que lhe competiam com respeito à coisa consignada, ficando para logo desobrigados os codevedores e fiadores que não tenham anuído.

Se o credor anuiu, a despeito da concordância dos fiadores, eles "lavaram as mãos", não respondendo mais em relação àquela dívida.

O art. 342 diz que, se houver a obrigação de dar coisa incerta, é preciso que se faça a escolha (concentração). Se esta escolha couber ao credor, será ele citado para promover a concentração, sob pena de não o fazendo perder o direito de escolha, e ser depositada a coisa à escolha do devedor.

O devedor de uma obrigação litigiosa se exonerará através de consignação. Supondo que o devedor pague a um dos pretendidos credores, tendo o conhecimento do litígio. Neste caso, o devedor de obrigação litigiosa assumirá o risco do pagamento.

Se ele achou que Lucas venceria e Lucas vencer, não há problema. O problema surge se Pedro pagou a Lucas, mas quem venceu foi Luiz. Então deverá pagar a Luiz, visto que assumiu o risco, a despeito do litígio que pesava sob o objeto.

Se a dívida vencer, pendendo litígio entre os credores, pode qualquer dos credores requerer a consignação. Veja, via de regra, a consignação é requerida pelo devedor, mas no caso do art. 345 é o credor que pede a consignação (art. 345).

Se houver prestações sucessivas e houver consignação de uma delas, o devedor pode continuar depositando as que forem se vencendo no curso do processo, sem maiores formalidades.

Deverá fazer este depósito no prazo de 5 dias, contados da data do respectivo vencimento de cada uma das prestações em que forem se vencendo no curso do processo.

O § 1º do art. 539 do NCPC estabelece que em se tratando de obrigação em dinheiro, poderá o valor ser depositado em estabelecimento bancário, oficial onde houver, situado no lugar do pagamento, cientificando-se o credor por carta com aviso de recebimento, dando o prazo de 10 dias para a manifestação de recusa.

Decorrido o prazo de 10 dias, contado do retorno do aviso de recebimento, sem a manifestação de recusa, será liberado o devedor da obrigação, ficando à disposição do credor a quantia depositada.

Mas se houver recusa, poderá ser proposta, dentro de 1 mês, a ação de consignação, promovida pelo devedor, instruindo a inicial com o comprovante do depósito e comprovante da recusa pelo credor. Não propondo a ação, o depósito ficará sem efeito, podendo o devedor levantar este depósito.

Da imputação do pagamento

Imputar é apontar para alguém ou para algo. Uma pessoa que está obrigada por dois ou mais débitos da mesma natureza, a um só credor, tem a pessoa o direito de indicar a qual deles oferece pagamento, se todos forem líquidos e vencidos.

Ex.: Suzana deve a Lucas 50 mil reais de um cheque, outro de 50 mil reais e mais um de 50 mil reais. Cada um desses cheques venceu em 3 meses, 2 meses e 1 mês, respectivamente. Suzana deposita 50 mil reais.

A imputação é dizer qual é a dívida que está sendo paga. Esta escolha geralmente cabe ao devedor, sendo possível ao contrato estabelecer que esta escolha caiba ao credor.

Caso o devedor não fazer qualquer declaração, transfere-se o direito de escolha ao credor. Caso não haja manifestação do credor, quem fará a imputação é a própria lei.

A ordem de imputação é a seguinte:

- havendo capital e juros, o pagamento será feito primeiro em relação aos juros.
- havendo duas dívidas, será imputado o pagamento à dívida mais antiga.
- havendo as dívidas com mesmo vencimento, será imputada à dívida mais onerosa.
- não havendo dívida mais onerosa, a imputação será feita a todas as dívidas, na mesma proporção, apesar de ausência de previsão legal.

Perceba que há uma ordem legal quando o devedor e o credor não exercem este direito que a lei lhes concede. O ato de imputação é um **ato unilateral**, razão pela qual é consagrado como uma regra especial de pagamento.

Do pagamento com sub-rogação

Sub-rogar-se é substituir uma coisa por outra. Coloca-se uma coisa no lugar da coisa primitiva. E esta nova coisa terá os mesmo ônus e mesmos atributos.

Mas se fizer uma substituição não de uma coisa, mas de uma pessoa por outra, tendo esta os mesmos direitos e as mesmas ações daquela pessoa antiga, haverá uma sub-rogação pessoal.

Na sub-rogação pessoal ativa, troca-se o credor. O que se percebe é que não há extinção da obrigação, só sendo trocado o credor. Ou seja, uma terceira pessoal passa a ser o credor da relação jurídica obrigacional.

A sub-rogação opera-se, de pleno direito, em favor:

- do credor que paga a dívida do devedor comum;
- do adquirente do imóvel hipotecado, que paga a credor hipotecário, bem como do terceiro que efetiva o pagamento para não ser privado de direito sobre imóvel;
- do terceiro interessado, que paga a dívida pela qual era ou podia ser obrigado, no todo ou em parte.

O art. 349 afirma que a sub-rogação transfere ao novo credor todos os direitos, ações, privilégios e garantias que o credor primitivo tinha, em relação à dívida, contra o devedor principal e os fiadores.

A sub-rogação poderá ser classificada em:

- **Sub-rogação legal**

São as hipóteses de pagamento feitas por terceiro interessado, o qual irá se sub-rogar na posição do credor.

Ex.: o credor paga a dívida do devedor comum a outro credor. Suzana e Lucas são credores de Luiz de 100 mil reais. Suzana dá 50 mil reais a Lucas, passando a ter o crédito de 100 mil reais de Luiz. Neste caso, há sub-rogação legal.

Também tem sub-rogação legal o adquirente de um imóvel hipotecado que paga ao credor hipotecário, situação na qual ficará sub-rogado na posição de credor hipotecário.

Também será possível a sub-rogação do terceiro interessado que paga a dívida pela qual podia ser responsabilizado.

- **Sub-rogação convencional**

O pagamento efetivado por terceiro não interessado, via de regra, não gera sub-rogação, mas poderá gerar se estiver previsto em contrato. Quando o credor recebe o pagamento de terceiro e expressamente lhe transfere todos os seus direitos, há aqui uma sub-rogação convencional.

Quando uma terceira pessoa empresta ao devedor uma quantia necessária para que o devedor solva sua dívida, mas com a condição de que deste que está emprestando (mutuante) ficar sub-rogado nos direitos do credor satisfeito, também haverá sub-rogação convencional.

Segundo o CC, a sub-rogação é convencional:

- quando o credor recebe o pagamento de terceiro e expressamente lhe transfere todos os seus direitos;
- quando terceira pessoa empresta ao devedor a quantia precisa para solver a dívida, sob a condição expressa de ficar o mutuante sub-rogado nos direitos do credor satisfeito. Nesta hipótese, aplica-se as regras da cessão do crédito.

Em relação à sub-rogação legal, o sub-rogado pode exercer todos os direitos do credor até a soma do que ele tiver desembolsado para desobrigar o devedor. Não há intuito de lucro, havendo caráter gratuito na sub-rogação legal.

Veja, se o terceiro pagou 100 mil para se sub-rogar no direito de credor, só poderá cobrar do devedor 100 mil, e não 150 mil, que era a dívida originária, por exemplo.

O que se discute é saber se a sub-rogação legal pode justificar que o sub-rogado cobre valor a mais, não havendo definição aos entendimentos.

Parte da doutrina entende que não pode, pois, do contrário, a sub-rogação passaria a ter a mesma feição da cessão de créditos, a qual tem natureza onerosa. Ele entende que a sub-rogação só pode ter natureza gratuita.

Existe outra corrente que entenda que possa ter caráter oneroso, com base no princípio da autonomia privada.

Relativamente ao credor originário, que só em parte for reembolsado, somente ele vai ter preferência em relação ao sub-rogado parcial, na cobrança da dívida restante. Isto se os bens do devedor não forem suficientes para saldar inteiramente o que dever ao credor originário e agora dever ao sub-rogado parcial.

É o teor do art. 351, o qual dispõe que o credor originário, só em parte reembolsado, terá preferência ao sub-rogado, na cobrança da dívida restante, se os bens do devedor não chegarem para saldar inteiramente o que a um e outro dever.

Ex.: Lucas é credor de Luiz de 100 mil reais. Suzana dá 50 mil reais a Lucas, e irá se sub-rogar parcialmente. Suzana poderá cobrar 50 mil reais de Luiz nas mesmas condições que Lucas, mas ele é credor originário. No entanto, se Luiz só tiver 50 mil reais para pagar, ele irá pagar Lucas, visto que ele tem preferência em relação ao sub-rogado.

Da dação em pagamento

Dação em pagamento é uma forma de pagamento indireto. Trata-se da hipótese em que o credor consente em receber prestação diversa da que lhe é devida.

Há um acordo privado entre os sujeitos da relação obrigacional, em que pactuam a substituição do objeto obrigacional por outro. Ex.: Lucas deve 100 mil reais a Pedro. Pedro dá um lote para Lucas e resta quitada a dívida. Houve aqui uma dação em pagamento.

O art. 358 diz que, se for título de crédito a coisa dada em pagamento, a transferência importará em cessão. Ex.: Lucas deve 100 mil reais a Suzana. Mas ele resolve dar um cheque de 100 mil que era de Luiz. Neste caso, se a coisa dada é título de crédito, haverá uma cessão.

Não existe identidade entre cessão de crédito e dação em pagamento. Na cessão de crédito, há uma transmissão de uma posição contratual, ou seja, da obrigação. Na dação, há o pagamento indireto.

Neste caso, é preciso interpretar o art. 358, no sentido de que serão aplicadas as regras da cessão de crédito por analogia. Supondo que o terceiro, devedor do título, não tenha sido notificado, é necessário notificar, visto que é necessário saber quem é o credor do título. Na cessão ele seria notificado, razão pela qual aqui na dação também o será.

Se o credor for evicto da coisa recebida em pagamento, a obrigação primitiva será restabelecida e ficará sem efeito a quitação dada, ressalvados os direitos de terceiros de boa-fé. Ex.: Lucas deve um cavalo a Pedro, mas este aceitou um lote de Pedro. Feita a dação. No entanto, por conta de uma ação, houve evicção lote, voltando Lucas a dever um cavalo a Pedro. Ocorre que, no período, o cavalo havia sido vendido para um terceiro de boa-fé. Neste caso, Lucas deverá para Pedro um valor equivalente ao cavalo.

Da novação

A dação em pagamento não se confunde com novação real. Na dação não há substituição de uma obrigação por outra. O que há é a substituição do objeto da prestação. Na novação, a dívida anterior se extingue e nasce uma nova.

A novação também é uma forma de pagamento indireto, ocorrendo a substituição de uma obrigação por outra obrigação nova. O principal efeito da novação é a extinção de uma dívida primitiva, com todos os acessórios e garantias, com o surgimento de uma dívida nova.

Pode ser que seja ressalvada, mantendo-se os acessórios e as garantias. Mas neste caso se houver esta previsão, significa que não houve a novação total, mas parcial, pois parte dela foi mantida.

A novação extingue os acessórios e garantias da dívida, sempre que não houver estipulação em contrário. Não aproveitará, contudo, ao credor ressalvar o penhor, a hipoteca ou a anticrese, se os bens dados em garantia pertencerem a terceiro que não foi parte na novação.

São elementos essenciais da novação:

- existência de obrigação anterior
- obrigação nova surgir
- intenção de novar (animus novandi)

Segundo o art. 360, dá-se a novação:

- quando o devedor contrai com o credor nova dívida para extinguir e substituir a anterior;
- quando novo devedor sucede ao antigo, ficando este quite com o credor;
- quando, em virtude de obrigação nova, outro credor é substituído ao antigo, ficando o devedor quite com este.

Segundo o art. 361, o ânimo de novar poderá ser expresso ou tácito, mas deverá ser inequívoco. Não podem ser validadas por novação obrigações nulas ou obrigações extintas, visto que não se pode novar o que não existe, e a obrigação já extinta inexiste. Também não se pode novar obrigação que não produz efeitos jurídicos, e, portanto, obrigação nula.

Por outro lado, a obrigação anulável, que produz efeitos, poderá ser confirmada pela novação, sendo, portanto, uma forma de convalidação. Se a obrigação é nula, a novação é nula.

Supondo que a obrigação anterior era válida, e aí veio a novação, a qual seria nula. Neste caso, se a novação é nula, vai prevalecer a obrigação antiga, visto que deverá retroagir.

A novação pode ser:

- **novação objetiva (real):** o devedor vai contrair com o credor uma nova dívida, mas o credor e devedor são os mesmos.

- **novação subjetiva (pessoal):** há alteração dos sujeitos da relação, podendo ser classificada em:
  - **novação subjetiva ativa:** há substituição do credor. Para isso, a lei traz alguns requisitos: i) consentimento do devedor perante o novo credor; ii) consinta o antigo credor; iii) consinta do novo credor. Todos precisam consentir!
  - **novação subjetiva passiva:** há a extinção da dívida anterior por uma nova, mas com a substituição do devedor. Aqui também há uma subclassificação:
    - **novação subjetiva passiva por expromissão:** em que o terceiro assume a dívida do devedor originário, substituindo o devedor originário, mas sem consentimento do devedor originário. E por isso expromissão.
    - **novação subjetiva passiva por delegação:** nesse caso, é feita com consentimento do devedor originário, concordando em ser substituído.
- **novação subjetiva mista:** há alteração do objeto e a alteração dos sujeitos da relação jurídica. Ex.: Suzana devia um cavalo a Luiz. Agora, quem deve é Lucas, e não mais um cavalo, e sim um boi. Houve uma novação subjetiva e objetiva.

No caso da **novação subjetiva passiva:** altera-se o devedor. A obrigação anterior está extinta e se altera a obrigação com um novo devedor. Caso este novo devedor seja insolvente, o credor não terá direito de regresso contra o antigo devedor, visto que a dívida anterior está extinta. Isto, salvo se o credor demonstrar que o devedor originário obteve esta novação passiva por má-fé.

Em outras palavras, se o novo devedor for insolvente, não tem o credor, que o aceitou, ação regressiva contra o primeiro, salvo se este obteve por má-fé a substituição (art. 363). Se não houver o consentimento do fiador, e for feita uma novação, estará ele exonerado, visto que da nova ele não participou.

O art. 365 vai dizer que ocorrendo a novação entre o credor e um dos devedores solidários, somente sobre os bens do que contrair a nova obrigação vão subsistir as preferências e garantias do crédito novado. Ou seja, os outros devedores solidários ficam por esse fato exonerados. Isto é, se os devedores solidários da obrigação primitiva estão exonerados, visto que aquela dívida se extinguiu.

Cabe ressaltar que o STJ tem analisado o instituto da novação com as lentes do princípio da função social do contrato. Esta forma de enxergar a novação fica evidenciada pela Súmula 286 do STJ, que diz que a negociação do contrato bancário, ou a confissão da dívida, não impede a possibilidade de discussão sobre eventuais ilegalidades dos contratos anteriores.

Da compensação

Compensação ocorre quando duas pessoas forem ao mesmo tempo credor e devedor uma da outra, situação na qual as duas obrigações extinguem-se, até onde se compensarem.

O art. 369 estabelece que compensação efetua-se quando houver:

- dívidas líquidas
- dívidas vencidas
- coisas fungíveis

O art. 370 diz que, embora sejam do mesmo gênero as coisas fungíveis, elas não poderão ser compensadas, se for verificado que elas diferem na qualidade, quando a qualidade estiver especificada no contrato.

Por exemplo, se apesar de serem sacas de café, um ser de tipo exportação e o outro não, haverá uma diferença de qualidade, razão pela qual não se poderá fazer compensação legal.

O devedor somente pode compensar com o credor o que este lhe dever. Todavia, o fiador pode compensar sua dívida com a de seu credor ao afiançado. Está dizendo que o fiador pode, quando cobrado pelo credor, dizer que o credor deve 10 mil reais ao afiançado, devendo haver a compensação primeiramente.

Os prazos de favor (prazos graciosamente concedidos pelo credor), embora consagrados pelo uso geral, não obstam a compensação. Ou seja, se o devedor souber que o credor está deve 10 mil, mas está devendo a ele 20 mil, mas o devedor apenas quer cobrar os 10 mil, sem que seja compensado dos 20 mil. Neste caso, o devedor pede prazo de favor, período no qual cobrará os 10 mil do credor. Quando o credor for dizer que o devedor ainda deve 10 para ele, não poderá alegar que o prazo de favor prolongou o vencimento, situação na qual ocorreria a prorrogação.

Ou seja, prazos de favor não obstam a compensação.

A diferença de causa nas dívidas não impede a compensação, porém existem algumas exceções a esta regra:

- não haverá compensação se a dívida provier de esbulho, furto ou roubo não será possível a compensação.
- não haverá compensação se a dívida se originar de comodato, depósito ou alimentos;
- não haverá compensação se a dívida for de coisa não suscetível de penhora.

Portanto, a dívida impenhorável também é incompensável. O art. 375 traz a possibilidade de cláusula excludente de compensação. Ou seja, diante da autonomia privada e liberdade contratual, permite-se que as partes consagrem a cláusula de exclusão a compensação. Dessa forma, não haverá compensação quando as partes, por mútuo acordo, a excluírem, ou no caso de renúncia prévia de uma delas. Veja então que também admite-se a renúncia à compensação.

O art. 376 diz que, obrigando-se por terceiro uma pessoa, não pode compensar essa dívida com a que o credor dele lhe dever.

O devedor que, notificado, nada opuser à cessão que o credor faz a terceiros dos seus direitos, este devedor não pode opor ao cessionário a compensação, que antes da cessão teria podido opor ao cedente.

A lei diz que, quando é feita a cessão, o cessionário receberá o crédito, passando a ser credor do cedido. Depois de cedido, e não tendo se oposto, não poderá alegar que teria à época crédito contra o cedente, pois não havia se manifestado em tempo.

Cabe ressaltar que, se a cessão lhe não tiver sido notificada, poderá opor ao cessionário compensação do crédito que antes tinha contra o cedente.

O art. 379 diz que, se a mesma pessoa for obrigada por várias dívidas compensáveis, serão observadas, no compensá-las, as regras estabelecidas quanto à imputação do pagamento. Ou seja, se há várias dívidas compensáveis, o devedor vai dizer qual é a dívida que está compensando. Caso não o faça, quem irá dizer será o próprio credor.

Caso ninguém se valha dessa faculdade, quem vai decidir será a lei:

- havendo capital e juros, o pagamento será feito primeiro em relação aos juros.
- havendo duas dívidas, será imputado o pagamento à dívida mais antiga.
- havendo as dívidas com mesmo vencimento, será imputada à dívida mais onerosa.

- não havendo dívida mais onerosa, a imputação será feita a todas as dívidas, na mesma proporção, apesar de ausência de previsão legal.

Por fim, não se admite a compensação em prejuízo de direito de terceiro. O devedor que se torne credor do seu credor, depois de penhorado o crédito deste, não pode opor ao exequente a compensação, de que contra o próprio credor disporia.

Da confusão

Confusão está presente quando há na mesma pessoa credor e devedor. Isto pode ocorrer tanto por ato *inter vivos* como por ato causa mortis.

A confusão operada na pessoa do credor ou devedor solidário só extingue a obrigação até a concorrência da respectiva parte no crédito, ou na dívida, subsistindo quanto ao mais a solidariedade. Confusão ocorre quando o credor e o devedor são a mesma pessoa, situação na qual extinguiu a obrigação.

No caso de causa mortis, a confusão poderá ocorrer quando o filho deve ao pai, mas, tendo aquele morrido, o filho recebeu a herança, extinguindo a dívida. No caso do credor solidário, Lucas deve com outros 3 indivíduos 100 mil reais ao pai. Lucas era o único herdeiro. Em relação a ele, houve a confusão. Portanto, 25 mil reais houve confusão, faltando 75 mil reais, situação na qual persistirá a solidariedade, passando Lucas ser o credor do crédito.

Cessando a confusão, para logo se restabelece, com todos os seus acessórios, a obrigação anterior.

Da remissão das dívidas

A remissão é o perdão. A remissão é o direito exclusivo do credor de exonerar o devedor. O art. 385 estabelece que a remissão da dívida é um negócio jurídico bilateral, ou seja, o perdão deverá ser aceito pelo devedor, situação na qual, se aceita, extinguirá a obrigação, mas sem prejuízo de terceiro.

A remissão só poderá ocorrer se não houver prejuízo a terceiros. A remissão concedida a um dos codevedores extingue a dívida na parte a ele correspondente, mas não atinge a solidariedade em relação aos demais, de modo que não possa cobrar o débito sem dedução da parte remitida.

Ex.: Lucas é credor de Pedro e mais 4, no valor de 100 mil reais. Lucas perdoa Pedro, mas ainda será credor de 80 mil reais, mantendo a solidariedade em relação aos demais.

A devolução voluntária do título da obrigação, quando por escrito particular, prova desoneração do devedor e seus coobrigados, se o credor for capaz de alienar, e o devedor capaz de adquirir.

O perdão poderá ser expresso ou tácito. Atente-se que, se houver a entrega do negócio empenhado, não haverá o perdão da dívida, mas tão somente a exoneração da garantia que existia em relação àquela dívida. Ou seja, a restituição voluntária do objeto empenhado prova a renúncia do credor à garantia real, não a extinção da dívida.

Não confundir renúncia com remissão, pois renúncia é gênero e remissão é espécie. Na renúncia, é possível recair sobre diversos direitos pessoais, inclusive é um ato unilateral. A remissão é perdão, ou seja, é ato bilateral, só podendo se dar em relação a direitos creditórios.

Da Transmissão das obrigações

Transmitir é passar para frente. Quando há uma transmissão há uma cessão. E com isso é possível extrair um conceito importante de que é o conceito de cessão.

Cessão é a transferência, a título oneroso ou gratuito, de uma posição na relação jurídica obrigacional. O direito brasileiro admite três formas de cessão:

- cessão do crédito
- cessão do débito
- cessão do contrato

Cessão de crédito

A cessão de crédito pode ser conceituada como um negócio jurídico bilateral, gratuito ou oneroso, através do qual o credor transfere a outrem, totalmente ou parcialmente, a sua posição na relação obrigacional.

Ou seja, o credor passa para outra pessoa a posição de credor. Há um credor primitivo que cede este crédito, denominado de cedente, bem como uma pessoa que passa a ser credora, denominada cessionário. Há ainda o devedor, que é denominado de cedido.

Com a cessão, são transferidos todos os elementos da obrigação, tanto os acessórios como as garantias, visto que a obrigação é a mesma, pois há mudança dos sujeitos que compõem a obrigação. No entanto, os acessórios poderão não ser abrangidos, caso haja disposição em contrário.

Cabe ressaltar que o cessionário de crédito hipotecário tem o direito de fazer averbar a cessão no registro do imóvel. A verdade é que a cessão de crédito independe da anuência do devedor, mas ele deve ficar sabendo que houve esta cessão.

O art. 286 diz que o credor pode ceder o seu crédito, se a isso não se opuser a natureza da obrigação, a lei, ou se não houver vedação no contrato (convenção) com o devedor.

Esta cláusula proibitiva da cessão, que poderá estar prevista no contrato, não será oponível ao cessionário de boa-fé, se ela não estiver escrita no contrato (instrumento da obrigação).

Em regra, a cessão tem eficácia *inter partes*, e não exige sequer que seja escrita, ou seja, poderá ser verbal. Mas para ter eficácia perante terceiros, será necessário que seja formulada por um instrumento escrito, já que a cessão é negócio jurídico bilateral.

Ou seja, é ineficaz, em relação a terceiros, a transmissão de um crédito, se não celebrar-se mediante instrumento público, ou instrumento particular revestido das solenidades do § 1º do art. 654.

Independentemente do conhecimento da cessão pelo devedor, pode o cessionário exercer os atos conservatórios do direito cedido (art. 293). Para a cessão ser válida, é desnecessária a anuência do devedor. Mas o art. 290 dispõe que a cessão não tem eficácia em relação ao devedor se ele não for notificado. Todavia, considera-se notificado o devedor que, em escrito público ou particular, se declarou ciente da cessão feita.

O devedor pode opor ao cessionário (que passou a ter a condição de credor) as exceções que ele tinha em face do antigo credor ao novo credor, bem como as exceções que, no momento em que veio a ter conhecimento da cessão, tinha contra o cedente. Isso significa que, quando o cedido for notificado da cessão, poderá alegar uma cessão em face do cedente.

A cessão de crédito pode ser onerosa (pode envolver lucro), situação na qual o cedente ficará responsável pela existência do crédito ao tempo que cedeu (pro soluto).

Sendo a título gratuito, o cedente também terá responsabilidade, caso tenha procedido de má-fé. Ex.: contrato de faturização (factoring) é exemplo de cessão de crédito onerosa. Há um cheque para receber 10 mil reais daqui a 30 dias, mas o sujeito busca a factoring para obter 9 mil reais hoje. Aqui houve uma cessão de crédito onerosa. O cedente só responderá pela existência do crédito e não pela solvência. O credor originário não responde pela solvência, mas apenas pela existência.

A cessão de crédito, em regra, é pro soluto, e não pro solvendo. Todavia, é possível existir esta previsão contratual, no sentido de que a cessão é pro solvendo, ou seja, o cedente terá responsabilidade pelo pagamento do crédito. Neste caso, a cessão será pro solvendo. Nesta hipótese, o cedente não responderá por mais do que recebeu com os seus respectivos juros, mas tem de ressarcir as despesas da cessão e as que o cessionário houver feito com a cobrança.

Supondo que no contrato com a factoring, Suzana tenha recebido 9 mil reais pela cessão do crédito de 10 mil reais. Daqui a 30 dias, se a factoring não receber os 10 mil reais, Suzana deverá pagar os 9 mil, mais os respectivos juros durante este intervalo de tempo à factoring. Trata-se de cessão pro solvendo.

O crédito, uma vez penhorado, não pode mais ser transferido pelo credor que tiver conhecimento da penhora. Todavia, o devedor que o pagar, não tendo notificação dela, fica exonerado, subsistindo somente contra o credor os direitos de terceiro.

Fica desobrigado o devedor que, antes de ter conhecimento da cessão, paga ao credor primitivo, ou que, no caso de mais de uma cessão notificada, paga ao cessionário que lhe apresenta, com o título de cessão, o da obrigação cedida; quando o crédito constar de escritura pública, prevalecerá a prioridade da notificação.

Segundo o art. 291, ocorrendo várias cessões do mesmo crédito, prevalece a que se completar com a tradição do título do crédito cedido.

Cessão de débito (assunção de dívida)

Na cessão de débito, haverá um novo devedor. Trata-se de um negócio jurídico bilateral pelo qual um devedor, com anuência do credor, transfere a um terceiro a posição de sujeito passivo da relação obrigacional.

O art. 299 estabelece que é facultado a terceiro assumir a obrigação do devedor, desde que haja o consentimento expresso do credor, ficando exonerado o devedor primitivo, salvo se, ao tempo da assunção, o devedor derivado fosse insolvente e o credor o ignorava. Veja, se ficar demonstrado que, ao tempo da assunção, o devedor que ingressava já era insolvente, e o credor desconhecia esta situação.

Qualquer das partes pode assinar prazo ao credor para que se manifeste, consentindo na assunção da dívida, situação na qual será interpretado o silencia como recusa. Ou seja, quem cala não consente. É preciso que o credor concorde com a assunção da dívida.

Na assunção de dívida, há o antigo devedor (cedente), o novo devedor (cessionário) e o credor (cedido). A cessão de débito pode ser classificada de duas formas:

- **Assunção por expromissão:** uma terceira pessoa assume espontaneamente o débito da outra, e o devedor principal nem toma parte dessa situação. O devedor originário não anui. Esta assunção de dívida pode ser subclassificada em liberatória e cumulativa:
  - **Assunção por expromissão liberatória:** o devedor primitivo se exonera, ingressando um novo devedor, liberando o devedor antigo.
  - **Assunção por expromissão cumulativa:** o expromitente entra como um novo devedor, mas ao lado do devedor primitivo. O devedor primitivo não é exonerado nessa circunstância.

- **Assunção de delegação:** o devedor originário participa dessa relação, transferindo débito para terceiro, com a anuência do credor. Esta é a mais comum de ocorrer.

O art. 300 consagra como regra geral que devem ser consideradas extintas todas as garantias especiais dadas ao credor originário, salvo com consentimento expresso do devedor primitivo.

Isso significa que as garantias especiais dadas pelo credor primitivo, serão consideradas extintas, pois ele está exonerado. O novo devedor passará a responder, salvo se houver consentimento expresso do devedor primitivo, no sentido de que as garantias por ele prestadas continuam valendo.

Sendo anulada a assunção de dívida, restaura-se o débito. E sendo ele restaurado, serão restauradas também as suas garantias, salvo garantias prestadas a terceiros, com exceção do caso em que terceiros conheciam o vício da assunção (art. 301).

Ou seja, a assunção de dívida é negócio jurídico, podendo ser anulado. Se for anulado, terá efeitos retroativos, motivo pelo qual o devedor primitivo, que outrora estava exonerado, não mais está. Há o retorno ao status anterior, devendo voltar tudo ao normal, inclusive às garantias especiais.

No que toca ao terceiro, esta garantia que tinha prestado não volta, salvo se o terceiro tivesse conhecimento desse vício anteriormente, situação na qual também voltará como garantidor.

Na assunção de dívida, não poderá o novo devedor opor ao credor as exceções pessoais que competiam ao devedor primitivo. Ou seja, o novo devedor não poderá opor exceções pessoais pertencentes ao devedor primitivo.

Ademais, o adquirente de imóvel hipotecado pode tomar a seu cargo o pagamento do crédito garantido. Se o credor, notificado, não impugnar em 30 dias a transferência do débito, entender-se-á dado o assentimento.

Cessão de contratos

A cessão contratual não está regulamentada em lei, mas ainda assim é válida. Trata-se de um negócio jurídico atípico. É a transferência da inteira posição ativa ou passiva na relação contratual. O que há é a cessão da posição contratual.

Na maioria das vezes, nos contratos, as partes são mutuamente credores e devedores de obrigações. Trata- se de uma relação complexa, já que se trata de uma cessão de um complexo de direitos e obrigações.

Para que haja a cessão contratual, é indispensável que haja o consentimento do outro contratante. Isso porque o contrato faz lei entre as partes, obrigando as partes que contrataram. O princípio que orienta os contratos é o princípio da relatividade.

Ex.: no mandato, o sujeito faz um substabelecimento, situação na qual cede a posição de mandatário. Ou seja, há uma cessão contratual.

Teoria do inadimplemento

Introdução

Inadimplir é não cumprir a obrigação. O inadimplemento pode ocorrer em dois casos específicos:

- **inadimplemento relativo:** há uma mora, ou seja, há um descumprimento parcial de obrigação, visto que é possível que a obrigação seja cumprida.
- **inadimplemento absoluta:** a obrigação não pode ser mais cumprida.

O critério para distinguir o inadimplemento relativo do absoluto é saber se a obrigação pode ou não pode ser cumprida. É necessário verificar não apenas a possibilidade fática, mas também verificar a utilidade da obrigação para o credor, a fim de verificar se a mora é relativa ou mora absoluta.

Se uma mulher encomenda um vestido de noiva para ser entregue no dia 10, dia em que ela se casa, mas neste dia não é entregue, situação na qual a noiva resolve alugar um outro vestido, não adianta entregar o vestido no dia 11. Ainda que haja a possibilidade fática, esta obrigação é inútil para o credor, pois a obrigação não pode mais ser cumprida, razão pela qual configura inadimplemento absoluto.

Portanto, na visão da doutrina clássica, o inadimplemento poderá ser relativo e absoluto.

No entanto, a doutrina moderna traz a violação positiva do contrato e o cumprimento inexato ou defeituoso do contrato, como formas de inadimplemento da obrigação. Em relação ao cumprimento inexato ou defeituoso do contrato, o Código Civil trata deles como mora, ou seja, como inadimplemento relativo. Isso porque a mora incluir o cumprimento do contrato.

No tocante à violação positiva do contrato, ou seja, a quebra de um dever anexo contratual, ou seja, quebra da boa-fé objetiva pela não adoção de uma conduta não esperada, a doutrina tradicional não resolve.

Essa proteção dada à boa-fé objetiva e a ideia de considerar a quebra de um dever anexo contratual como inadimplemento, serve para que exista uma proteção para afastar certos comportamentos capazes de gerar dano, e para demonstrar que os deveres das partes não se esgotam no momento em que se está prestando o contrato.

Os deveres contratuais também devem ser pré-contratuais e pós-contratuais, seja de assistência, vigilância ou de cooperação. A quebra desses deveres anexos gera a violação positiva do contrato, bem como a responsabilização civil de quem promoveu esta quebra.

O Enunciado 24 do CJF diz que, em virtude do princípio da boa-fé, a violação dos deveres anexos constitui uma espécie de inadimplemento e independe de culpa. Veja, trata-se de responsabilidade civil objetiva.

Ex.: o credor, ante uma dívida não paga do devedor, negativa o nome do devedor em banco de dados. Neste caso, o devedor paga a dívida, situação na qual passa o credor a ser o responsável pela retirada do devedor do cadastro de inadimplentes. Trata-se de um dever anexo.

Regras quanto ao inadimplemento relativo

Inadimplemento relativo é mora. Mora é atraso, é retardamento, é a imperfeita satisfação da obrigação.

O art. 394 diz que se considera em mora o devedor que não efetuar o pagamento e o credor que não quiser recebê-lo no tempo, lugar e forma que a lei ou a convenção estabelecer.

Veja que é possível a mora *accipiens* do credor, que não quer receber no tempo, lugar e forma que a lei ou contrato estabelecer.

A mora, portanto, é o atraso no pagamento e também o pagamento feito em lugar, tempo ou forma diversa da convencionada. Ou seja, mora está presente quando há um cumprimento defeituoso do contrato.

Existem duas formas de mora:

- mora *solvendis* (*debitoris*)
- mora *accipiendi* (*creditoris*)

Mora *solvendis* (*debitoris*)

Mora *solvendis* é a mora do devedor. Se em decorrência da mora do devedor, a prestação se tornar inútil ao credor, não há mais mora, mas sim inadimplemento absoluto, situação na qual o credor poderá rejeitar o cumprimento, sem prejuízo de perdas e danos cabíveis (mora convertida em inadimplemento absoluto).

Essa inutilidade da obrigação deve ser aferida com base no princípio da boa-fé e com o princípio da preservação do contrato. Mesmo o devedor estando em mora, pode ser que a resolução do contrato não seja o melhor caminho, ainda que o credor deseje a resolução.

É a partir da ideia de função social do contrato que se começa a entender a chamada teoria do adimplemento substancial.

A teoria do adimplemento substancial estabelece que em determinadas situações, ainda que o devedor incida em mora, o credor não poderá resolver o contrato, como nas hipóteses em que a obrigação tenha sido quase em sua totalidade cumprida.

Neste caso, não caberá extinção do contrato, mas sim outros efeitos para manutenção do contrato, como execução dos valores, cobranças, etc. A jurisprudência tem aplicado esta teoria do adimplemento substancial nos casos de mora de pouca relevância, quando se considera o contrato como um todo, sendo tipicamente aplicado nos contratos de financiamento.

Basta pensar no indivíduo que comprou um carro e pagou 60 parcelas das 64 prestações acordadas, estando em atraso com relação as últimas 4 parcelas. Neste caso há adimplemento substancial.

A análise do adimplemento substancial não é apenas quantitativa (**ponto de vista econômico**), mas também subjetivo (**ponto de vista subjetivo**), ou seja, busca-se analisar o comportamento das partes sob o ponto de vista contratual.

Isso porque, caso o devedor tenha agido de má-fé para não pagar as 4 últimas prestações, caberá a resolução do contrato, visto que o ordenamento não tolera a má-fé. Por essa razão, a teoria do adimplemento substancial exige que haja:

- fatores quantitativos (objetivos): é a medida econômica do descumprimento.
- fatores qualitativos (subjetivos): é a análise do comportamento contratual adotado pelas partes.

Essa análise é casuística.

O art. 399 do CC disciplina que o devedor em mora responde pela impossibilidade da prestação, embora essa impossibilidade resulte de caso fortuito ou de força maior, se estes ocorrerem durante a mora.

Mas o mesmo dispositivo traz uma ressalva, no sentido de que essa responsabilidade, por caso fortuito ou força maior que o devedor tem pela perda da coisa quando estava em mora, será afastada, se o devedor provar uma isenção total, se conseguir provar que o dano sobreviria ainda que a coisa estivesse com o credor ou a obrigação tivesse sido oportunamente executada.

Ex.: o devedor deveria ter devolvido o cavalo a Lucas até ontem, mas hoje houve uma enchente na fazenda, situação na qual o cavalo morreu afogado. Neste caso, houve caso fortuito, devendo o devedor pagar o cavalo a Lucas, salvo se provar que, em razão de Lucas ser vizinho do devedor, a fazenda também seria atingida pela enchente, o que não evitaria a morte do cavalo.

Em relação à mora do devedor, esta recebe uma subclassificação:

- **mora *ex re:*** é a mora automática, que ocorre quando a obrigação for positiva (fazer ou dar) e ao mesmo tempo for líquida, ou seja, sabe-se o seu valor. O mais importante para a mora ex re é que a mora tenha a data fixada para o seu inadimplemento. A consequência é que esta mora é automática, sem necessidade de interpelação do devedor.

Ex.: a data de vencimento é no dia 20.10. Se o devedor não observa esta data, já incidirá em mora, pois ela é automática.

- **mora *ex persona:*** é uma mora caracterizada pela inexistência de um termo final para caracterização da obrigação, ou seja, para gerar a mora exige-se que haja uma providência do credor, que notificará, interpelará ou protestará o crédito. Neste caso, precisa-se de uma atuação do credor.
- **mora presumida (irregular)**: a mora será presumida quando se trata de ato ilícito. Segundo o art. 398, nas obrigações provenientes de ato ilícito, considera-se o devedor em mora, desde que o praticou. Ou seja,

começa-se a contar a mora da data da prática do ato ilícito. Tanto é que no caso de ato ilícito os juros de mora começam a contar da data do evento danoso, visto que a partir de então o devedor está em mora.

Mora *accipiendi* (*creditoris*)

Mora *accipiendi* é a mora do credor, ou seja, mora de quem tem a receber. Ocorre quando o credor se recusa a aceitar o adimplemento da obrigação no tempo, forma e lugar pactuado.

Não há discussão sobre a culpa do credor. São os efeitos da mora do credor:

- Afasta-se do devedor, que esteja isento de dolo, a responsabilidade pela conservação da coisa. Não vai responder pela conduta culposa que gere, por exemplo, perda da coisa, salvo se intencionalmente destruir a coisa.
- Obriga o credor a ressarcir o devedor pelas despesas que este deverá efetuar para conservar a coisa.
- Sujeita o credor a receber a coisa pela estimação mais favorável ao devedor. Se o valor da coisa oscilar entre o tempo do contrato e o tempo em que a obrigação for efetivamente cumprida, em razão da mora do credor, deverá ser feita uma estimativa mais favorável ao devedor.

É preciso diferenciar purgação da mora de cessação da mora.

Purgação da mora (emenda da mora)

Purgação da mora (emenda da mora) é o afastamento do inadimplemento parcial, afastando os efeitos decorrentes desse inadimplemento. Esta purgação da mora pode se dar de duas formas:

- **Purgação da mora por parte do devedor:** o devedor oferece a prestação mais os prejuízos que já causou.

- **Purgação da mora por parte do credor:** o credor se oferece para receber o pagamento e se sujeita aos efeitos da mora até aquela data.

Na emenda da mora, **quer que sejam cessados os efeitos futuros da mora**, mas os efeitos que já foram gerados vão se revelar, ou seja, deverá pagar pela conservação da coisa, caso seja credor e esteja em mora, ou ainda terá de pagar as perdas e danos, se for o devedor que está em mora (juros, multa, etc.).

A purgação da mora é um ato espontâneo do sujeito, pois ele quer remediar uma situação que ele mesmo deu causa, evitando os seus efeitos decorrentes, trazendo aquela situação a uma situação de normalidade.

A purgação da mora, portanto, só produz efeitos *ex nunc*, não retroagindo para evitar que sejam eles produzidos anteriormente, razão pela qual deverá pagar indenização, perdas e danos, etc.

Cessação da mora

A cessação da mora, por sua vez, ocorre quando há um fato extintivo da mora que produz efeitos pretéritos também.

Ex.: novação da dívida. Neste caso, a dívida anterior se extingue, motivo pelo qual se extinguirá tudo, não existindo mais o efeito produzido pela mora. Houve a cessação da mora, com efeito retroativo, podendo também se dar com a remissão da dívida ou até com a renúncia do credor.

Regras quanto ao inadimplemento absoluto

O inadimplemento absoluto é quando a prestação não tem mais utilidade para o credor, não podendo mais ser cumprida. Não cumprindo o devedor a prestação que lhe cabe cumprir, passa então este devedor a responder pelo valor do objeto, acrescido de perdas e danos.

As perdas e danos são as indenizações cabíveis, juros compensatórios, cláusula penal, atualizações monetárias, custas e honorários advocatícios.

Em relação aos honorários advocatícios, há uma discussão se seriam os contratuais ou sucumbenciais. Isso porque, quando o juiz sentencia, ele fixa os honorários. Todavia, quando o Código Civil faz menção aos honorários, a leitura de que o STJ faz é no sentido de que seriam os honorários contratuais, visto que o devedor deverá ressarcir a parte lesada que contratou advogado para o caso. O STJ exige que seja feito um preço médio.

Nas obrigações negativas, ou seja, nas obrigações de não fazer, o devedor é considerado inadimplente desde o dia que executa o ato que não deveria ter executado.

Nos contratos benéficos, em que só uma das partes presta a obrigação e só uma delas recebe, responde por culpa o beneficiário, mas aquele a quem não favoreça o contrato só vai responder por eventual inadimplemento absoluto caso tenha agido com dolo (art. 392).

Ex.: no contrato de comodato, em que o comodatário é quem recebe o imóvel para morar gratuitamente, responderá por culpa, caso haja inadimplemento absoluto. Mas o comodante responderá apenas por dolo se tiver agido dolosamente para gerar aquele inadimplemento absoluto.

Diferente é o contrato oneroso, a qual a responsabilidade é, via de regra, subjetiva, devendo demonstrar culpa de qualquer das partes para responsabilização das partes.

Se estiver caracterizada a violação de um dever contratual, o ônus de demonstrar que não houve culpa é do devedor. Isso porque cria-se uma presunção de que o contrato foi violado culposamente, incumbindo ao devedor o ônus de demonstrar que o fato não pode ser imputado a este devedor, visto que não agiu culposamente.

Nos casos de inadimplemento absoluto, a principal consequência é conversão da obrigação em perdas e danos. As perdas e danos dirigidas ao credor da obrigação deve cumular, além daquilo que ele efetivamente perdeu, aquilo que razoavelmente deixou de lucrar.

Aquilo que efetivamente perdeu são os danos emergentes. O que o credor razoavelmente deixou de lucrar é denominado lucros cessantes. Portanto, as perdas e danos devem abranger danos emergentes e lucros cessantes.

O art. 404 diz que as perdas e danos vão ser pagas com atualização monetária, abrangendo juros, custas e honorários de advogado, sem prejuízo da pena convencional.

Dos juros no Código Civil de 2002

Juros são frutos civis, ou seja, rendimentos devidos pela utilização de um capital alheio. Os juros podem ser classificados como:

- **Juros moratórios:** juros devidos a título de ressarcimento, pelo descumprimento de uma obrigação.
- **Juros remuneratórios:** há utilização de um capital alheio, mas esta utilização é consentida, razão pela qual há uma remuneração dessa utilização.

A respeito dos juros legais moratórios, que servem para fins de ressarcimento do prejuízo experimentado, o art. 406 diz que são devidos os juros de acordo com a taxa que estiver em vigor para a mora do pagamento de impostos devidos à Fazenda Nacional.

Portanto, os juros de mora do pagamento de impostos devidos à Fazenda Nacional serão os mesmos aplicados para o caso de mora numa relação obrigacional.

Mas qual é essa taxa?

Para a doutrina, na linha expressiva da doutrina, diz que a taxa é aquela prevista no art. 161 do CTN, que é a taxa de 1% ao mês, ou de 12% ao ano. Existe divergência no STJ a saber se seria cabível a taxa SELIC, mas ainda não há posição consolidada.

A jurisprudência vem entendendo que os juros cobrados pelas instituições bancárias e financeiras podem ser fixados de acordo com as regras de mercado.

Para o STJ, **as instituições bancárias e financeiras não se restringem aos limites dos juros remuneratórios previstos na Lei de Usura**, que é de 2% ao mês. A estipulação de juros remuneratórios superiores a 12% ao ano, por si só, não indica abusividade.

E se o contrato é omisso? No caso de omissão contratual, e em se tratando de instituições bancárias e financeiras, o STJ entende que incidirão as taxas de mercado. O STJ, na súmula 530, vai dizer que, nos contratos bancários, na impossibilidade de comprovar a taxa de juros efetivamente contratada - por ausência de pactuação ou pela falta de juntada do instrumento aos autos -, aplica-se a taxa média de mercado, divulgada pelo Bacen, praticada nas operações da mesma espécie, salvo se a taxa cobrada for mais vantajosa para o devedor.

O art. 405 diz que os juros de mora serão contados desde a citação inicial. Esta regra só se aplica à responsabilidade contratual. Todavia, no caso responsabilidade extracontratual, aplica-se a súmula 54 do STJ, a qual estabelece que os juros moratórios fluem a partir do evento danoso.

Atente-se que nem sempre os juros de mora serão contados desde a citação, ainda que se trate de responsabilidade contratual. Essa incidência do art. 405 está limitada às hipóteses que a citação representa a notificação do devedor, pois, em se tratando de mora ex re, deve-se considerar que os juros de mora serão considerados desde o inadimplemento, visto que o devedor já está constituído em mora antes da citação.

A hipótese do art. 405, que diz que os juros de mora serão contados desde a citação inicial, desde que:

- Situações em que há responsabilidade contratual
- Não há termo final para o vencimento da obrigação (citação funcionará como notificação)

Vale acrescentar que o art. 240 diz que a citação válida, ainda que ordenada pelo juízo incompetente, constitui em mora o devedor. Portanto, os juros de mora serão contados desde a citação inicial, ainda que se tratar de juízo incompetente.

Comissão de permanência

A comissão de permanência é um valor cobrado pelas instituições financeiras no caso de inadimplemento contratual enquanto o devedor não quitar sua obrigação. Em outras palavras, é um encargo cobrado por dia de atraso no pagamento de débitos junto a instituições financeiras. É cobrado após o vencimento e incide sobre os dias de atraso.

A comissão de permanência foi instituída por meio da Resolução 15/1966, do Conselho Monetário Nacional. Atualmente, rege o tema a Resolução 1.129/1986 do CMN.

Para o fim de disciplinar a comissão de permanência o STJ editou a Súmula 472. Segundo a referida súmula, a cobrança de comissão de permanência – cujo valor não pode ultrapassar a soma dos encargos remuneratórios e moratórios previstos no contrato – exclui a exigibilidade dos juros remuneratórios, moratórios e da multa contratual.

Conclui-se, portanto, que:

- O valor cobrado de comissão de permanência não pode ultrapassar a soma dos encargos remuneratórios e moratórios previstos no contrato.
- A comissão de permanência exclui a exigibilidade dos juros remuneratórios, moratórios e da multa contratual.

Dessa forma, ou se cobra a comissão de permanência, ou se cobra os demais encargos previstos no contrato.

São inacumuláveis a comissão de permanência com os seguintes encargos:

- Juros remuneratórios;
- Correção monetária;
- Juros moratórios;
- Ou multa moratória.

Em suma, não pode cumular com nada.

Veja as outras súmulas do STJ que tratam sobre o tema:

- **Súmula 30:** A comissão de permanência e a correção monetária são inacumuláveis.
- **Súmula 294:** Não é potestativa a cláusula contratual que prevê a comissão de permanência, calculada pela taxa média de mercado apurada pelo Banco Central do Brasil, limitada à taxa do contrato.
- **Súmula 296:** Os juros remuneratórios, não cumuláveis com a comissão de permanência, são devidos no período de inadimplência, à taxa média de mercado estipulada pelo Banco Central do Brasil, limitada ao percentual contratado.

Cláusula penal

Cláusula penal é uma penalidade de natureza civil. É imposta pela inexecução de um dever assumido, de um dever patrimonial. Esta inexecução pode ser parcial ou pode ser total.

A cláusula penal é fruto de um contrato entre as partes. Por isso, é conhecida como multa contratual ou pena convencional. Trata-se, em verdade, de uma obrigação acessória, a qual visa garantir o cumprimento da obrigação principal, servindo como estímulo da obrigação principal.

A outra finalidade da cláusula penal é fixar antecipadamente o valor das perdas e danos, no caso de descumprimento da obrigação principal. Segundo o art. 408, incorre de pleno direito o devedor na cláusula penal, desde que, culposamente, deixe de cumprir a obrigação ou se constitua em mora.

Ou seja, se o devedor culposamente deixou de cumprir a obrigação (responsabilidade subjetiva, como regra), caso em que incidirá na cláusula penal quer deixe de cumprir a obrigação ou quer se constitua em mora.

O STJ entende que cláusula penal contida em contratos bilaterais, onerosos e comutativos deve ser aplicada para ambos os contratantes, ainda que regida apenas em favor de uma das partes.

Em um contrato no qual foi estipulada uma cláusula penal, caso haja o inadimplemento do devedor, é possível que o credor exija o valor desta cláusula penal e mais as perdas e danos? Se for cláusula penal moratória, sim. Por outro lado, se for cláusula penal compensatória, não. Isso porque a multa contratual, no caso de mora, é denominada de multa moratória. Já, no caso de inexecução total, será uma multa compensatória, já que servirá como fixação da perdas e danos. Apenas a multa compensatória (inadimplemento absoluto) tem a função de antecipar as perdas e danos.

O STJ entende que, enquanto a cláusula penal compensatória funciona como uma prefixação das perdas e danos, a cláusula penal moratória funciona como uma punição para quem retardou o cumprimento da obrigação. Ou seja, a cláusula moratória não funciona como prefixação das perdas e danos. E portanto, não há óbice a que se exija a cláusula penal moratória juntamente como valores referentes a lucros cessantes. Isso porque só a multa compensatória serve prefixação das perdas e danos.

O art. 412 diz que o limite da cláusula penal compensatória é o limite da obrigação principal.

Isso só vale para multa compensatória. Para a multa penal moratória, a doutrina estabelece que o limite da cláusula é de:

- 10%, caso tenha como referência os arts. 8º e 9º da Lei de Usura.
- 2%, caso se trate de contratos de consumo, conforme art. 52, § 1º, do CDC.
- 2%, caso se trate de dívidas condominiais, conforme 1.336, § 1º, Código Civil.

Portanto, esses são os limites da multa moratória que incide em caso de mora do devedor.

O art. 413 disciplina que a penalidade deve ser reduzida equitativamente pelo juiz se a obrigação principal tiver sido cumprida em parte, ou se o montante da penalidade for manifestamente excessivo, tendo em vista a natureza e a finalidade do negócio.

Este artigo traz a função social do contrato e a boa-fé objetiva, trazendo proporcionalidade, razão pela qual o juiz deverá julgar com bom-senso e equidade.

O art. 411 diz que, quando se estipular a cláusula penal para o caso de mora, ou em segurança especial de outra cláusula determinada no contrato, terá o credor o direito de exigir a satisfação da pena cominada, com o desempenho da obrigação principal.

Este dispositivo diz que há uma faculdade cumulativa, ou seja, se for multa moratória ou multa decorrente de uma das cláusulas do contrato, será possível cumular a cobrança dessa multa com a cobrança do cumprimento da obrigação principal.

Caso a multa seja compensatória, o credor deverá decidir: ou vai ter de cobrar a cláusula penal, dispensando perdas e danos, ou cobrará perdas e danos, não podendo cobrar a cláusula penal. Ou seja, o art. 410 diz que, quando se estipular a cláusula penal para o caso de total inadimplemento da obrigação, esta converter-se-á em alternativa a benefício do credor.

Sendo a obrigação indivisível, e havendo vários devedores, estabelece o art. 414 que, se um desses devedores incorrer em mora, se um dos devedores for inadimplente, todos os devedores incorrerão na pena.

Todavia, a cláusula penal somente será cobrada na sua inteireza do culpado, respondendo os demais pela sua quota.

Ex.: há uma cláusula penal de 100 mil reais. Houve o inadimplemento. Todos terão de pagar, mas somente poderá cobrar do culpado os 100 mil reais, enquanto dos demais poderá cobrar o valor da cláusula penal, mas limitada à sua quota, ou seja, 20 mil reais.

Mesmo assim, os que pagaram o valor da quota, terão direito à ação regressiva contra o causador do dano, ou seja, aquele que deu causa à aplicação da pena.

O art. 416 estabelece que a parte interessada não precisa provar o prejuízo para ter direito à multa, pois ela já está prefixada. Como regra, ainda que o prejuízo exceda a cláusula penal, não poderá o prejudicado exigir indenização suplementar.

Isso porque não se pode cumular multa compensatória com indenização por perdas e danos, em razão do inadimplemento da obrigação. A faculdade é disjuntiva (alternativa).

Contudo, se no contrato estiver prevista esta possibilidade, com base na autonomia privada, ou seja, se houver a previsão de cláusula penal cumulada com perdas e danos, esta cláusula penal funcionará como taxa mínima de indenização, recaindo ao credor a obrigação de provar o prejuízo excedente.

Das Arras ou Sinal

Sinal é um valor dado em dinheiro ou bem móvel que é entregue a uma parte, quando se está firmando um contrato preliminar, que traz uma presunção de que haverá a celebração do contrato definitivo.

É normalmente aplicado nos contratos de promessa de compra e venda de imóvel. Se por ocasião da conclusão do contrato uma parte der a outra, a título de arras, dinheiro ou outro bem, em caso de execução, serão restituídos ou serão computados da prestação devida, desde que do mesmo gênero da obrigação principal.

Se foi dado um cavalo para assegurar a compra de um apartamento, será necessário restituir o cavalo para que o contratante comece a pagar as prestações. No entanto, se o contratante deu 10 mil reais como arras, quando começar a pagar o apartamento pelo contrato definitivo, estes 10 mil reais deverão ser descontados.

A partir dessa leitura do art. 417, percebe-se a funções da arras:

- funciona como uma antecipação de pagamento.
- torna definitivo o contrato preliminar.
- antecipação de perdas e danos, pois pode ocorrer a não realização do contrato definitivo.

São duas as espécies de arras ou de sinal:

Arras confirmatórias: São arras presentes na hipótese em que não consta a possibilidade de arrependimento.

Ex.: Lucas celebra um contrato preliminar, prevendo que celebrará o contrato definitivo, mas não consta a possibilidade de arrependimento quanto à celebração desse contrato definitivo.

Em regra, as arras são confirmatórias.

O art. 418 diz que, se a parte que deu as arras não executar o contrato, poderá a outra parte tê-lo por desfeito, retendo as arras antecipada (antecipação das perdas e danos). Se a inexecução for de quem recebeu as arras, poderá quem as deu haver o contrato por desfeito, e neste caso exigir devolução das arras que prestou mais o equivalente (já que funcionou como antecipação das perdas e danos), com atualização monetária segundo índices oficiais regularmente estabelecidos, juros e honorários de advogado.

Perceba que na hipótese de arras confirmatórias, a parte inocente pode pedir indenização suplementar se comprovar que o prejuízo experimentado é maior. As arras confirmatórias funcionam como uma taxa mínima, motivo pelo qual poderá exigir a execução do contrato, como pode exigir perdas e danos. Neste caso, funcionará como taxa mínima.

Arras penitenciais: neste caso, há previsão no contrato de arrependimento. Então, funcionarão as arras como uma pena. As arras têm a função unicamente indenizatória e não para confirmar o contrato definitivo. Nas arras penitenciais, não há possibilidade de indenização suplementar.

O art. 420 disciplina que não caberá a indenização suplementar se as arras são penitenciais. Isso porque já estava previsto este direito de arrependimento, mas nas arras confirmatórias, não, pois cabem indenização suplementar se comprovar que o prejuízo foi maior.

Capítulo 8

TÍTULOS DE CRÉDITO

Monaliza Sales

Introdução

Os títulos de crédito são instrumentos essenciais no mundo financeiro, facilitando transações comerciais e fornecendo segurança jurídica às partes envolvidas. Neste capítulo, exploraremos os aspectos fundamentais dos títulos de crédito, desde sua definição até sua operacionalização no contexto do direito comercial.

Definição e Características

Os títulos de crédito são documentos representativos de uma obrigação de pagamento, podendo ser utilizados como meio de circulação de riquezas. Sua essência reside na sua negociabilidade, ou seja, na capacidade de ser transferido de uma pessoa para outra, seja por endosso ou por simples entrega. Essa característica confere agilidade e eficiência às transações comerciais, promovendo a circulação de valores no mercado.

Conforme estabelecido pelo artigo 887 do Código Civil, o título de crédito é um documento indispensável para o exercício do direito nele contido, o qual é literal e autônomo. Sua eficácia só é reconhecida quando preenche todos os requisitos legais exigidos.

Os títulos de crédito desempenham um papel crucial na dinâmica econômica, representando um crédito vinculado a uma transação no mercado. Ao substituírem a moeda corrente ou o dinheiro em espécie, esses documentos proporcionam agilidade e segurança aos negócios realizados, impulsionando, assim, a economia.

Requisitos de validade dos Títulos de Crédito

Os requisitos de validade dos títulos de crédito são fundamentais para garantir sua eficácia jurídica e comercial. Além dos mencionados, outros critérios devem ser atendidos para que um título seja considerado válido e negociável. Entre esses requisitos adicionais, destacam-se a indicação clara do beneficiário ou do tomador, a denominação do título (como nota promissória, duplicata ou cheque), o valor expresso de forma numérica e por extenso, bem como a eventual menção de juros e condições de pagamento.

A falta de qualquer um desses elementos pode comprometer a validade do título, tornando-o passível de impugnação ou até mesmo nulidade em casos mais extremos. Assim, é crucial que o documento seja elaborado de acordo com as normas legais aplicáveis e que todos os requisitos sejam rigorosamente observados para garantir sua eficácia como instrumento de crédito e circulação de valores no mercado financeiro e comercial.

Atributos dos títulos de crédito

Os títulos de crédito ostentam a característica da negociabilidade, que se traduz na facilidade de transferência do crédito que representam. Essa característica é essencial para a dinâmica do mercado financeiro e comercial, pois permite que os títulos sejam utilizados como instrumentos de garantia, pagamento de credores e até mesmo como forma de obtenção de recursos através de operações de desconto antes do vencimento.

Além disso, a negociabilidade dos títulos de crédito possibilita que o valor representado por eles seja realizado antecipadamente, contribuindo para a liquidez do mercado e para a eficiência das transações comerciais.

Outro atributo importante dos títulos de crédito é sua executividade. Isso significa que, por sua própria natureza, esses documentos conferem maior agilidade e eficácia aos procedimentos de cobrança. O credor de um título de crédito pode iniciar de forma mais rápida e eficiente o processo de cobrança judicial, uma vez que o próprio título já contém os elementos necessários para comprovar a existência da dívida e a obrigação de pagamento por parte do devedor.

Portanto, a negociabilidade e a executividade são atributos fundamentais dos títulos de crédito, que contribuem para sua relevância e utilidade no contexto econômico e jurídico, facilitando a circulação de recursos e a realização de créditos de forma ágil e segura.

Dos Princípios dos Títulos de Crédito

Existem três princípios fundamentais que orientam a natureza e funcionamento dos títulos de crédito, conhecidos como cartularidade, literalidade e autonomia.

O princípio da cartularidade refere-se à necessidade de posse física do título para exercer os direitos nele consignados. Ou seja, a transferência dos direitos representados pelo título ocorre por meio da entrega física do documento, conferindo legitimidade ao detentor do mesmo.

Já o princípio da literalidade estabelece que os direitos e obrigações decorrentes do título devem ser interpretados conforme o que está expressamente escrito no documento. Dessa forma, qualquer alteração ou modificação nos termos do título só terá validade se devidamente formalizada por meio de instrumento legal.

Por fim, o princípio da autonomia confere independência às relações jurídicas estabelecidas no título de crédito em relação aos demais negócios subjacentes que deram origem ao título. Isso significa que os direitos e obrigações contidos no título são autônomos em relação aos eventuais contratos ou acordos que tenham dado origem à sua emissão. Assim, mesmo que haja vícios ou invalidades nos negócios subjacentes, isso não afeta a validade e eficácia do título de crédito em si.

Esses três princípios são essenciais para conferir segurança e eficiência às relações comerciais envolvendo títulos de crédito, garantindo sua circulação, interpretação e execução de acordo com padrões reconhecidos e estabelecidos no ordenamento jurídico.

Diferença entre ordem de pagamento e promessa de pagamento

A classificação dos títulos de crédito pode ocorrer com base na estrutura subjacente da obrigação representada, sendo duas das categorias comuns a ordem e a promessa de pagamento. No entanto, esses termos podem causar confusão no momento da cobrança de um título.

A ordem de pagamento é característica de títulos nos quais a obrigação de pagamento é direcionada a terceiros. Um exemplo notável é a letra de câmbio, onde o sacador emite o título, e o sacado, ao aceitá-lo, torna-se o devedor principal. Similarmente, o cheque também é um título de ordem, mas difere da letra de câmbio, pois não requer aceite do sacado para se tornar exigível.

Por outro lado, na promessa de pagamento, a obrigação é assumida diretamente pelo emitente do título, e não por terceiros. Um exemplo claro é a nota promissória, em que o próprio devedor se compromete a efetuar o pagamento ao beneficiário ou portador do título.

Durante o processo de cobrança, entender se um título é de ordem ou promessa é crucial. Nos títulos de ordem, é necessário garantir o aceite do devedor para que a obrigação se torne exigível, enquanto nos títulos de promessa, o simples vencimento do título já autoriza a cobrança direta do emitente.

Portanto, compreender a distinção entre ordem e promessa de pagamento é essencial para uma cobrança eficaz e eficiente dos títulos de crédito, pois determina os procedimentos necessários para tornar a obrigação exigível e obter o cumprimento do pagamento.

Principais classificações e espécies de títulos de créditos

Existem diversas espécies de títulos de crédito, entre as mais conhecidas destacam-se o cheque, a nota promissória, a letra de câmbio e a duplicata.

Esses títulos podem ser classificados como vinculados ou livres. Os títulos vinculados, como o cheque e a duplicata, estão sujeitos a requisitos específicos estabelecidos pela lei e possuem efeitos cambiais claros. Por outro lado, os títulos livres, como a letra de câmbio e a nota promissória, não possuem um padrão de utilização definido, mas devem ainda assim atender aos requisitos legais para sua validade e eficácia.

Quanto à sua natureza, os títulos de crédito podem ser causais, ou seja, vinculados à causa que lhes deu origem, como as cédulas de crédito e a duplicata mercantil, ou abstratos, como o cheque e a nota promissória, que não estão necessariamente vinculados à sua origem.

Além disso, há também a distinção entre títulos de crédito nominativos e ao portador. Nos títulos ao portador, o nome do credor não é especificado, sendo suficiente a simples entrega do documento para transferir a titularidade do crédito para o novo portador. Este tipo de título, como o cheque ao portador, facilita a circulação do crédito, pois sua transferência é feita de forma simples e rápida, sem a necessidade de formalidades adicionais.

Assim, compreender essas diferentes características e classificações dos títulos de crédito é essencial para sua utilização adequada e para garantir a segurança das transações comerciais e financeiras envolvendo esses instrumentos.

Duplicata

A duplicata é um tipo de título de crédito estabelecido pelo ordenamento jurídico brasileiro, especialmente destinado a transações de vendas por atacado. Originalmente, era obrigatório que o vendedor elaborasse duas vias contendo a relação das mercadorias vendidas, assinadas tanto pelo comprador quanto pelo vendedor, sendo que cada parte ficava com uma via.

Esse título é amplamente utilizado para transações comerciais a prazo, envolvendo partes domiciliadas no Brasil. Sua emissão se dá mediante a elaboração de uma fatura detalhada das mercadorias vendidas, sendo obrigatória a apresentação ao comprador pelo vendedor.

A duplicata só pode ser emitida para representar créditos provenientes de uma causa específica prevista em lei, sendo o aceite obrigatório, independentemente da concordância do comprador. O prazo para a emissão da duplicata mercantil coincide com o vencimento da obrigação estabelecida na transação comercial.

O local de protesto da duplicata é determinado com base no local de pagamento indicado no documento, e o prazo para realizar o protesto é de trinta dias a partir do vencimento. O protesto é considerado uma condição para a exigibilidade da duplicata em relação ao sacado, sendo um instrumento legal para reforçar a cobrança da dívida representada pelo título.

Portanto, a duplicata mercantil desempenha um papel essencial no cenário comercial brasileiro, facilitando transações a prazo e estabelecendo procedimentos claros para a cobrança de obrigações decorrentes de vendas por atacado.

Letra de Câmbio

A letra de câmbio é um documento que representa uma ordem de pagamento emitida pelo sacador ao sacado, instruindo-o a pagar uma determinada quantia a um terceiro chamado de tomador.

Existem diferentes modalidades de letra de câmbio. Em uma delas, o sacador e o sacado são a mesma pessoa, o que significa que a ordem de pagamento é dirigida a si mesmo. Nesse caso, a aceitação pelo sacado é necessária, e o documento pode ser endossado a terceiros.

Para que a letra de câmbio seja válida e produza os efeitos cambiais esperados, é necessário que atenda a certos requisitos:

- Deve conter a expressão "Letra de Câmbio" no texto do documento, redigida na língua utilizada na elaboração do título.
- Deve conter uma ordem clara e inequívoca de pagamento de uma quantia específica.
- Deve identificar o sacado, incluindo seu nome e informações de identificação, como número de RG, CPF, título de eleitor ou carteira profissional.
- Deve indicar o local onde o pagamento deve ser realizado.
- Deve especificar o nome do tomador, ou seja, da pessoa ou entidade que terá direito ao recebimento do valor.
- Deve ser assinada pelo sacador.

Quanto ao vencimento, se não estiver expressamente indicado na letra de câmbio, presume-se que o pagamento será à vista. Além disso, é importante ressaltar que a assinatura do sacador é essencial, sendo que a chancela mecânica, mesmo quando realizada por procuração através de instrumento público, não é admitida em substituição à assinatura.

Esses requisitos garantem a validade e eficácia da letra de câmbio como um instrumento de pagamento e crédito, assegurando sua aceitação e circulação no mercado financeiro e comercial.

Cheque

O cheque é um título de crédito que representa uma ordem de pagamento à vista, podendo ser emitido em benefício próprio ou de terceiros, e sua quitação é garantida pelos fundos disponíveis na conta do sacado. Apesar da crescente popularidade dos cartões de débito e crédito, o cheque ainda é amplamente utilizado em transações financeiras.

Em caso de não pagamento do cheque, o beneficiário tem a opção de protestá-lo, isto é, registrar formalmente a falta de pagamento junto aos órgãos competentes, como cartórios de protesto. Além disso, o beneficiário pode buscar a execução do título, ou seja, iniciar um processo judicial para cobrar o valor devido, utilizando o cheque como prova da dívida.

Embora o uso do cheque tenha diminuído com o avanço das tecnologias de pagamento eletrônico, ainda é uma forma comum de realizar transações comerciais e financeiras, especialmente em certos contextos e para certos tipos de pagamento. Portanto, é importante estar ciente dos procedimentos legais disponíveis em caso de não pagamento, a fim de proteger os interesses do beneficiário e garantir a efetivação do título.

Nota Promissória

A nota promissória é um documento formal e escrito que constitui uma promessa de pagamento, na qual o emissor se compromete a pagar a um terceiro uma determinada quantia em dinheiro.

Para que uma nota promissória seja considerada válida, é necessário que ela contenha todos os requisitos formais exigidos pela legislação:

- Deve conter a expressão "nota promissória";
- Deve conter uma promessa incondicional de pagar uma quantia específica;
- Deve indicar claramente o nome do beneficiário da promessa;
- Deve ser assinada pelo emitente;
- Deve incluir a data e o local de emissão da nota promissória;
- Deve conter a data e o local do pagamento.

A emissão de uma nota promissória depende da assinatura do devedor, que é o emissor do título. Se a nota promissória tiver um prazo de vencimento determinado após a apresentação, o prazo máximo para apresentação é de um ano.

Embora a nota promissória seja menos comum do que outras formas de pagamento, como o cheque e os meios eletrônicos de transferência, ainda é amplamente utilizada em certas transações comerciais e financeiras. Por isso, é importante estar ciente dos requisitos legais para sua validade e execução, garantindo assim a segurança e eficácia desse instrumento de crédito.

Cobranças e Títulos de Crédito Eletrônicos

Os títulos de crédito podem ser sujeitos a protesto por falta de pagamento ou falta de aceite, no caso de duplicatas e letras de câmbio, até a data de vencimento estipulada no título.

Além disso, podem ser protestados por falta de devolução. Se o devedor não retornar o título original, o credor tem o direito de emitir uma segunda via. Tanto a primeira quanto a segunda via são consideradas títulos executivos, passíveis de execução judicial.

O Código Civil de 2002, em seu artigo 889, parágrafo terceiro, introduziu a possibilidade de utilização de meios eletrônicos na confecção dos títulos de crédito. Essa disposição legal permite uma maior modernização e agilidade nos processos relacionados aos títulos de crédito, acompanhando os avanços tecnológicos da era digital.

> *Art. 889. Deve o título de crédito conter a data da emissão, a indicação precisa dos diretos que confere, e a assinatura do emitente.§ 1º É avista o título de crédito que não contenha indicação de vencimento.§ 2º Considera-se lugar de emissão e de pagamento, quando não indicado no título, o domicílio do emitente.* **§ 3º, apregoa o seguinte: "O título poderá ser emitido a partir de caracteres criados em computador ou meio técnico equivalente e que constem da escrituração do emitente, observados os requisitos mínimos previstos neste artigo."**

Ainda não é viável realizar o aval e o endosso eletrônicos, mesmo com a presença da assinatura digital, devido ao requisito formal de assinatura para a validade desses atos.

Apesar dos avanços na tecnologia de assinaturas digitais, as práticas tradicionais de aval e endosso exigem a assinatura física para garantir sua autenticidade e validade legal. Isso se deve à necessidade de segurança e confiabilidade nos processos de negociação de títulos de crédito.

Um exemplo de título que já é emitido de forma eletrônica ou magnética são as duplicatas. Essa modalidade proporciona maior comodidade tanto para o vendedor quanto para o comprador, agilizando os processos de emissão, circulação e liquidação desses títulos. A emissão eletrônica das duplicatas tem se tornado cada vez mais comum, impulsionada pela busca por eficiência e redução de custos no ambiente comercial e financeiro.

Conforme estabelecido pela Lei 9.492, em seu artigo 8º, parágrafo único, é possível cobrar ou até mesmo protestar o título de forma eletrônica, dispensando a necessidade de sua materialização física.

> *"Poderão ser recepcionadas as indicações a protestos das Duplicatas Mercantis e de Prestação de Serviços, por meio magnético ou de gravação eletrônica de dados, sendo de inteira responsabilidade do apresentante os dados fornecidos, ficando a cargo dos Tabelionatos a mera instrumentalização das mesmas."*

A tecnologia desempenha um papel crucial ao proporcionar segurança e celeridade nas transações cambiais realizadas de maneira eletrônica. Esse avanço tecnológico não apenas agiliza os processos, mas também promove um ambiente mais seguro e eficiente para a realização de transações financeiras e comerciais.

Com a possibilidade de realizar transações cambiais eletronicamente, a economia se beneficia ao crescer com maior rapidez. Isso se deve à redução de custos, à eliminação de barreiras geográficas e ao aumento da eficiência nos processos de compra, venda e troca de moedas e ativos financeiros.

Além disso, a transição para transações cambiais eletrônicas promove a inclusão financeira, permitindo que um número maior de pessoas e empresas participe do mercado global de forma mais acessível e conveniente.

Portanto, a adoção da tecnologia nas transações cambiais eletrônicas impulsiona o crescimento econômico ao facilitar o fluxo de recursos e investimentos, promovendo a eficiência e a competitividade nos mercados financeiros internacionais.

Conclusão

Em conclusão, os títulos de crédito desempenham um papel vital no sistema financeiro e comercial, facilitando a circulação de recursos, promovendo a confiança nas transações e impulsionando o desenvolvimento econômico. Através de sua natureza negociável, executiva e garantida por requisitos legais específicos, esses instrumentos proporcionam segurança e liquidez para as partes envolvidas. A constante evolução das práticas e regulamentações relacionadas aos títulos de crédito, juntamente com os avanços tecnológicos, tem ampliado ainda mais suas funcionalidades e eficiência, tornando-os uma ferramenta essencial para a gestão financeira e o crescimento dos negócios. Em um ambiente econômico cada vez mais globalizado e digital, compreender e utilizar efetivamente os títulos de crédito é crucial para maximizar as oportunidades e mitigar os riscos nas transações comerciais e financeiras.

Capítulo 9

DA RESPONSABILIDADE CIVIL

Introdução

A responsabilidade civil é fundamentada no dever de reparar o dano causado a terceiros. Essa obrigação de indenizar surge da prática de um ato ilícito, que viola direitos alheios, sejam eles de natureza patrimonial ou extrapatrimonial.

Todo indivíduo, como titular de direitos, mantém uma relação jurídica com a sociedade como um todo. A lei impõe a essa coletividade o dever de se abster de praticar atos que possam causar lesões aos direitos do indivíduo. Esse dever de abstenção, imposto pela lei, é conhecido como *"Neminem Laedere"*, ou seja, ninguém tem o direito de causar prejuízo a outrem.

A responsabilidade civil tem suas origens em duas vertentes principais: a responsabilidade civil contratual, que requer a existência de um contrato entre as partes envolvidas, e a responsabilidade civil extracontratual (ou aquiliana), na qual o infrator viola a lei vigente. É importante destacar que o descumprimento de uma obrigação originária gera uma obrigação sucessiva de indenizar, quando causado dano a terceiros. Essa obrigação sucessiva surge como consequência do ato ilícito e impõe ao infrator o dever de reparar o prejuízo causado.

O artigo 187, CC, informa que:

> *Art. 187. Também comete ato ilícito o titular de um direito que, ao exercê-lo, excede manifestamente os limites impostos pelo seu fim econômico ou social, pela boa-fé ou pelos bons costumes.*

A doutrina especializada, ao interpretar o artigo 187 do Código Civil, estabeleceu uma distinção entre duas formas de ilicitude: a ilicitude subjetiva e a ilicitude objetiva.

A ilicitude subjetiva refere-se à presença de dolo ou culpa na conduta do agente, enquanto a ilicitude objetiva considera apenas o resultado prejudicial, sem avaliar se a conduta foi intencional ou não.

Dessa forma, a responsabilidade subjetiva é composta pelos seguintes elementos:

1) Conduta humana: refere-se à ação ou omissão relevante praticada pelo agente.
2) Nexo causal: estabelece a relação entre a conduta praticada e o dano resultante.
3) Dano: pode se manifestar de diversas formas, como dano material, moral ou estético.
4) Culpa: em sentido amplo, inclui tanto o dolo quanto a culpa em sentido estrito, esta última caracterizada pela negligência ou imprudência do agente, ou seja, pela violação do dever de cuidado.

Assim, para que seja configurada a responsabilidade civil subjetiva, é necessário que todos esses elementos estejam presentes, demonstrando a ligação causal entre a conduta do agente e o dano causado à vítima.

A responsabilidade objetiva compartilha dos mesmos elementos que a responsabilidade subjetiva, com exceção da culpabilidade.

Assim, os pressupostos para a responsabilidade objetiva são os seguintes:

1) Conduta humana;
2) Nexo causal;
3) Dano;
4) Risco: reconhece-se no agente um dever prévio de cuidado, sendo responsabilizado de forma objetiva por não observar este dever de cuidado que lhe era intrínseco.

A partir desses pressupostos, podemos definir o ato ilícito em sentido amplo como aquele que contraria a lei ou o direito, causando dano injusto a outra pessoa.

O dano refere-se ao prejuízo sofrido pela vítima, que pode ser de natureza moral ou material, coletivo ou individual, estético ou a perda de uma oportunidade.

O nexo de causalidade estabelece a relação lógica entre a conduta antijurídica do agente e o dano experimentado pela vítima.

Por fim, a culpabilidade consiste em um juízo de censura à conduta do agente, uma reprovação pelo direito, decorrente de dolo, negligência, imprudência ou imperícia.

Dessa forma, a responsabilidade objetiva se baseia na ideia de que aquele que cria um risco para terceiros deve arcar com as consequências, independentemente de ter agido com culpa ou não.

Histórico da Responsabilidade Civil

A evolução histórica da Responsabilidade Civil revela uma progressão significativa no entendimento e na abordagem dos danos causados a terceiros ao longo do tempo.

Nos primórdios, o ofendido respondia ao dano de forma imediata e violenta, movido por um instinto primal de vingança privada. Nesta fase, denominada como a primeira fase da responsabilidade civil, a responsabilidade era exclusivamente objetiva.

Posteriormente, com o surgimento da Lei de Talião, que estabelecia a punição "olho por olho, dente por dente", buscou-se limitar a vingança privada, através de punições corporais. A responsabilidade civil continuava sendo objetiva.

Com o avanço social, surgiu a prática da composição voluntária, onde o ofendido podia optar por substituir a retaliação física por uma compensação monetária. Essa fase, reconhecida como a segunda fase da responsabilidade civil, marcou uma importante evolução. Neste período, as vítimas podiam escolher entre sofrer danos físicos ou pagar para evitar as consequências, mantendo-se a responsabilidade civil como objetiva.

Com o fortalecimento do Estado, a vingança privada foi proibida e a composição passou a ser obrigatória. Os romanos começaram a distinguir entre pena e reparação, surgindo assim a diferenciação entre delitos públicos e privados. Nessa fase, emerge a responsabilidade contratual e a divisão entre responsabilidade penal e civil, com a última tornando-se subjetiva.

A Lei Aquília, nesta época, introduz o princípio geral do dano e a noção de culpa. É nesta fase que a responsabilidade subjetiva, baseada na culpa, passa a fazer parte do sistema jurídico.

O direito francês, especialmente após a Revolução Francesa, influenciou diversos países com o advento do Código de Napoleão, onde a responsabilidade civil tornou-se majoritariamente subjetiva marcando um novo paradigma na abordagem dos danos e suas consequências legais.

O Código Civil de 1916 do Direito brasileiro, no artigo 159, estabelecia que aquele que, por omissão ou ação voluntária, negligência ou imprudência, violar direito, ou causar prejuízo a outrem, fica obrigado a reparar o dano. Esse dispositivo estabeleceu a responsabilidade civil como subjetiva, vinculando-a à conduta culposa do agente.

Em termos gerais, a Responsabilidade Civil refere-se ao dever de indenizar o dano suportado por outra pessoa, resultante da violação de um direito ou da causação de prejuízo.

Com a promulgação do Código Civil de 2002, houve uma mescla entre o código de 1916 e o Código de Defesa do Consumidor, incorporando ambas as formas de responsabilidade. Assim, o novo código trouxe consigo a possibilidade tanto da responsabilidade civil subjetiva, baseada na conduta culposa do agente, quanto da responsabilidade civil objetiva, prevista no Código de Defesa do Consumidor.

Essa junção das duas abordagens possibilitou uma maior abrangência na proteção dos direitos das vítimas de danos, adaptando-se às complexidades das relações sociais e comerciais modernas.

O artigo 186 do Código Civil , nos dá uma definição sobre o que é ato ilícito, vejamos:

> ***Art. 186.*** *Aquele que, por ação ou omissão voluntária, negligência ou imprudência, violar direito e causar dano a outrem, ainda que exclusivamente moral, comete ato ilícito.*

O Código Civil, nos traz também o requisito para a culpa ser configurada:

> ***Art. 927.*** *Aquele que, por ato ilícito (arts. 186 e 187), causar dano a outrem, fica obrigado a repará-lo.*
>
> ***Parágrafo único.*** *Haverá obrigação de reparar o dano, independentemente de culpa, nos casos especificados em lei, ou quando a atividade normalmente desenvolvida pelo autor do dano implicar, por sua natureza, risco para os direitos de outrem.*

Da Responsabilidade Civil Objetiva

Na responsabilidade objetiva, a lei dispensa a necessidade de prova da culpa do agente, embora ainda seja preciso demonstrar a existência da conduta humana, do nexo causal e do dano. Embora seja comum que na origem exista um ato culposo, a lei estabelece que não é necessário produzir prova específica dessa culpa. Assim, é incorreto afirmar que na responsabilidade objetiva não há culpa, pois mesmo que ela exista, a responsabilidade persiste.

O fundamento teórico da responsabilidade objetiva não se baseia na culpa em sentido amplo. Na responsabilidade objetiva, reconhece-se que o agente possui um dever prévio de cuidado, e o dano é imputado a ele independentemente de sua culpa. Em outras palavras, o agente é considerado responsável a priori por não ter observado o dever de cuidado que lhe era inerente.

Um exemplo claro é a responsabilidade do Estado. Os cidadãos pagam impostos ao Estado para garantir a boa prestação de serviços públicos, e a falha na prestação desses serviços resulta em responsabilidade objetiva. Isso é fundamentado na teoria do risco administrativo. O mesmo se aplica aos fornecedores no âmbito do direito do consumidor. Eles são responsáveis objetivamente pelos danos sofridos pelos consumidores, pois, ao se colocarem no mercado para obter benefícios, devem suportar os ônus decorrentes dessa atividade, considerando a vulnerabilidade do consumidor.

Na prática, a responsabilidade objetiva é aquela na qual não é necessário discutir o elemento culpa.

É importante ressaltar que as excludentes da responsabilidade objetiva se aplicam apenas ao nexo de causalidade: quando presentes, elas interrompem a conexão entre uma conduta específica apontada como causa de um dano. Essas excludentes incluem eventos como a força maior, o caso fortuito (externo), o fato exclusivo da vítima e o fato exclusivo de terceiros.

Segue uma lista de exemplos de responsabilidade objetiva:

1) Responsabilidade civil nas relações de consumo, que, em regra, é objetiva. A única exceção ocorre nas situações envolvendo profissionais liberais, conforme estabelecido pelo artigo 14, § 4º, do Código de Defesa do Consumidor (CDC).
2) Responsabilidade civil decorrente de abuso de direito, conforme previsto no artigo 187 do Código Civil. Nesse caso, a responsabilidade não depende de culpa e é baseada exclusivamente no critério objetivo finalístico, conforme estabelecido pelo Enunciado 37 da Jornada de Direito Civil e pela doutrina predominante.
3) Responsabilidade por fato de terceiro, regulada pelo artigo 933 do Código Civil.
4) Responsabilidade pelo fato do animal, estabelecida pelo artigo 936 do Código Civil.
5) Responsabilidade pela ruína de edifício ou construção, conforme previsto no artigo 937 do Código Civil.
6) Responsabilidade da pessoa que age em estado de necessidade, de acordo com os artigos 929 e 930 do Código Civil. Mesmo sem a existência de uma excludente de ilicitude, o dano causado em estado de necessidade pode gerar o dever de indenizar.

Em situações de risco integral, como nos casos de danos ao meio ambiente e no seguro obrigatório de veículos automotores, nem mesmo o caso fortuito e a força maior são capazes de afastar a responsabilidade civil.

Responsabilidade civil subjetiva (regra geral)

É o tipo mais comum e baseado na culpa do agente para determinar a responsabilidade civil. Esse tipo de responsabilidade abrange tanto o dolo quanto a culpa em sentido estrito, que inclui a imprudência, negligência e imperícia.

O conceito de culpa está definido de forma objetiva no artigo 186 do Código Civil, mas sua aplicação é ampliada por interpretações doutrinárias e jurisprudenciais.

Requisitos da Responsabilidade Civil

- Conduta humana,
- Nexo causal,
- Dano e ou Prejuízo
- Culpa (subjetiva) ou Risco (objetiva)

Responsabilidade objetiva, por sua vez, fundamenta-se no princípio do risco, estabelecido por determinação legal, e não requer a demonstração de culpa por parte do agente para a sua configuração.

Por outro lado, a responsabilidade subjetiva, que é a regra geral, exige a comprovação da culpa do agente. Isso significa demonstrar que o agente agiu de forma negligente, imprudente ou imperita, violando o dever de cuidado esperado dele naquela situação, conforme estabelecido pelo artigo 186 do Código Civil.

É válido detalhar minuciosamente cada um desses institutos:

Conduta Humana

A conduta que resulta em responsabilidade civil é aquela que é voluntária, livre e consciente, exigindo apenas um grau moderado de consciência na ação humana, podendo ser tanto omissiva quanto comissiva.

A conduta comissiva envolve uma ação do sujeito que viola um dever jurídico imposto pela lei ou pelo contrato, resultando em danos que devem ser indenizados.

Já a conduta omissiva implica na imputação de responsabilidade a um sujeito pela sua omissão, mas para isso é necessário que exista um dever de agir imposto pela norma. Sem esse dever de agir, não há base para falar em conduta omissiva. Esse dever de agir pode decorrer:

Conduta omissiva originada pela lei ocorre quando há um dever legal de agir, como no caso de um policial diante de um crime em andamento, um bombeiro em uma situação de perigo ou um pai em relação aos seus filhos.

Já a conduta omissiva decorrente de contrato surge quando existe um compromisso contratual que impõe o dever de agir, como no caso de um guia de montanha em relação aos participantes de uma expedição, um instrutor de mergulho ou uma babá.

A conduta omissiva originada pelo dever de ingerência ocorre quando uma ação anterior cria uma situação de perigo para os bens de terceiros, sejam eles patrimoniais ou da personalidade. Por exemplo, se alguém joga um amigo na piscina e esse amigo está em perigo de afogamento, a pessoa que o jogou tem o dever de agir para salvá-lo.

Para que uma conduta seja considerada humana e, portanto, possa gerar responsabilidade civil, é necessário que haja um grau de consciência na ação realizada. Por exemplo, no caso do estado de sonambulismo, em que as ações praticadas não são voluntárias, não se configura a responsabilidade civil.

Geralmente, a responsabilidade civil surge de condutas ilícitas, mas há exceções em que ela decorre de atos lícitos, conforme previsto em lei.

Alguns exemplos de atos lícitos que podem gerar responsabilidade civil incluem:

1) Desapropriação: o poder público tem o direito de requerer a propriedade de um imóvel para instalar uma

atividade de interesse público, como a construção de uma estrada ou instalação de um serviço essencial.

2) Passagem forçada: quando um imóvel fica bloqueado, impedindo o acesso às ruas e avenidas, é possível que ocorra uma passagem forçada, garantindo o direito de acesso a vias públicas.

Excludentes de Ilicitude

As excludentes de ilicitude na responsabilidade civil são situações que eliminam a obrigação de reparar um dano causado a outra pessoa, mesmo que o agente tenha agido de forma ilícita. Nestes casos, o comportamento do agente é considerado lícito, não gerando responsabilidade civil.

Exemplos de excludentes de ilicitude na responsabilidade civil incluem:

1) Legítima defesa: ocorre quando alguém age para se proteger de uma agressão iminente e injusta, podendo causar danos ao agressor. Nesse caso, a pessoa que age em legítima defesa não é responsável civilmente pelos danos causados.
2) Estrito cumprimento do dever legal: quando um indivíduo age conforme o que a lei determina, mesmo que isso ocasione danos a terceiros. Por exemplo, um policial que utiliza a força para prender um criminoso em flagrante está agindo dentro do estrito cumprimento do dever legal e não será responsabilizado civilmente pelos danos causados durante a ação.
3) Exercício regular de direito: refere-se ao exercício de um direito de maneira legítima e em conformidade com as normas legais. Por exemplo, o proprietário de um imóvel que realiza obras de manutenção em sua propriedade, causando danos temporários ao imóvel vizinho, está

agindo dentro do exercício regular de direito e não será responsabilizado civilmente pelos danos causados.

Estado de Necessidade

Esse instituto, como regra, exclui a ilicitude do ato. No entanto, é importante notar que o estado de necessidade pode gerar a obrigação de indenizar, especialmente quando o bem jurídico protegido é o de terceiros. Nessa situação, embora o agente tenha agido em estado de necessidade para proteger um bem legítimo, ele ainda pode ser obrigado a compensar os danos causados à vítima.

Assim, o agressor que age em estado de necessidade e causa danos a terceiros é responsável por reparar o prejuízo experimentado pela vítima. No entanto, ele possui uma ação regressiva contra o dono do bem que foi salvaguardado, buscando reaver os custos incorridos durante a situação de emergência. Essa ação regressiva permite que o agressor seja ressarcido pelos danos causados ao proteger o bem do terceiro.

Mesmo diante de uma situação de estado de necessidade, em que se justifica a ação em prol da preservação de um bem legítimo, é importante destacar que o dano resultante pode ainda gerar o dever de indenizar. Esta responsabilidade é regulamentada pelos artigos 929 e 930 do Código Civil.

Esses dispositivos legais estabelecem que, embora o agente possa estar agindo dentro dos limites do estado de necessidade, ele ainda é responsável pelos danos causados a terceiros durante esse processo. Portanto, mesmo diante da justificativa do estado de necessidade, o agente pode ser obrigado a indenizar os prejuízos sofridos pela vítima.

Essa disposição legal reflete a necessidade de equilibrar os interesses em jogo, garantindo que, mesmo em situações de emergência, os danos causados sejam devidamente compensados, respeitando os direitos e interesses das partes envolvidas.

Legítima Defesa

Agir em defesa contra uma agressão injusta, atual ou iminente, que exclui a ilicitude, em princípio, não gera o dever de indenizar.

No entanto, se durante essa ação legítima for causado prejuízo a um terceiro inocente, este terá o direito de buscar reparação junto ao agente responsável. Nesse cenário, o agente que agiu em legítima defesa poderá exercer uma ação regressiva contra o verdadeiro causador do dano.

Essa ação regressiva permite que o agente, que inicialmente agiu para proteger-se ou a outrem, possa buscar ressarcimento dos danos sofridos ao ser demandado pelo terceiro prejudicado. Assim, mesmo que a conduta em legítima defesa seja considerada lícita e, portanto, não gere o dever de indenizar diretamente, a responsabilidade pode surgir caso um terceiro seja prejudicado durante o processo.

Estrito cumprimento do dever legal e exercício regular de direito

O estrito cumprimento do dever legal, sob uma perspectiva civil, está intrinsecamente relacionado ao exercício regular de um direito. Desde que essa ação seja realizada dentro dos limites legais e sem excessos, não há que se falar em responsabilidade civil.

Isso significa que quando alguém age em conformidade com um dever legal ou com um direito reconhecido pela lei, sem ultrapassar os limites estabelecidos, sua conduta é considerada lícita e, portanto, não gera responsabilidade civil.

Por exemplo, um policial que utiliza a força para prender um criminoso em flagrante está agindo dentro do estrito cumprimento do dever legal. Se essa ação não ultrapassar os limites legais e não causar danos desnecessários, não haverá responsabilidade civil decorrente dessa conduta.

Dessa forma, a responsabilidade civil está ausente quando a conduta é realizada em estrito cumprimento do dever legal, desde que observados os parâmetros legais estabelecidos.

Outros exemplos de situações em que o exercício regular de direito não gera responsabilidade civil são:

1) Guarda-volumes de estabelecimento comercial: Quando um estabelecimento comercial oferece um serviço de guarda-volumes para seus clientes, e este é utilizado de acordo com as normas e regulamentos estabelecidos pelo estabelecimento e não ocorre nenhum abuso ou excesso por parte do cliente, não haverá responsabilidade civil caso ocorra algum dano aos pertences guardados.

2) Porta giratória em banco: O uso da porta giratória em um banco, desde que observadas as regras de segurança estabelecidas e não ocorra nenhum abuso ou excesso por parte do usuário, é considerado um exercício regular de direito. Nesse caso, não há responsabilidade civil caso alguém seja submetido ao procedimento de segurança da porta giratória, desde que seja realizado de acordo com as normas do banco e sem causar danos desnecessários.

É importante ressaltar que o exercício regular de direito refere-se à ação realizada dentro dos parâmetros legais estabelecidos, seja por uma obrigação legal (dever legal) ou por um direito reconhecido pela lei. Quando essa ação é realizada sem abuso ou excesso, não há que se falar em responsabilidade civil.

<u>Nexo de Causalidade</u>

Existem 3 teorias que explicam o nexo causal:

A) Teoria da equivalência de condições *(Conditio sine qua non)*: De acordo com esta teoria, todo e qualquer antecedente fático que contribua para o resultado é considerado causa. Ou seja, qualquer elemento que tenha participado do encadeamento causal até a ocorrência do dano é considerado como uma causa.

No entanto, essa teoria recebe críticas por levar a conclusões absurdas, uma vez que implica que uma multiplicidade de fatores, mesmo os mais distantes ou insignificantes, seriam considerados causas do resultado. Por exemplo, de acordo com essa teoria, até mesmo Santos Dumont poderia ser considerado culpado por um acidente aéreo atual, o que claramente não faz sentido.

Dessa forma, embora a teoria da equivalência de condições ajude a estabelecer um critério objetivo para determinar o nexo causal, ela é considerada inadequada para atribuir responsabilidade em casos concretos, uma vez que pode levar a resultados injustos e absurdos.

B) Teoria da causalidade adequada: Segundo esta teoria, a causa é apenas o antecedente fático abstratamente adequado à consumação do resultado. Em outras palavras, considera-se como causa apenas o evento que, de acordo com uma avaliação abstrata e razoável, é adequado para produzir o resultado em questão.

Essa teoria parte de um juízo de probabilidade, pois busca determinar qual dos diversos eventos anteriores ao dano tem uma relação mais estreita e significativa com a sua ocorrência. Para essa abordagem, não basta que um evento tenha contribuído para o resultado, mas sim que seja considerado, em tese, apto a produzi-lo.

Ao contrário da teoria da equivalência de condições, que considera qualquer antecedente como causa, a teoria da causalidade adequada busca estabelecer uma conexão mais racional e próxima entre a conduta do agente e o dano efetivamente ocorrido. Isso permite uma análise mais criteriosa e justa sobre a atribuição de responsabilidade em casos concretos.

C) Teoria da causalidade direta e imediata – REGRA GERAL: De acordo com esta teoria, causa é apenas o antecedente que determina o resultado como consequência sua, de maneira direta e imediata. Em outras palavras, apenas o evento que estabelece um vínculo claro e imediato com o dano é considerado como sua causa.

Para essa abordagem, é essencial que haja uma relação de causa e efeito entre o antecedente identificado como causa e o resultado ocorrido. Isso implica que o antecedente deve ser uma condição determinante e indispensável para a produção do dano, sem a qual o resultado não teria ocorrido.

Diferentemente das outras teorias que podem abarcar uma gama mais ampla de eventos anteriores ao dano, a teoria da causalidade direta e imediata busca identificar especificamente o elo mais próximo e evidente entre a conduta do agente e o dano causado. Isso proporciona uma análise mais precisa e objetiva do nexo causal em situações concretas.

Vejamos o Art. 403 do Código Civil:

> *Art. 403. Ainda que a inexecução resulte de dolo do devedor, as perdas e danos só incluem os prejuízos efetivos e os lucros cessantes por efeito dela direto e imediato, sem prejuízo do disposto na lei processual.*

O Código Civil adota, em sua regra geral, a TEORIA DA CAUSALIDADE DIRETA E IMEDIATA. De acordo com essa teoria, apenas o antecedente que determina o resultado como consequência sua, de forma direta e imediata, é considerado causa.

No entanto, há exceções a essa regra. Um exemplo é a responsabilização ambiental, que, de forma independente da existência de nexo de causalidade entre a conduta do proprietário atual de um imóvel e os danos ambientais causados nele pelo proprietário anterior, pode resultar na responsabilidade do atual proprietário pelos danos ambientais.

Essa exceção é importante no contexto da proteção ambiental, onde muitas vezes é difícil ou impossível identificar o elo direto e imediato entre a conduta de um indivíduo e os danos ambientais causados. Portanto, a responsabilidade ambiental frequentemente é estabelecida com base em critérios diferentes, visando garantir a proteção e preservação do meio ambiente.

Excludentes de Nexo de Causalidade

As excludentes de nexo de causalidade na responsabilidade civil são circunstâncias que, doutrinariamente, excluem a relação de causa e efeito entre a conduta do agente e o dano sofrido pela vítima, impedindo a responsabilização do agente pelo resultado danoso. Essas excludentes podem ser categorizadas em quatro:

1) Caso fortuito ou força maior: Refere-se a eventos imprevisíveis e inevitáveis que estão além do controle do agente causador do dano e que não poderiam ser evitados mesmo com precauções razoáveis. Ocorre quando o dano é causado por um evento extraordinário e imprevisto, como desastres naturais, incêndios, entre outros.

2) Culpa exclusiva da vítima: Caracteriza-se quando o dano é ocasionado pela ação da própria vítima, que, por sua vez, age com culpa, negligência ou imprudência, contribuindo para a ocorrência do evento danoso. Nesses casos, a responsabilidade do agente é afastada, uma vez que o dano é resultado exclusivo da conduta imprudente ou negligente da vítima.

3) Fato de terceiro: Refere-se ao dano causado unicamente pela ação de um terceiro, sem qualquer participação ou relação com a conduta do agente causador do evento danoso. Nessa situação, o agente não pode ser responsabilizado pelo dano causado pelo terceiro, pois não há vinculação entre sua conduta e o resultado lesivo.

4) Cláusula de não indenizar (contratos): Esta excludente diz respeito a disposições inseridas em contratos que têm como finalidade transferir a responsabilidade por eventuais danos ou prejuízos para uma das partes envolvidas no contrato. Essas cláusulas estabelecem que uma das partes isentará a outra de responsabilidade por determinados tipos de danos especificados no contrato.

A existência de excludentes de nexo causal significa que, embora a conduta do agente possa ter causado um dano, a relação de causalidade entre essa conduta e o resultado danoso será negada diante de certas circunstâncias específicas.

É importante ressaltar que a ausência de dano não é considerada uma excludente do nexo causal, embora tenha o mesmo efeito prático: isentar o agente do dever de indenizar. Em outras palavras, mesmo que não tenha havido dano, se a conduta do agente foi causa efetiva do evento lesivo, ele ainda pode ser responsabilizado, a menos que existam outras excludentes aplicáveis.

Caso fortuito e força maior

O entendimento predominante é de que as expressões "caso fortuito" e "força maior" são equivalentes, independentemente de serem causadas por eventos naturais ou pela ação humana. O artigo 393 do Código Civil, ao que tudo indica, realmente trata essas duas expressões como sinônimos sob o conceito mais amplo de "inevitabilidade do evento". Quando ocorre um evento inevitável, o entendimento é de que o nexo causal é rompido, não havendo fundamentos para a responsabilidade civil. Isso pode incluir eventos como enchentes, furacões, greves, entre outros.

No entanto, é importante observar que o Código Civil não faz distinção entre caso fortuito e força maior. Ambos são tratados como eventos imprevisíveis e inevitáveis que podem isentar o agente de responsabilidade civil pelo dano causado.

> *Art. 393. (...) Parágrafo único. O caso fortuito ou de força maior verifica-se no fato necessário, cujos efeitos não eram possíveis evitar ou impedir.*

Trata-se de um evento externo à ação do agente, de caráter inevitável, ou seja, independentemente de sua previsibilidade.

Exemplos: Incêndio em um estabelecimento comercial provocado por uma descarga elétrica durante uma tempestade intensa e imprevisível. Desmoronamento de uma construção causado por um terremoto.

Por outro lado, o fortuito interno refere-se a um evento imprevisível e inevitável, mas que está intrínseco aos riscos de uma atividade empresarial praticada pelo agente, ou seja, um risco inerente a ela.

É importante destacar que o fortuito interno não exclui o nexo de causalidade.

Culpa exclusiva da vítima ocorre quando a conduta dela é a única e direta causa do evento danoso, não havendo qualquer falha no produto ou serviço que contribua para sua ocorrência.

Por exemplo, se alguém é atropelado fora da faixa de pedestres por um motorista que obedecia todas as regras de trânsito e estava atento, a culpa recai exclusivamente sobre a vítima. Da mesma forma, se alguém decide se jogar na frente de um veículo em uma avenida movimentada com a intenção de cometer suicídio, o motorista não será responsabilizado, pois o incidente decorreu unicamente do comportamento da própria pessoa atingida.

Outro caso seria o de alguém que liga um aparelho em uma voltagem diferente da indicada, resultando em danos. Nessa situação, a empresa pode alegar a culpa exclusiva da vítima como justificativa para não arcar com a responsabilidade.

É importante notar que, em certos casos excepcionais, o grau de culpa da vítima pode influenciar na determinação do valor da indenização, especialmente quando há uma desproporção significativa entre o grau de culpa e a extensão do dano.

Se ocorrer uma situação em que a culpa do responsável pelo dano é mínima, enquanto o dano causado é considerável, o artigo 944, parágrafo único, do Código Civil confere ao juiz a autoridade para reduzir de forma justa o montante da indenização.

> *Art. 944 CC. A indenização mede-se pela extensão do dano. Parágrafo único. Se houver excessiva desproporção entre a gravidade da culpa e o dano, poderá o juiz reduzir, equitativamente, a indenização.*

Quando há uma desproporção significativa entre a culpa atribuída às partes envolvidas e a extensão do dano causado, a avaliação do grau de culpa torna-se relevante para determinar o valor da indenização. Nesses casos, a culpa de ambas as partes não elimina a obrigação de indenizar, mas pode levar à redução do montante indenizatório.

> *Art. 945 CC. Se a vítima tiver concorrido culposamente para o evento danoso, a sua indenização será fixada tendo-se em conta a gravidade de sua culpa em confronto com a do autor do dano.*

Em síntese, a concorrência culposa da vítima ocorre quando o infrator provoca o evento danoso, porém, as consequências são exacerbadas pela conduta negligente ou imprudente da própria vítima. Esse cenário não elimina a responsabilidade civil do infrator. Caso a vítima tenha contribuído culposamente para o dano, o valor de sua indenização será determinado considerando-se a gravidade de sua culpa em comparação com a do autor do dano.

Fato de terceiro

O termo "fato de terceiro" diz respeito a uma ação voluntária de uma pessoa que não está diretamente envolvida na situação, mas cujo comportamento interfere no desenrolar dos eventos, quebrando o nexo causal entre a conduta do infrator e o dano causado. Essa interferência de um terceiro isenta o infrator de responsabilidade pelo ocorrido.

A teoria do corpo neutro é uma aplicação do conceito de fato de terceiro quando o agente físico do dano, sem intenção, é arremessado contra a vítima, resultando em um acidente. Por exemplo, em um engarrafamento, se um veículo for atingido por trás por outro automóvel, e esse segundo veículo foi empurrado por um terceiro veículo que, por sua vez, foi atingido por um quarto veículo, o condutor do primeiro veículo não seria responsabilizado, pois seu carro se tornou um "corpo neutro", uma vez que não teve participação voluntária no acidente.

Cláusula de não indenizar (contratos)

Trata-se de uma cláusula pela qual uma das partes contratantes declara que não será responsável por danos emergentes do contrato, em caso de inadimplemento total ou parcial. Essa cláusula configura uma exoneração convencional do dever de reparar o dano. Para ser válida, ela requer alguns requisitos específicos:

1) Consentimento bilateral: Ambas as partes devem concordar com a inclusão dessa cláusula no contrato.

2) Conformidade com a lei, ordem pública e bons costumes: A cláusula não pode violar preceitos legais, a ordem pública ou os princípios éticos da sociedade.

3) Não isenta o dolo ou a falta grave: A cláusula não pode eximir o estipulante de responsabilidade em casos de dolo (intenção de causar dano) ou culpa grave.

Essa cláusula tem limitações adicionais em três casos:

1) Ordem pública: Não pode entrar em conflito com princípios e regras de intensa repercussão social.

2) Dolo e culpa grave: Não pode ser ajustada para isentar a parte de responsabilidade por condutas dolosas ou gravemente culposas.

3) Não pode afetar obrigações essenciais do contrato: Não pode ser utilizada para afastar ou transferir obrigações fundamentais das partes contratantes. Por exemplo, no aluguel de um cofre bancário, o banco não pode excluir sua responsabilidade no caso de perda ou roubo dos valores depositados.

Existem três hipóteses em que essa cláusula não é admitida: em contratos de consumo, contratos de adesão e obrigações de resultado. Em tais casos, a cláusula de não indenizar seria considerada abusiva e, portanto, nula de pleno direito.

Dano ou Prejuízo

1) O dano, seja ele material, moral ou estético, representa a lesão a um interesse jurídico tutelado pelo direito. Para que seja passível de indenização, o dano deve atender a três requisitos essenciais:

2) Violação de um interesse jurídico material ou moral: O dano deve resultar da violação de um direito reconhecido pela lei, seja ele de natureza material ou moral.

3) Subsistência do dano: O dano deve realmente existir e ter provocado uma lesão efetiva ao interessado.

4) Certeza do dano: Não se indeniza um dano meramente hipotético. É necessário que a ocorrência do dano seja comprovada de forma clara e objetiva.

Inicialmente, a classificação dos danos era restrita a dois tipos: danos materiais (patrimoniais) e danos morais (extrapatrimoniais). No entanto, o direito brasileiro reconhece uma terceira categoria, denominada danos estéticos.

Além disso, mais recentemente, a teoria da perda de uma chance ganhou reconhecimento na jurisprudência, permitindo a reparação de danos decorrentes da perda de uma oportunidade.

Os danos materiais podem ser subdivididos em danos positivos, que representam a perda de algo tangível, e danos negativos, que envolvem a privação de algo que poderia ser obtido.

Lucros Cessantes

O dano ao patrimônio de um indivíduo pode resultar em consequências futuras, como a impossibilidade de obter lucros ou ganhos. No entanto, apenas se considera lucros cessantes quando há uma alta probabilidade de que esses ganhos teriam sido obtidos efetivamente. Não se trata simplesmente de uma possibilidade remota de lucro. Um exemplo ilustrativo seria o caso de um taxista envolvido em uma colisão de veículo, o que o deixaria sem poder trabalhar por vários dias enquanto seu carro é consertado. Nesse caso, ele teria direito a receber os lucros que deixou de auferir durante esse período.

> ***Art. 402.*** *Salvo as exceções expressamente previstas em lei, as perdas e danos devidas ao credor abrangem, além do que ele efetivamente perdeu,* ***o que razoavelmente deixou de lucrar.***

Danos emergentes

Danos emergentes, também conhecidos como danos patrimoniais positivos, referem-se à redução do valor patrimonial que precisa ser compensada pelo responsável pelo dano para restaurar a situação anterior, ou seja, o "Status quo ante". Esses danos correspondem às despesas efetivamente realizadas pela vítima em decorrência do evento danoso. Por exemplo, no caso de um acidente de trânsito que resulta na danificação de um veículo, os danos emergentes incluiriam os custos de reparo ou substituição do carro. A obrigação do agente causador do dano é ressarcir esses prejuízos para que a vítima seja colocada na mesma posição financeira em que se encontrava antes do ocorrido.

> *Art. 402. Salvo as exceções expressamente previstas em lei, as perdas e danos devidas ao credor abrangem, além* ***do que ele efetivamente perdeu****, o que razoavelmente deixou de lucrar.*

Danos extrapatrimoniais

Dano moral

O dano moral desempenha uma função dupla no ordenamento jurídico:

Função Punitiva: Visa impor ao ofensor uma repressão que o dissuada de repetir a conduta que ocasionou o dano moral, servindo como uma espécie de advertência ou punição para desestimular comportamentos impróprios no futuro.

Função Compensatória: Destina-se a proporcionar à vítima uma sensação de alívio em seu sofrimento, através de uma indenização que possibilite momentos de lazer ou a realização de sonhos, oferecendo um conforto emocional diante do agravo sofrido.

É importante destacar que a indenização por dano moral não pode ultrapassar o próprio dano sofrido, pois conforme previsto em nosso ordenamento jurídico, ela não deve ser utilizada como uma forma de punição civil. Caso contrário, poderia configurar um enriquecimento indevido, desproporcional ao prejuízo efetivamente experimentado pela vítima.

Em relação à reparabilidade do dano moral, existem duas teorias:

Teoria Negativista (não indenizável): Esta teoria não reconhece a possibilidade de reparação do dano moral, argumentando que bens como vida, honra e liberdade são imunes à compensação pecuniária, pois não podem ser restaurados por meio de indenizações. Além disso, há o receio de que a concessão de indenizações por dano moral possa levar a arbitrariedades judiciais, uma vez que aspectos como a honra e a dor não podem ser mensurados monetariamente.

Teoria Positivista: Esta teoria reconhece a reparabilidade do dano moral e lhe confere status constitucional, fundamentando-se no princípio da dignidade da pessoa humana. Segundo essa perspectiva, o mero descumprimento contratual ou o prejuízo puramente econômico não configuram, por si só, dano extrapatrimonial, pois não afetam diretamente a dignidade do indivíduo. A Constituição Federal, em seus artigos 1º, III, e 5º, V e X, respalda essa abordagem, assegurando a proteção da honra, imagem e intimidade das pessoas.

É viável a cumulação do dano moral com o dano patrimonial decorrente do mesmo fato, conforme estabelece a Súmula 37 do Superior Tribunal de Justiça (STJ). O artigo 186 do Código Civil possibilita a solicitação exclusiva de dano moral, o que é conhecido como dano moral puro ou autônomo. No entanto, em casos excepcionais, é admissível a cumulação do dano moral com o dano patrimonial, bem como com o dano estético, embora a regra geral seja a não cumulação do dano estético com o dano moral.

Essa possibilidade de cumulação ocorre quando o mesmo evento danoso ocasiona prejuízos tanto de ordem material quanto de ordem moral ou estética. É importante ressaltar que a cumulação desses tipos de danos não implica duplicidade de reparação, mas sim a contemplação das diferentes esferas de lesão suportadas pela vítima em decorrência do mesmo acontecimento.

<u>Dano moral presumido (*in re ipsa*):</u> Dano moral presumido, também conhecido como in re ipsa, refere-se a uma categoria jurídica na qual a existência do dano é presumida a partir da própria natureza do evento danoso, dispensando a necessidade de comprovação direta. Em diversas circunstâncias, a jurisprudência consolidada dos tribunais superiores reconhece que o dano moral pode ser inferido da gravidade do evento ocorrido.

A inclusão indevida do nome do devedor nos órgãos de proteção ao crédito, como SPC ou SERASA, mesmo na ausência de inadimplência, é um exemplo clássico de situação que pode gerar danos morais. Nesses casos, a exposição injusta e potencialmente prejudicial da reputação do indivíduo é suficiente para presumir o dano moral, pois implica em constrangimento, desconforto e até mesmo prejuízos financeiros decorrentes da dificuldade de acesso ao crédito.

Além disso, a ocorrência de lesão física grave, que cause dor intensa ou sofrimento psicológico, é outra circunstância em que o dano moral pode ser presumido. Em casos de acidentes ou agressões que resultam em lesões sérias, a própria natureza do evento e suas consequências evidenciam o prejuízo à integridade física e emocional da vítima, configurando, portanto, um dano moral presumido.

É importante ressaltar que a aplicação do princípio do dano moral presumido não exclui a possibilidade de apresentação de provas adicionais para reforçar a extensão do dano ou para quantificar o valor da indenização. No entanto, em certos casos excepcionais, a gravidade e as circunstâncias do evento são tão evidentes que o próprio fato em si já é suficiente para comprovar o prejuízo moral sofrido pelo indivíduo afetado.

Sobre o tema, vale a leitura das seguintes súmulas:

> *Súmula 385 - Da anotação irregular em cadastro de proteção ao crédito, não cabe indenização por dano moral, quando preexistente legítima inscrição, ressalvado o direito ao cancelamento.*
>
> *Súmula 388 - A simples devolução indevida de cheque caracteriza dano mora*

Súmula 403 - Independe de prova do prejuízo a indenização pela publicação não autorizada de imagem de pessoa com fins econômicos ou Comerciais

Prescrição do Dano Moral:

No ordenamento jurídico brasileiro, a prescrição para o dano moral varia de acordo com o contexto legal aplicável. No Código Civil (CC), o prazo prescricional é de três anos, conforme estabelecido no artigo 206, parágrafo 3º, inciso V. Por outro lado, no âmbito do Código de Defesa do Consumidor (CDC), esse prazo é estendido para cinco anos, conforme determina o artigo 27. Essa diferenciação decorre da ênfase do CDC na proteção dos consumidores, muitas vezes em posição de vulnerabilidade frente a fornecedores de produtos e serviços. O prazo mais longo no CDC reflete a consideração de que o consumidor pode não ter conhecimento imediato do dano sofrido, justificando um período mais amplo para ajuizar a ação.

No entanto, é fundamental destacar que o prazo para a prescrição começa a correr a partir do momento em que a vítima toma conhecimento do dano e de sua autoria, e não necessariamente na data em que o dano ocorreu. Esse critério é crucial, pois muitas vezes o prejuízo moral pode não ser imediatamente evidente ou pode se manifestar de forma gradual ao longo do tempo. Portanto, o início da contagem do prazo está vinculado à percepção efetiva da lesão e da sua origem, garantindo assim que a vítima tenha a oportunidade adequada de buscar reparação dentro do prazo estabelecido pela lei.

Em síntese, a prescrição do dano moral, seja no âmbito do CC ou do CDC, é uma medida que visa equilibrar a proteção dos direitos das partes envolvidas, garantindo que as vítimas tenham um período razoável para buscar a devida reparação pelos danos sofridos, sem desconsiderar as especificidades de cada contexto legal.

Dano indireto ou Dano reflexo

Dano indireto ou dano reflexo refere-se a situações em que um evento danoso inicial afeta não apenas a vítima direta, mas também outras partes envolvidas, que são denominadas vítimas indiretas. Esse tipo de dano pode se manifestar de duas maneiras distintas.

No caso do dano indireto, a mesma vítima sofre um prejuízo direto que, por sua vez, desencadeia consequências em outros aspectos jurídicos. Por exemplo, um acidente de trânsito que resulta em danos materiais ao veículo da vítima pode causar também prejuízos indiretos, como a impossibilidade de cumprir obrigações contratuais devido à falta de transporte.

Por outro lado, o dano reflexo é caracterizado pelo impacto que atinge não apenas a vítima direta, mas também terceiros, gerando uma pluralidade de vítimas. Um exemplo comum é quando um acidente de trabalho causa lesões físicas ao trabalhador (vítima direta) e, consequentemente, afeta a família dele, que pode sofrer danos emocionais e financeiros (vítimas indiretas).

É importante observar que o dano em ricochete pode se manifestar tanto de forma material quanto imaterial, incluindo danos morais. A determinação da existência desse tipo de dano depende da proximidade jurídica entre o lesado e a vítima reflexa. Nesse sentido, a teoria da causalidade adequada é aplicada, exigindo que o dano reflexo seja uma consequência direta e imediata do evento danoso.

No ordenamento jurídico brasileiro, o dano reflexo encontra-se previsto expressamente apenas em uma situação específica, conforme disposto no artigo 948 do Código Civil. Em todas as outras circunstâncias, a identificação precisa do nexo causal entre o evento danoso e o prejuízo sofrido pela vítima indireta deve ser claramente estabelecida, considerando a proximidade do ocorrido e seus desdobramentos.

> *"Art. 948. No caso de homicídio, a indenização consiste, sem excluir outras reparações: I - no pagamento das despesas com o tratamento da vítima, seu funeral e o luto da família; II - na prestação de alimentos às pessoas a quem o morto os devia, levando-se em conta a duração provável da vida da vítima."*

Perda de uma chance

A responsabilidade pela perda de uma chance ocorre quando o agressor elimina a possibilidade de a vítima obter algum benefício. Essa modalidade de responsabilidade pressupõe a existência de uma oportunidade real e substancial de obtenção de vantagem, que é frustrada devido à conduta ilícita do agente.

Para que seja configurada a perda de uma chance, é necessário que a oportunidade perdida seja considerada séria e factível. Isso implica em avaliar se é razoável esperar que a vítima obtivesse o benefício caso a oportunidade não tivesse sido prejudicada. Situações em que a chance é remota ou especulativa não são passíveis de indenização.

A reparação pela perda de uma chance não se baseia no resultado final não alcançado, mas sim na privação da oportunidade de obtê-lo. Portanto, o valor da indenização a ser arbitrado pelo juiz deve ser proporcional à probabilidade da chance perdida. Quanto mais substancial e provável a oportunidade, maior deve ser o montante compensatório.

É importante ressaltar que a perda de uma chance pode ser cumulada com outras formas de danos, como dano moral, estético e patrimonial. Isso ocorre porque a lesão provocada pela eliminação da oportunidade pode acarretar impactos em diferentes esferas da vida da vítima, justificando a reparação integral dos prejuízos sofridos.

Dessa forma, a responsabilidade pela perda de uma chance visa assegurar que a vítima seja ressarcida não apenas pelo dano concreto resultante da conduta ilícita, mas também pela oportunidade legítima que lhe foi indevidamente subtraída.

> *Art. 402. Salvo as exceções expressamente previstas em lei, as perdas e danos devidas ao credor abrangem, além do que ele efetivamente perdeu, o que razoavelmente deixou de lucrar.*

Capítulo 10

DO DIREITO DAS COISAS

10.1. DO DIREITO DAS COISAS: CONCEITO, DISTINÇÃO ENTRE DIREITOS REAIS E PESSOAIS E CARACTERÍSTICAS FUNDAMENTAIS

O campo do Direito que trata das relações jurídicas entre pessoas e bens específicos ou determináveis é conhecido como Direito das Coisas. Essa área jurídica é também denominada Direitos Reais, embora o Código Civil brasileiro tenha optado pela utilização do termo "Direito das Coisas" para designá-la.

No âmbito do Código Civil, as disposições relativas ao Direito das Coisas são encontradas no Livro III, que compreende os artigos 1.196 a 1.510. Este ramo do Direito Civil abrange um vasto espectro de relações jurídicas que envolvem a posse, a propriedade e outros direitos sobre coisas.

As coisas, referem-se a tudo aquilo que não é humano. São bens materiais, tangíveis ou intangíveis, suscetíveis de apropriação ou de titularidade jurídica. Desde imóveis e móveis até direitos autorais e marcas registradas, todas essas categorias de bens são objeto de regulamentação no Direito das Coisas.

Assim, o Direito das Coisas não se restringe apenas à propriedade, mas abarca todas as formas de direitos que uma pessoa pode ter sobre um bem material ou imaterial. Essa área do Direito desempenha um papel fundamental na organização e na regulamentação das relações sociais e econômicas, garantindo a segurança jurídica e a proteção dos direitos dos indivíduos em relação aos seus bens.

10.2. CONCEITO DE "OBRIGAÇÃO" E "CONTRATO" (STOLZE E PAMPLONA)

Segundo a definição de Stolze e Pamplona, "obrigação" é uma relação jurídica pessoal que vincula duas partes, o credor e o devedor. Nessa relação, o devedor assume o compromisso de cumprir uma prestação patrimonial em benefício do credor. Essa prestação pode assumir diversas formas, como o pagamento de uma quantia em dinheiro, a entrega de um bem específico ou a realização de uma determinada conduta. Em suma, a obrigação implica um dever jurídico de agir ou de se abster de agir em favor do credor.

Por outro lado, o conceito de contrato, também conforme Stolze e Pamplona, é entendido como um negócio jurídico no qual as partes envolvidas, limitadas pelos princípios da função social e da boa-fé objetiva, autodisciplinam os efeitos patrimoniais que desejam alcançar. Nesse sentido, as partes estabelecem, por meio do contrato, as condições e os termos sob os quais irão reger suas relações patrimoniais. A autonomia da vontade das partes desempenha um papel central nesse processo, permitindo que elas determinem livremente os direitos e obrigações que irão decorrer do contrato.

É importante ressaltar que tanto a obrigação quanto o contrato estão sujeitos a diversos princípios e normas jurídicas, incluindo aqueles relacionados à boa-fé, à equidade e à ordem pública. Assim, a celebração e o cumprimento de obrigações e contratos devem estar em conformidade com as exigências legais e os valores fundamentais do ordenamento jurídico.

10.3. DISTINÇÃO ENTRE DIREITOS REAIS E DIREITOS PESSOAIS PATRIMONIAIS

No âmbito do Direito Civil, é fundamental compreender a diferença entre Direitos Reais e Direitos Pessoais Patrimoniais, pois cada um desses conceitos implica em relações jurídicas distintas entre as partes envolvidas.

Direitos Reais:

Os Direitos Reais referem-se aos direitos que uma pessoa possui sobre uma coisa específica. Em outras palavras, são direitos que conferem ao seu titular prerrogativas diretas sobre determinado bem, independente de quem seja o detentor desse bem. Esses direitos são absolutos, o que significa que podem ser exercidos contra todas as pessoas indistintamente. Exemplos clássicos de Direitos Reais incluem a propriedade, a posse, o usufruto, a servidão e a hipoteca.

Uma característica fundamental dos Direitos Reais é a oponibilidade erga omnes, ou seja, são direitos que podem ser opostos a qualquer pessoa, seja ela conhecida ou desconhecida. Além disso, esses direitos conferem ao seu titular poderes diretos sobre a coisa, como o direito de usar, gozar e dispor do bem de acordo com a lei.

Direitos Pessoais Patrimoniais:

Por outro lado, os Direitos Pessoais Patrimoniais, também conhecidos como Direitos Obrigacionais, são aqueles que estabelecem relações jurídicas entre pessoas, onde uma delas assume a obrigação de fazer, dar ou não fazer algo em favor da outra parte. Esses direitos são caracterizados pela sua natureza relativa, ou seja, são direitos que só podem ser exigidos em face de uma pessoa específica, o devedor.

Os Direitos Pessoais Patrimoniais são fundamentados nos princípios da autonomia da vontade e da igualdade contratual. Eles surgem a partir de contratos, obrigações legais ou atos unilaterais, e estão sujeitos às disposições estipuladas pelas partes envolvidas.

O princípio expresso no artigo 1.225 do Código Civil brasileiro, estabelece uma lista dos direitos reais reconhecidos pela legislação. Essa lista visa delimitar de forma precisa e limitativa os direitos que são considerados reais, conferindo segurança jurídica e previsibilidade às relações patrimoniais.

Ao enumerar os direitos reais de forma taxativa, o Código Civil estabelece uma espécie de catálogo fechado, no qual apenas os direitos expressamente mencionados são reconhecidos como tal. Dessa forma, qualquer direito que não esteja especificamente relacionado no rol do artigo 1.225 não será considerado um direito real, mas sim um direito pessoal ou obrigacional.

> *Art. 1.225. São direitos reais:*
>
> *I - a propriedade;*
>
> *II - a superfície;*
>
> *III - as servidões;*
>
> *IV - o usufruto;*
>
> *V - o uso;*
>
> *VI - a habitação;*
>
> *VII - o direito do promitente comprador do imóvel;*
>
> *VIII - o penhor;*
>
> *IX - a hipoteca;*
>
> *X - a anticrese.*
>
> *XI - a concessão de uso especial para fins de moradia; (Incluído pela Lei nº 11.481, de 2007)*

XII - a concessão de direito real de uso; (Redação dada pela Lei nº 14.620, de 2023)

XIII - a laje; (Redação dada pela Lei nº 14.620, de 2023)

XIV - os direitos oriundos da imissão provisória na posse, quando concedida à União, aos Estados, ao Distrito Federal, aos Municípios ou às suas entidades delegadas e a respectiva cessão e promessa de cessão. (Incluído pela Lei nº 14.620, de 2023)

10.4. TEORIAS EXPLICATIVAS DA POSSE

A compreensão da posse no campo do Direito Civil envolve a análise de duas vertentes teóricas fundamentais: a teoria objetiva e a teoria subjetiva. Ambas visam definir os elementos essenciais que caracterizam a posse, destacando a importância do corpus (poder físico sobre a coisa) e do animus domini (intenção de possuir como proprietário).

Teoria Subjetiva (*Savigny*):

A teoria subjetiva, proposta por Friedrich Carl von Savigny, enfatiza a importância da vontade do possuidor na configuração da posse. Segundo essa abordagem, a posse é caracterizada pela combinação do corpus (domínio físico sobre a coisa) com o animus domini (intenção de possuir como proprietário ou defender o bem contra agressões de terceiros).

Para Savigny, o elemento chave é a intenção do possuidor em se comportar como dono da coisa, manifestada através de sua conduta em relação ao bem. Nessa perspectiva, o possuidor deve agir como se fosse o proprietário legítimo, defendendo seus interesses sobre a coisa contra eventuais interferências de terceiros.

Contudo, Savigny limita a possibilidade de posse aos casos em que há uma intenção de adquirir a propriedade. Assim, segundo essa teoria, o locatário, o comodatário, o depositário, entre outros, não seriam considerados possuidores, uma vez que não possuem a intenção de se tornarem proprietários do bem. Para Savigny, essas figuras apenas detêm a coisa por um determinado fim ou propósito específico, não havendo, portanto, a verdadeira posse.

Em suma, a teoria subjetiva de Savigny destaca a importância da vontade do possuidor na configuração da posse, ao mesmo tempo em que delimita sua aplicação apenas aos casos em que há uma intenção de adquirir a propriedade.

Teoria Objetivista ou Objetiva (*Von Ihering*)

A teoria objetivista, também conhecida como teoria objetiva da posse, foi proposta por Rudolf von Ihering como uma alternativa à abordagem subjetiva de Savigny. De acordo com essa teoria, a posse não depende exclusivamente da intenção do possuidor em se comportar como proprietário, mas sim da detenção física efetiva da coisa, ou seja, do corpus.

Para Von Ihering, o elemento essencial para caracterizar a posse é o poder físico ou controle direto sobre a coisa, independentemente das intenções subjetivas do possuidor. Assim, basta que uma pessoa exerça efetivamente a detenção ou controle material sobre o bem para ser considerada possuidora, mesmo que não tenha a intenção de se tornar proprietária.

Ao contrário da teoria subjetiva, que vincula a posse à intenção de adquirir a propriedade, a teoria objetiva considera suficiente a mera detenção física da coisa para configurar a posse. Isso significa que locatários, comodatários, depositários e outras pessoas que detêm a coisa por motivos específicos podem ser consideradas possuidoras, desde que exerçam controle físico sobre o bem.

É importante observar que, embora o Código Civil de 2002 tenha adotado parcialmente a teoria objetivista, reconhecendo a importância do corpus na configuração da posse, ele também leva em consideração elementos subjetivos, como a intenção do possuidor em se comportar como dono. Assim, a interpretação da posse no ordenamento jurídico brasileiro tende a considerar tanto o aspecto objetivo quanto o subjetivo na análise dos casos concretos.

Teoria da Função Social da Posse (*Raymond Saleilles*)

A Teoria da Função Social da Posse, desenvolvida por Raymond Saleilles, expande a compreensão da posse para além dos aspectos meramente físicos ou subjetivos, considerando também o impacto que o exercício da posse tem sobre a coletividade e o bem-estar social. Segundo essa abordagem, não é suficiente apenas deter o corpus, mas é essencial avaliar como o uso desse controle afeta a comunidade em geral.

A função social da posse deriva da função social da propriedade, um princípio fundamental que preconiza que o direito de propriedade deve ser exercido de forma a atender aos interesses coletivos e promover o bem comum. Nesse sentido, a posse também deve ser exercida de maneira responsável, respeitando os direitos e interesses das demais pessoas e contribuindo para o desenvolvimento e equilíbrio social.

No ordenamento jurídico brasileiro, a função social da posse encontra respaldo legal no artigo 1.228, § 1º do Código Civil, que estabelece que "o proprietário tem a faculdade de usar, gozar e dispor da coisa, e o direito de reavê-la do poder de quem quer que injustamente a possua ou detenha", ressalvando, porém, as restrições estabelecidas em lei em relação aos imóveis rurais para garantir sua função social.

Além disso, o artigo 5º, XXIII, da Constituição Federal de 1988 também reforça a importância da função social da propriedade ao estabelecer que a propriedade atenderá a sua função social quando atender, simultaneamente, aos requisitos de aproveitamento adequado do solo, utilização adequada dos recursos naturais e preservação do meio ambiente, respeitando os limites ambientais.

Dessa forma, a Teoria da Função Social da Posse destaca a relevância de uma perspectiva mais ampla e social na análise da posse, considerando não apenas os interesses individuais dos possuidores, mas também os impactos de suas ações sobre a coletividade e o meio ambiente.

> *Art. 1.198. Considera-se detentor aquele que, achando-se em relação de dependência para com outro, conserva a posse em nome deste e em cumprimento de ordens ou instruções suas.*

Detentor (Fâmulo da Posse; Gestor da Posse; Detentor Dependente ou Servidor da Posse):

O detentor, também conhecido como fâmulo da posse ou gestor da posse, é aquele que detém a posse de um bem em nome de outra pessoa, agindo sob sua dependência econômica ou subordinação. Nesse contexto, o detentor exerce uma espécie de custódia ou administração do bem, mas sem ter a titularidade jurídica sobre o mesmo.

Essa relação de dependência econômica ou subordinação implica que o detentor está agindo em nome e no interesse de outra pessoa, assumindo a responsabilidade pela guarda ou uso da coisa em questão. Diferentemente do possuidor direto, o detentor não detém a posse em seu próprio nome, mas sim em nome do verdadeiro titular.

Portanto, o detentor exerce uma posse indireta sobre o bem, atuando como um servidor da posse, cujas ações e decisões são guiadas pelas instruções ou interesses do possuidor verdadeiro. Essa posição de detentor dependente ou servidor da posse é caracterizada pela sua submissão à vontade e direção do possuidor efetivo, agindo em conformidade com suas instruções e diretrizes.

10.5. CLASSIFICAÇÕES DA POSSE

A posse pode ser classificada de diversas maneiras, levando em consideração os diferentes sujeitos envolvidos e suas relações com a coisa possuída.

Direta: A posse direta, também conhecida como posse imediata, é aquela exercida diretamente por quem tem a coisa materialmente em seu poder. Nesse caso, o possuidor está em contato físico com o bem e exerce os atributos de posse de forma direta. Exemplos de posse direta incluem o locatário em um contrato de locação, o comodatário em um contrato de comodato, o usufrutuário em um usufruto, e o depositário em um contrato de depósito.

Indireta: Por outro lado, a posse indireta, também chamada de posse mediata, é aquela exercida por meio de outra pessoa, onde o possuidor detém apenas o direito sobre a coisa, sem ter o contato físico direto com ela. Nesse caso, o possuidor está ausente fisicamente, mas detém os direitos sobre a coisa por meio de um terceiro. Exemplos de posse indireta incluem o locador em um contrato de locação, o comodante em um contrato de comodato, o nu proprietário em um usufruto, e o depositante em um contrato de depósito.

Em resumo, a distinção entre posse direta e indireta está relacionada à forma como o possuidor exerce o controle sobre a coisa: se de forma direta, estando em contato físico com ela, ou de forma indireta, por meio de outra pessoa. Ambas as formas de posse são reconhecidas pelo ordenamento jurídico e possuem implicações distintas em relação aos direitos e obrigações dos envolvidos.

Posse Justa: A posse justa é aquela que não apresenta os vícios da violência, da clandestinidade ou da precariedade. Isso significa que o possuidor adquiriu a posse de forma legítima, de acordo com as normas e princípios do ordenamento jurídico.

Posse Injusta: Por outro lado, a posse injusta é aquela que apresenta qualquer um dos vícios mencionados, ou seja, violência, clandestinidade ou precariedade. Esses vícios tornam a posse ilegítima e sujeita a questionamentos legais.

- **Posse Violenta:** Caracteriza-se pela obtenção da posse mediante o uso de violência física ou grave ameaça. Nesse caso, o possuidor emprega força ou coação para tomar posse da coisa, o que é equiparado a um crime de roubo.
- **Posse Clandestina:** Refere-se à obtenção da posse de forma sorrateira ou dissimulada, sem o conhecimento ou consentimento do verdadeiro proprietário. Essa forma de aquisição assemelha-se ao crime de furto.
- **Posse Precária:** Diz respeito à posse que é mantida de forma temporária ou transitória, sem a devida legitimidade ou autorização. É considerada precária quando o possuidor tem a obrigação de devolver a coisa e não o faz, configurando-se de maneira semelhante ao crime de apropriação indébita.

É importante destacar que mesmo a posse injusta pode ser defendida por meio de ações possessórias contra terceiros, visando proteger a posse do possuidor injusto contra eventuais interferências. No entanto, quem detém uma posse injusta não pode pleitear a aquisição da propriedade por meio da usucapião, uma vez que a usucapião pressupõe uma posse legítima e pacífica por determinado período de tempo.

10.5.1. Classificações da posse quanto à boa-fé

A análise da posse sob a ótica da boa-fé é fundamental para compreender os princípios éticos, sociais e de operabilidade presentes no Código Civil de 2002. A distinção entre boa-fé subjetiva e boa-fé objetiva auxilia na compreensão dos estados psíquicos e dos deveres dos possuidores em relação à posse.

Boa-fé Subjetiva: A boa-fé subjetiva refere-se ao estado psíquico do possuidor, envolvendo suas crenças e/ou ignorância em relação a determinado estado jurídico. Trata-se da convicção íntima do indivíduo sobre a legitimidade da sua posse, ainda que essa convicção possa ser baseada em informações equivocadas ou incompletas. Um exemplo clássico é o casamento putativo, no qual um dos cônjuges desconhece a existência de um impedimento que torna o casamento nulo, mas acredita de boa-fé que o casamento é válido.

Boa-fé Objetiva: Por sua vez, a boa-fé objetiva consiste na exigência de conduta leal por parte dos possuidores, estando relacionada com os deveres anexos inerentes a qualquer negócio jurídico. Essa modalidade de boa-fé impõe aos possuidores o dever de agir de forma honesta, leal e transparente nas relações possessórias, considerando os interesses legítimos das partes envolvidas e os princípios éticos e sociais que regem a sociedade.

Na posse, a boa-fé subjetiva está presente quando o possuidor age de acordo com suas crenças e convicções sobre a legitimidade da sua posse, mesmo que essas crenças possam se mostrar equivocadas posteriormente. Porém, é importante destacar que a boa-fé objetiva também tem relevância na posse, na medida em que os possuidores devem pautar suas condutas conforme os padrões éticos e sociais estabelecidos, evitando práticas abusivas ou desleais que possam prejudicar terceiros ou contrariar os valores jurídicos e sociais vigentes.

Portanto, a posse de má-fé ocorre quando um indivíduo tem ciência de que sua posse está viciada, seja por violência, clandestinidade ou precariedade, mas ainda assim busca exercer o domínio fático sobre a coisa. Nesse contexto, o possuidor age com conhecimento do vício que invalida sua posse, porém persiste em manter o controle sobre o bem, sem possuir um justo título que legitime sua ocupação.

É importante ressaltar que, ao contrário do possuidor de boa-fé, que detém a coisa de forma legítima e de acordo com as normas jurídicas, o possuidor de má-fé não possui um título válido que respalde sua ocupação. Sua posse é marcada pela irregularidade e pela falta de legitimidade, uma vez que se baseia em conhecimento prévio do vício que a invalida.

Assim, a posse de má-fé é caracterizada pela consciência do possuidor em relação aos vícios que afetam sua posse, tornando-a ilegítima e passível de questionamentos legais por parte do verdadeiro proprietário ou de terceiros interessados. O possuidor de má-fé não tem direito à proteção possessória e está sujeito a medidas judiciais para desocupação do bem e eventual reparação dos danos causados por sua ocupação irregular.

Posse com Título: Na posse com título, existe uma causa representativa da transmissão da posse, geralmente formalizada por meio de um documento escrito. Este documento legalmente reconhecido atua como uma evidência tangível da transmissão dos direitos de posse entre as partes envolvidas. Exemplos comuns desse tipo de posse incluem contratos como locação e comodato, nos quais as partes estabelecem formalmente os termos e condições para o uso e a ocupação de um bem específico.

Na locação, por exemplo, um contrato de aluguel serve como o título que estabelece os direitos e obrigações tanto do locador quanto do locatário em relação ao imóvel. Da mesma forma, em um contrato de comodato, o documento formaliza a concessão gratuita do uso de um bem móvel ou imóvel por parte do comodante ao comodatário, com regras específicas sobre a utilização e a devolução do bem.

Posse sem Título: Já na posse sem título, não há uma causa representativa formal que respalde a transmissão do domínio sobre a coisa. Nesses casos, a aquisição da posse ocorre de forma informal e muitas vezes inesperada, sem a existência de documentos escritos que registrem a transferência dos direitos de posse. Um exemplo clássico desse tipo de posse é quando alguém encontra um tesouro ou um objeto valioso sem que haja um contrato ou acordo formal que estabeleça a transferência da posse.

A posse sem título pode gerar questões legais complexas, especialmente em relação à comprovação da propriedade e dos direitos de posse sobre o bem em questão. Embora possa ser mais difícil de ser documentada, a posse sem título ainda pode ser reconhecida como legítima, desde que o possuidor demonstre de outras formas a sua posse e a ausência de oposição por parte do verdadeiro proprietário.

10.5.2. Classificação da posse quanto ao tempo

A classificação da posse quanto ao tempo é uma divisão que leva em consideração a duração do exercício da posse sobre o bem. Podemos distinguir entre posse nova e posse velha, de acordo com o período de tempo em que a posse é mantida.

Posse Nova: A posse nova é aquela que tem uma duração de menos de 1 ano e 1 dia. É considerada um período relativamente curto em que o possuidor mantém o controle e o domínio sobre o bem. Durante esse tempo, a posse pode ainda não ter adquirido a estabilidade e a segurança associadas à posse de longa duração. Essa classificação pode ser relevante em situações em que se discute a prescrição aquisitiva da propriedade (usucapião), pois para que ocorra a usucapião é necessário um tempo mínimo de posse contínua e incontestada.

Posse Velha: Por outro lado, a posse velha é aquela que perdura por pelo menos 1 ano e 1 dia. Esse período é considerado um marco significativo, pois indica uma posse mais estabelecida e consolidada ao longo do tempo. A posse velha geralmente confere ao possuidor uma maior segurança jurídica e pode ser um fator relevante em disputas legais sobre a propriedade ou outros direitos relacionados ao bem. A estabilidade da posse ao longo desse período pode ser um elemento importante na análise de casos envolvendo a prescrição aquisitiva da propriedade ou na determinação de direitos possessórios.

Essa classificação baseada no tempo de duração da posse pode ser útil em diferentes contextos jurídicos, auxiliando na análise da natureza e da força dos direitos possessórios em questão.

10.6. EFEITOS MATERIAIS DA POSSE (ART. 1.210 A 1.222)

A posse de um bem confere ao possuidor uma série de efeitos materiais que regulam suas relações com o objeto possuído e com terceiros. Esses efeitos estão previstos nos artigos 1.210 a 1.222 do Código Civil brasileiro e incluem:

Percepção dos Frutos: O possuidor tem o direito de usufruir dos frutos naturais, civis e industriais que o bem possuído produzir durante o período de sua posse. Os frutos naturais são aqueles que provêm do próprio objeto, como os alimentos colhidos de uma plantação. Já os frutos civis são os rendimentos econômicos gerados pelo bem, como os aluguéis de um imóvel. Os frutos industriais referem-se aos produtos resultantes do trabalho humano, como a produção de uma fábrica.

Indenização e Retenção das Benfeitorias: O possuidor que realiza benfeitorias no bem possuído tem o direito de ser indenizado pelas melhorias úteis ou necessárias que tenha feito, desde que não tenha agido de má-fé. Além disso, ele pode reter a coisa até ser ressarcido, caso o proprietário se recuse a pagar a indenização. As benfeitorias úteis são aquelas que aumentam o valor do bem ou facilitam seu uso, enquanto as necessárias são as indispensáveis para a conservação do bem.

Responsabilidades pela Perda ou Deterioração da Coisa: O possuidor responde pela perda ou deterioração da coisa, salvo se comprovar que agiu com a diligência necessária para sua preservação. Isso significa que ele deve tomar os cuidados adequados para evitar danos à coisa durante o período de sua posse, sendo responsável por reparar eventuais prejuízos causados por sua negligência ou imprudência.

Direito à Usucapião: A posse prolongada e ininterrupta de um bem pode conferir ao possuidor o direito à usucapião, que é a aquisição da propriedade pela posse prolongada, de acordo com os requisitos estabelecidos em lei. Para que ocorra a usucapião, é necessário que o possuidor exerça a posse de forma contínua, pacífica e incontestada pelo tempo estipulado pela legislação, que varia conforme o tipo de usucapião.

Esses efeitos materiais da posse têm como objetivo regular as relações entre o possuidor, o proprietário e terceiros, assegurando os direitos e deveres de cada parte envolvida e promovendo a segurança jurídica nas relações possessórias.

10.7. EFEITOS PROCESSUAIS DA POSSE

A posse confere ao possuidor uma série de direitos e instrumentos jurídicos para proteger e defender sua posse contra interferências indevidas por parte de terceiros. Esses efeitos processuais são regulamentados pelo Código Civil e incluem:

Ação de Reintegração de Posse: Esta ação é utilizada quando o possuidor é injustamente privado da posse de um bem por meio de esbulho, ou seja, pela violência, clandestinidade ou precariedade. A ação de reintegração de posse tem como objetivo recuperar a posse perdida e restabelecer o possuidor na posse legítima do bem.

Ação de Manutenção de Posse: Quando o possuidor sofre turbação, ou seja, uma interferência indevida que não chega a caracterizar um esbulho, ele pode recorrer à ação de manutenção de posse. Esta ação busca restabelecer a posse tranquila e pacífica do possuidor, impedindo qualquer perturbação ou violação de seus direitos possessórios.

Ação de Interdito Proibitório: Se o possuidor sofre uma ameaça iminente à sua posse, ele pode ingressar com uma ação de interdito proibitório. Essa ação visa evitar que a ameaça se concretize, impedindo que o agressor realize qualquer ato que possa interferir na posse do demandante. O interdito proibitório é uma medida preventiva para preservar a posse do possuidor contra possíveis danos ou violações.

Estas ações visam assegurar a proteção e a defesa efetiva da posse do indivíduo, garantindo-lhe a posse tranquila e pacífica do bem contra eventuais interferências ilícitas por parte de terceiros. O artigo 1.210 do Código Civil brasileiro estabelece as bases legais para o exercício dessas ações possessórias, conferindo aos possuidores os meios necessários para preservar seus direitos possessórios perante o Poder Judiciário.

Ação de Força Nova: Quando a ameaça, turbação ou esbulho ocorrem há menos de um ano e um dia, a ação segue um procedimento especial e pode ser requerida uma liminar. Esse tipo de ação, conhecido como "ação de força nova", busca uma rápida resposta judicial para resolver o conflito e restabelecer a posse do demandante. A concessão de uma liminar permite ao possuidor a obtenção de uma decisão provisória antes mesmo do julgamento final da ação, garantindo uma proteção imediata contra a ameaça ou a perturbação de sua posse.

Ação de Força Velha: Já quando a ameaça, turbação ou esbulho são antigos, ou seja, ocorreram há um ano e um dia ou mais, a ação segue o procedimento comum e não cabe liminar. Nesse caso, a ação, denominada "ação de força velha", segue os trâmites regulares do processo judicial, sem a possibilidade de obtenção de uma decisão liminar. O procedimento comum pode ser mais demorado, uma vez que requer a observância de todas as etapas processuais, mas visa garantir um julgamento justo e completo das questões envolvidas na disputa possessória.

Essa distinção entre ação de força nova e ação de força velha baseia-se no tempo decorrido desde a ocorrência da ameaça, turbação ou esbulho, e tem como objetivo adequar o procedimento judicial à urgência e à gravidade da situação, garantindo uma resposta eficaz e equilibrada para resolver os conflitos possessórios.

10.8. LEGÍTIMA DEFESA DA POSSE E DESFORÇO IMEDIATO (AUTOTUTELA)

Conforme estabelece o Artigo 1.210, § 1º do Código Civil brasileiro, a legítima defesa da posse e o desforço imediato são meios de autotutela que podem ser utilizados pelo possuidor para proteger sua posse contra ameaças ou ações de terceiros.

- Ameaça à Turbação (Atentado à Posse): Quando há uma ameaça iminente de turbação, ou seja, uma interferência indevida na posse, o possuidor pode exercer o direito de legítima defesa. Isso significa que ele está autorizado a adotar medidas razoáveis e proporcionais para proteger sua posse contra a ameaça iminente, agindo de forma defensiva para evitar a consumação da turbação.
- Esbulho (Privação da Posse Consumada): No caso de esbulho, que ocorre quando a posse é efetivamente privada do possuidor, este tem o direito de recorrer ao desforço imediato. Nesse contexto, o possuidor está autorizado a agir de forma imediata e enérgica para recuperar sua posse, sem a necessidade de recorrer previamente ao Poder Judiciário. O desforço imediato é uma medida de autodefesa que permite ao possuidor restabelecer sua posse de forma rápida e eficaz.

Requisitos para Legítima Defesa da Posse e Desforço Imediato:

- Defesa Imediata: Ambos os casos requerem uma reação imediata por parte do possuidor diante da ameaça ou consumação da turbação. O possuidor deve agir prontamente para proteger sua posse contra a interferência indevida ou para recuperá-la no caso de esbulho.

- Proporcionalidade: Em ambas as situações, o possuidor deve agir com moderação e proporção, utilizando apenas os meios necessários e proporcionais para proteger ou recuperar sua posse. Isso significa que a reação do possuidor não deve ir além do indispensável para atingir o objetivo de defender ou recuperar a posse, evitando assim o uso excessivo de força ou violência.

Esses requisitos garantem que a legítima defesa da posse e o desforço imediato sejam exercidos de maneira justa e equilibrada, protegendo os direitos do possuidor e preservando a ordem jurídica e social.

10.9. AQUISIÇÃO, TRANSMISSÃO E PERDA DA POSSE

Aquisição da Posse (art. 1.204): A posse é adquirida a partir do momento em que se torna possível o exercício, em nome próprio, de qualquer dos poderes inerentes à propriedade. Isso significa que o indivíduo passa a possuir a coisa assim que tem a capacidade de utilizar os direitos que geralmente são atribuídos ao proprietário. Essa aquisição pode ocorrer de diversas formas:

- Por uma pessoa em seu próprio nome ou por meio de seu representante legal.

- Por terceiros sem mandato, desde que haja posterior ratificação pelo possuidor.

- Através de institutos como o constituto possessório, no qual a posse é transferida a partir de uma mudança na forma de exercê-la.

Transmissão da Posse (art. 1.206): A posse é transmitida aos herdeiros ou legatários do possuidor falecido com as mesmas características que tinha anteriormente. Isso significa que, em caso de morte do possuidor, seus herdeiros ou aqueles a quem ele deixou um legado adquirem a posse com todos os direitos e obrigações que o possuidor original possuía.

Perda da Posse (art. 1.223): A posse é perdida quando cessam os atributos da propriedade. Isso pode ocorrer em várias situações, como a alienação da coisa, a renúncia expressa do possuidor ou quando ocorre a prescrição aquisitiva (usucapião), que é a aquisição da propriedade pela posse prolongada e incontestada. Quando os elementos essenciais que caracterizam a propriedade deixam de existir, a posse também é perdida.

Esses dispositivos legais estabelecem os fundamentos jurídicos para a aquisição, transmissão e perda da posse, garantindo a segurança jurídica nas relações possessórias e protegendo os direitos dos possuidores.

10.10. COMPOSSE OU COMPOSSESSÃO

A Composse, também conhecida como Compossessão, refere-se a uma situação na qual duas ou mais pessoas exercem, simultaneamente, poderes possessórios sobre a mesma coisa, configurando o que é comumente chamado de condomínio de posses. Isso pode ocorrer em diversos contextos, como no caso de um imóvel doado a duas pessoas por meio de um contrato de doação, ou durante o período em que um espólio está pendente de partilha após o falecimento de um indivíduo.

Em uma situação de composse, cada um dos possuidores tem o direito de utilizar ações possessórias contra terceiros ou contra os outros compossuidores, visando proteger seus interesses e garantir o exercício pleno de sua posse sobre o bem em questão.

A Composse pode ser classificada em dois tipos principais:

- Composse Pro Indiviso ou Indivisível: Nesse tipo de composse, os compossuidores possuem uma fração ideal da coisa, ou seja, cada um possui uma parte não dividida do todo. Isso significa que não é possível determinar exatamente qual parte da coisa pertence a cada compossuidor, mas sim que cada um detém uma parcela de direitos sobre a totalidade do bem.
- Composse Pro Diviso ou Divisível: Já na composse pro diviso, cada compossuidor possui uma parte específica e determinada da coisa, conhecida como fração real. Nesse caso, a coisa é divisível e é possível identificar claramente a porção que pertence a cada compossuidor, facilitando a gestão e o uso compartilhado do bem. Essas distinções na composse são importantes para determinar as relações jurídicas entre os compossuidores e estabelecer as bases para a administração e utilização do bem compartilhado de forma equitativa.

10.11. DA PROPRIEDADE

Propriedade é um conceito complexo que vai além de uma simples regra técnica; é uma resposta ao constante dilema da relação entre os seres humanos e os objetos que os cercam. Trata-se da interação dinâmica entre o mundo dos sujeitos e o mundo dos fenômenos, onde o direito de propriedade desempenha um papel fundamental na organização e na estruturação da sociedade.

Entender a propriedade requer uma análise profunda e contextualizada, considerando não apenas seus aspectos legais e técnicos, mas também suas implicações sociais, econômicas e culturais. É um fenômeno que atravessa diferentes épocas e culturas, refletindo as aspirações, os valores e as necessidades das comunidades ao longo da história.

A propriedade não deve ser vista de forma isolada, mas sim inserida em uma mentalidade e em um sistema fundiário que têm uma função eminentemente interpretativa. Isso significa que a compreensão da propriedade requer uma abordagem holística, que leve em conta não apenas as normas jurídicas que a regem, mas também o contexto social, político e econômico no qual está inserida.

Ao reconstruir a história da propriedade, é essencial evitar ceder a tentações isolacionistas, que simplificam excessivamente um fenômeno tão multifacetado e dinâmico. Pelo contrário, é necessário situá-la dentro de um contexto mais amplo, que leve em consideração as complexidades e contradições inerentes à relação entre os seres humanos e os recursos naturais, os meios de produção e os bens materiais.

Dessa forma, compreender a propriedade não se limita apenas a uma análise técnica ou jurídica; requer uma visão abrangente que considere suas dimensões sociais, culturais, econômicas e históricas, reconhecendo seu papel central na organização e na estruturação da sociedade.

> *Art. 1.228. O proprietário tem a faculdade de usar, gozar e dispor da coisa, e o direito de reavê-la do poder de quem quer que injustamente a possua ou detenha. § 1o O direito de propriedade deve ser exercido em consonância com as suas finalidades econômicas e sociais e de modo que sejam preservados, de conformidade com o estabelecido em lei especial, a flora, a fauna, as belezas naturais, o equilíbrio ecológico e o patrimônio histórico e artístico, bem como evitada a poluição do ar e das águas.*

A propriedade, conforme estabelecido no Código Civil, abrange uma série de faculdades essenciais que conferem ao proprietário um amplo espectro de direitos sobre a coisa. Estes direitos estão intrinsecamente ligados à capacidade de gozar, reivindicar, usar e dispor do bem, enquanto também levam em consideração os interesses da coletividade.

Gozar: Gozar da propriedade implica na faculdade de usufruir dos frutos que a coisa proporciona. Este direito permite ao proprietário colher os benefícios econômicos ou utilitários que a coisa pode oferecer, como colheitas de uma plantação, aluguéis de um imóvel, ou qualquer outra forma de aproveitamento legítimo da propriedade.

Reivindicar: A reivindicação é o direito de proteger a propriedade por meio de ações judiciais, caso esta seja injustamente violada ou usurpada por terceiros. Esta faculdade assegura ao proprietário o direito de buscar reparação legalmente caso sua posse seja contestada ou ameaçada, garantindo assim a preservação de seus direitos sobre o bem.

Usar: O uso da propriedade refere-se à capacidade de utilizá-la de acordo com sua destinação, respeitando os limites estabelecidos pela lei. Este direito confere ao proprietário a liberdade de fazer uso do bem conforme sua finalidade específica, desde que não infrinja as normas legais ou os direitos de terceiros.

Dispor: O poder de dispor da propriedade permite ao proprietário realizar atos de transferência ou alienação do bem, seja durante sua vida (*inter vivos*) ou por meio de disposições testamentárias (mortis causa). Isso inclui a faculdade de vender, doar, alugar, hipotecar ou legar a propriedade, entre outros atos de disposição, de acordo com sua vontade e interesses.

Além desses direitos individuais, é importante ressaltar que a propriedade deve ser exercida considerando os interesses da coletividade e o bem-estar social. Isso significa que o exercício dos direitos de propriedade deve ser realizado de forma responsável e em conformidade com as normas e valores que regem a sociedade, garantindo o equilíbrio entre os interesses individuais e os interesses coletivos.

10.11.1. Características do direito de propriedade

- **Direito Absoluto:** O direito de propriedade é considerado absoluto devido ao seu caráter erga omnes, ou seja, ele é oponível a todos e pode ser exercido de forma plena pelo seu titular. No entanto, é importante notar que esse caráter absoluto pode ser relativizado por meio de limitações impostas pela lei ou por interesses coletivos.
- **Direito Exclusivo:** Por regra, uma coisa não pode pertencer a mais de uma pessoa simultaneamente, exceto nos casos de condomínio ou copropriedade. Mesmo nessas situações, o direito é exclusivo para cada coproprietário, garantindo a cada um o uso e gozo da sua parte da coisa.
- **Direito Perpétuo:** O direito de propriedade é, em princípio, perpétuo, o que significa que ele não está sujeito a um prazo determinado de duração. Ele subsiste independentemente do seu exercício, exceto nos casos de usucapião, onde a propriedade pode ser adquirida por outrem devido ao não exercício prolongado do direito pelo proprietário original.
- **Direito Elástico:** O direito de propriedade pode ser exercido de forma plena ou parcial, dependendo das circunstâncias e das disposições legais. Isso significa que o proprietário pode ter um domínio completo sobre a coisa ou apenas sobre uma parte dela, como ocorre no caso de propriedades compartilhadas ou divisíveis.
- **Direito Complexo:** O direito de propriedade possui um caráter tanto individual quanto social. Ele envolve não apenas os interesses do proprietário individual, mas também considerações sociais, econômicas e ambientais que afetam o uso e gozo da coisa.

Portanto, sua aplicação e exercício devem levar em conta tanto os direitos do indivíduo quanto o interesse público.

- **Direito Fundamental:** O direito de propriedade é previsto na Constituição Federal como um direito fundamental, garantido e protegido pela ordem jurídica. Ele está relacionado à dignidade da pessoa humana, à liberdade individual e ao desenvolvimento econômico e social do país, sendo essencial para a realização plena dos indivíduos e da sociedade como um todo.

10.11.2. Restrições da propriedade e função social

Art. 3º, I, CF – Sociedade Livre, Justa e Solidária:

O Artigo 3º, Inciso I, da Constituição Federal estabelece como um dos fundamentos da República Federativa do Brasil a construção de uma sociedade livre, justa e solidária. Esta disposição constitucional reflete o compromisso do Estado brasileiro em promover a liberdade individual, a justiça social e a solidariedade entre seus cidadãos, buscando alcançar um ambiente de convivência harmoniosa e equitativa.

Art. 1.228, § 2º - Proibição de Atos Prejudiciais ao Próximo (Abuso de Direito):

O parágrafo 2º do Artigo 1.228 do Código Civil estabelece que são proibidos atos do proprietário que tenham a intenção de prejudicar terceiros, caracterizando assim o abuso de direito. Por exemplo, um proprietário de um apartamento que promove constantes festas causando perturbação aos vizinhos com barulho excessivo pode estar cometendo abuso de direito ao prejudicar o sossego e a tranquilidade dos demais moradores.

Art. 1.228, § 3º - Desapropriação por Necessidade ou Utilidade Pública:

O parágrafo 3º do Artigo 1.228 do Código Civil estabelece que a propriedade pode ser desapropriada pelo Estado em caso de necessidade ou utilidade pública, conforme previsto no Artigo 5º, Inciso XXIV, da Constituição Federal. Isso significa que, em situações em que o interesse coletivo demanda a utilização de determinado bem, o Estado pode desapropriá-lo mediante justa indenização, visando atender às necessidades da sociedade.

Art. 1.229 CC – Extensão da Propriedade:

O Artigo 1.229 do Código Civil estabelece que a propriedade abrange a profundidade e a altura necessárias ao seu exercício. No entanto, tanto o espaço aéreo quanto o subsolo são considerados de interesse público, o que implica que sua utilização está sujeita a regulamentações específicas visando preservar o interesse coletivo e o equilíbrio ambiental.

Art. 1.230 CC – Limitações da Propriedade:

O Artigo 1.230 do Código Civil estabelece que a propriedade do solo não abrange jazidas, minas e demais recursos minerais, assim como os potenciais de energia hidráulica e os monumentos arqueológicos. Essas disposições visam assegurar a preservação e o uso adequado desses recursos em prol do interesse público e da preservação do patrimônio cultural e natural.

10.11.3. Formas de aquisição da propriedade imóvel

Aquisição por Acessões: Este tipo de aquisição ocorre quando há um aumento natural ou artificial da propriedade, como por exemplo, a construção de edificações, plantações ou melhorias no terreno, as quais se incorporam ao imóvel principal.

Aquisição por Usucapião: A usucapião é um meio de aquisição originária da propriedade através da posse prolongada e ininterrupta de um bem imóvel, conforme os requisitos estabelecidos em lei. Após determinado período de posse, o possuidor adquire a propriedade de forma definitiva.

Aquisição por Ilhas, Aluvião e Avulsão: Essas formas de aquisição estão relacionadas às mudanças naturais do curso dos rios ou do mar. As ilhas formadas no curso de um rio, os terrenos aluviais depositados por correntes de água e as áreas de terras deslocadas por forças naturais são adquiridas por seus proprietários em virtude desses fenômenos.

Aquisição por Álveo Abandonado: Quando um rio muda de curso e deixa uma antiga área de leito abandonada, essa área pode ser adquirida pelo proprietário do terreno ao qual o antigo leito pertencia.

Aquisição por Plantações e Construções: Quando uma pessoa planta ou constrói em terreno alheio, mas de boa-fé, e não há oposição do proprietário, ela pode adquirir a propriedade da área plantada ou construída. Isso é conhecido como aquisição por acessão em razão do trabalho ou da edificação.

Aquisição por Registro de Título: Nos termos dos artigos 1.227 e 1.245 do Código Civil, a propriedade imóvel pode ser adquirida por meio do registro do título correspondente no cartório de registro de imóveis competente.

Aquisição por Sucessão Hereditária: A propriedade pode ser transmitida por sucessão hereditária, ou seja, quando uma pessoa falece, seus bens são transferidos aos seus herdeiros legítimos ou testamentários, conforme as disposições legais aplicáveis.

Essas formas de aquisição podem ser classificadas como originárias, quando resultam do contato direto da pessoa com a coisa, como no caso da usucapião, ou como derivadas, quando há intermediação subjetiva, envolvendo uma ou mais pessoas, como na sucessão hereditária. Esses meios de aquisição garantem a segurança jurídica e a proteção dos direitos de propriedade.

Reflexos Importantes das Formas de Aquisição da Propriedade:

Quando se trata de adquirir a propriedade, é essencial considerar os reflexos dessas formas de aquisição, que podem impactar substancialmente a natureza e os direitos associados ao bem. Esses reflexos variam dependendo se a aquisição é originária ou derivada.

- **Aquisição Originária:** Quando a propriedade é adquirida de forma originária, ou seja, diretamente pela pessoa sem a necessidade de transferência de um titular anterior, isso implica em uma ruptura com as características anteriores do bem. Isso significa que as características físicas, jurídicas e históricas da propriedade podem ser modificadas ou até mesmo redefinidas, pois a nova aquisição não está vinculada à situação anterior do bem. Por exemplo, no caso da usucapião, em que a propriedade é obtida através da posse prolongada e ininterrupta, as características anteriores da posse anterior podem não ser consideradas relevantes.
- **Aquisição Derivada:** Por outro lado, quando a propriedade é adquirida de forma derivada, ou seja, por meio da transferência de um titular anterior para o novo proprietário, há um sentido de continuidade. Isso significa que as características e os direitos associados ao bem são, em grande parte, mantidos e transferidos para o novo proprietário. Por exemplo, na sucessão hereditária, em que os bens de uma pessoa falecida são transferidos para seus herdeiros, as características e histórico do bem geralmente permanecem inalterados, mantendo-se a continuidade de sua posse e uso.

Esses reflexos são importantes porque influenciam não apenas os direitos e responsabilidades do novo proprietário, mas também a percepção e o status jurídico do bem dentro da comunidade e do sistema legal. Portanto, compreender essas distinções é fundamental para garantir a segurança jurídica e a estabilidade nas relações de propriedade.

10.12. USUCAPIÃO DE BENS IMÓVEIS

A usucapião de bens imóveis é uma situação legal na qual a posse prolongada de um imóvel pode resultar na aquisição do domínio, ou mesmo de outro direito real, como o usufruto ou uma servidão. Essa figura jurídica permite que uma determinada situação de fato, caracterizada pela posse contínua e pacífica por um período de tempo específico, se transforme em uma situação jurídica reconhecida pelo Estado: a aquisição originária da propriedade.

A usucapião desempenha um papel crucial na garantia da estabilidade da propriedade, estabelecendo um prazo durante o qual não podem mais surgir dúvidas sobre a legitimidade ou os vícios do título de posse. Isso proporciona segurança jurídica ao ocupante, que, ao cumprir os requisitos legais estabelecidos para a usucapião, adquire a propriedade de forma definitiva.

Além disso, a usucapião está alinhada com a função social da propriedade, pois permite que bens subutilizados ou abandonados sejam reintegrados ao ciclo produtivo da sociedade, beneficiando a coletividade. Ao promover a regularização fundiária e a distribuição justa dos recursos, a usucapião contribui para a redução das desigualdades sociais e para o desenvolvimento urbano e rural sustentável.

No entanto, é importante ressaltar que a usucapião não é induzida por atos de mera tolerância do proprietário legítimo. Para que a usucapião seja reconhecida, é necessário que o ocupante demonstre o exercício efetivo da posse, de forma contínua, pacífica e pública, além do preenchimento dos demais requisitos legais estabelecidos pela legislação pertinente.

Em resumo, a usucapião de bens imóveis é um instituto jurídico que visa regularizar a situação de posse de forma a garantir a segurança jurídica, promover a função social da propriedade e contribuir para o desenvolvimento equitativo da sociedade, desde que observados os requisitos legais estabelecidos.

10.12.1. Características da posse usucapível

A posse usucapível é aquela que preenche determinados requisitos estabelecidos pela lei para que possa ensejar a aquisição da propriedade por meio da usucapião. Essas características incluem:

- **Posse com Intenção de Dono (Animus Domini):** A posse deve ser exercida com a intenção de se comportar como verdadeiro proprietário da coisa. Em geral, o possuidor deve ter a convicção de que está agindo como dono do bem. No entanto, há exceções a essa regra, especialmente em casos específicos em que se aplica a teoria subjetivista de Savigny.
- **Posse Mansa e Pacífica:** A posse não pode ser contestada ou confrontada pelo proprietário legítimo do bem. Deve ser exercida de forma tranquila, sem oposição ou contestação por parte do proprietário ou de terceiros.
- **Posse Contínua e Duradoura:** A posse deve ser mantida de forma ininterrupta ao longo do tempo. Não pode haver intervalos ou interrupções significativas no exercício da posse durante o período exigido pela lei para a configuração da usucapião. No entanto, há uma exceção estabelecida pelo artigo 1.243, que permite a soma de posses sucessivas, como no caso em que um herdeiro continua a posse do bem após o falecimento do possuidor anterior.

- **Posse Justa:** A posse não pode apresentar os vícios de violência, clandestinidade ou precariedade. Deve ser adquirida e mantida de forma legítima, sem o uso de meios ilegais ou questionáveis.
- **Posse de Boa-fé e com Justo Título:** Na usucapião ordinária, é exigido que o possuidor esteja de boa-fé, ou seja, que acredite estar adquirindo a propriedade de forma legítima. Além disso, é necessário que o possuidor tenha um título que justifique sua posse, como um contrato de compra e venda, escritura pública, entre outros documentos que comprovem a origem do direito.

É importante observar que, conforme estabelecido pelo artigo 1.244, aplicam-se ao possuidor os dispositivos relativos ao devedor em relação às circunstâncias que podem obstaculizar, suspender ou interromper a prescrição, o que pode ter efeitos importantes no reconhecimento da usucapião.

10.12.2. Modalidades de usucapião imobiliária

Usucapião Extraordinária: A usucapião extraordinária, regulamentada pelo artigo 1.238 do Código Civil, estabelece que aquele que possuir um imóvel como seu, de forma ininterrupta e sem oposição, pelo período de quinze anos, adquire a propriedade desse imóvel, independentemente da existência de título de propriedade ou da boa-fé do possuidor. Esse dispositivo legal confere ao possuidor o direito de requerer ao juiz que reconheça sua posse como título para o registro no Cartório de Registro de Imóveis.

Além disso, o parágrafo único do artigo 1.238 prevê uma redução do prazo de usucapião para dez anos nos casos em que o possuidor estabeleça sua moradia habitual no imóvel ou realize obras ou serviços de caráter produtivo nele. Essa redução do prazo é uma forma de incentivar a ocupação efetiva e produtiva dos imóveis, contribuindo para o cumprimento da função social da propriedade.

Dessa forma, a usucapião extraordinária permite a aquisição originária da propriedade, dispensando a necessidade de título de propriedade ou boa-fé do possuidor. Ela reconhece o direito do ocupante que, ao longo do tempo, exerceu de forma efetiva e contínua sua posse sobre o imóvel, sem enfrentar oposição do verdadeiro proprietário. Ao mesmo tempo, promove a valorização da ocupação produtiva e o uso efetivo dos imóveis, em consonância com os princípios da função social da propriedade.

Usucapião Ordinária: A usucapião ordinária está prevista no artigo 1.242 do Código Civil e estabelece que aquele que possuir um imóvel de forma contínua e incontestada, com justo título e boa-fé, pelo período de dez anos, adquire a propriedade desse imóvel.

Os requisitos para a configuração da usucapião ordinária são os seguintes:

a) Posse Mansa, Pacífica e Ininterrupta com Animus Domini por 10 anos: O ocupante deve exercer a posse do imóvel de maneira tranquila, sem contestação ou oposição por parte do verdadeiro proprietário, demonstrando a intenção de agir como verdadeiro dono da coisa ao longo do tempo.

b) Justo Título: O possuidor deve ter um título de propriedade que, em tese, seja hábil para transferir a propriedade do imóvel. Esse título pode ser qualquer ato jurídico que evidencie a intenção de transferência da propriedade, independentemente de registro.

c) Boa-fé Subjetiva: Além disso, o possuidor deve estar de boa-fé, ou seja, acreditar que possui a propriedade de forma legítima, sem conhecimento de vícios que possam afetar a validade do título.

O parágrafo único do artigo 1.242 traz uma modalidade específica de usucapião ordinária, conhecida como usucapião por posse-trabalho. Nesse caso, o prazo de usucapião é reduzido para cinco anos se o imóvel tiver sido adquirido onerosamente com base em registro no cartório, cancelado posteriormente, e os possuidores tiverem estabelecido sua moradia no imóvel ou realizado investimentos de interesse social e econômico.

Essa modalidade de usucapião visa incentivar a ocupação produtiva e o uso efetivo dos imóveis, contribuindo para o cumprimento da função social da propriedade. No entanto, é importante observar que a aplicação desse dispositivo legal pode enfrentar desafios e controvérsias na prática.

Usucapião Constitucional Agrária ou Especial Rural (Pro Labore): O usucapião constitucional agrário, também conhecido como usucapião especial rural ou pro labore, está previsto no artigo 191 da Constituição Federal e no artigo 1.239 do Código Civil, bem como regulamentado pela Lei 6.969/81. Esse instituto visa regularizar a situação de posse de pequenas propriedades rurais, permitindo que aqueles que, mesmo não sendo proprietários, possuam um imóvel rural por um período específico, adquiram a propriedade mediante o cumprimento de certos requisitos.

Os requisitos para a configuração do usucapião constitucional agrário são os seguintes:

a) Área não Superior a 50 Hectares Localizada na Zona Rural: O possuidor deve ocupar uma área de terra localizada na zona rural, que não seja superior a 50 hectares. É importante ressaltar que o artigo 1º da Lei 6969/81 estabelecia o limite de 25 hectares, porém, essa norma não foi recepcionada pela Constituição Federal de 1988.

b) Posse de 5 Anos Ininterruptos, Sem Oposição, com Animus Domini: O ocupante deve exercer a posse de forma ininterrupta, pelo período mínimo de cinco anos, sem enfrentar oposição do verdadeiro proprietário, demonstrando a intenção de agir como verdadeiro dono da área.

c) Utilização do Imóvel para Subsistência ou Trabalho: O possuidor deve utilizar a área de terra para sua subsistência ou trabalho, contribuindo para sua produtividade e cumprimento da função social da propriedade.

d) Não Poder Ser Proprietário de Outro Imóvel: O requerente não pode ser proprietário de outro imóvel, seja rural ou urbano, para se enquadrar nos requisitos do usucapião constitucional agrário.

Diferentemente de outras modalidades de usucapião, não há necessidade de justo título ou boa-fé por parte do possuidor, uma vez que a destinação dada à posse é considerada absoluta e cumpre a função social da propriedade, conforme previsto na Constituição Federal. Assim, aqueles que preencherem os requisitos estabelecidos pela lei poderão adquirir a propriedade do imóvel rural por meio deste instituto.

Áreas que não podem ser objeto de usucapião:

a) Áreas Indispensáveis à Segurança Nacional: São consideradas indisponíveis para usucapião as áreas que são consideradas fundamentais para a segurança nacional. Essas áreas podem abranger locais estratégicos para a defesa do país, como instalações militares, fronteiras, entre outros.

b) Terras Habitadas por Silvícolas (Indígenas): As terras ocupadas por comunidades indígenas, conhecidas como terras indígenas, são consideradas de posse originária dessas populações e, portanto, não podem ser objeto de usucapião. Isso visa proteger os direitos territoriais e culturais dos povos indígenas.

c) Áreas de Interesse Ecológico: Áreas consideradas de relevância ecológica, como reservas biológicas ou florestais e parques nacionais, também estão excluídas do instituto da usucapião. Essas áreas são protegidas para preservação da biodiversidade e dos ecossistemas naturais, e a regularização fundiária por meio da usucapião poderia comprometer esses objetivos.

Essas restrições visam garantir a segurança nacional, proteger os direitos das populações tradicionais, como os povos indígenas, e preservar áreas de grande importância ambiental. Portanto, embora a usucapião seja um instrumento importante para regularização fundiária, há limitações legais para sua aplicação em determinadas áreas consideradas de interesse público.

10.13. PERDA DA PROPRIEDADE IMÓVEL E MÓVEL

O Código Civil estabelece diversas circunstâncias em que a propriedade de um bem imóvel ou móvel pode ser perdida:

I) **Alienação:** A propriedade pode ser perdida por meio de alienação, que inclui a venda, troca (permuta) e doação do bem. Nesses casos, o proprietário transfere seu direito de propriedade para outra pessoa em uma negociação jurídica.

II) **Renúncia:** A perda da propriedade também pode ocorrer por renúncia, um ato unilateral em que o proprietário expressa sua vontade de abrir mão de seu direito sobre a coisa de forma voluntária e consciente.

III) **Abandono:** A propriedade pode ser perdida por abandono, que ocorre quando o proprietário deixa a coisa com a intenção de não tê-la mais consigo. A coisa abandonada se torna res derelicta, sujeita à aquisição por ocupação ou usucapião por parte de qualquer pessoa.

IV) **Perecimento:** A perda da propriedade pode decorrer do perecimento da coisa, ou seja, da sua destruição total ou deterioração a ponto de torná-la inutilizável. Nesse caso, o objeto da propriedade deixa de existir fisicamente, resultando na perda do direito de propriedade sobre ele.

V) **Desapropriação:** A propriedade também pode ser perdida por desapropriação, que ocorre quando o Estado retira a posse do proprietário em razão de interesse público. Esse interesse pode ser relacionado a projetos de infraestrutura, urbanização, reforma agrária, entre outros. A desapropriação pode ser tanto por interesse público quanto por interesse privado, como no caso da posse-trabalho, em que o ocupante realiza melhorias significativas no imóvel rural, adquirindo-o por usucapião.

Essas são algumas das causas previstas pelo Código Civil que podem resultar na perda da propriedade de um bem, tanto imóvel quanto móvel. Cada uma delas reflete diferentes situações e circunstâncias que podem levar à extinção do direito de propriedade sobre determinado bem.

10.14. DIREITOS REAIS DE GOZO OU FRUIÇÃO

Superfície (arts. 1.369 a 1.377): A superfície é um instituto real em que o proprietário de um terreno concede a outra pessoa, denominada superficiário, o direito de construir ou plantar nesse terreno, por um período determinado ou indeterminado, mediante uma contraprestação financeira ou não, conforme estabelecido nos artigos 1.369 e 1.370 do Código Civil.

Para formalizar a concessão da superfície, é exigida a lavratura de escritura pública nos casos em que o valor do imóvel seja superior a 30 salários mínimos, conforme disposto no artigo 108 do Código Civil. Além disso, o contrato de superfície deve ser registrado no cartório de registro de imóveis, junto à matrícula do terreno, para garantir a sua eficácia e publicidade.

Na relação de superfície, o proprietário do terreno é denominado fundieiro, enquanto aquele que recebe o direito de construir ou plantar é chamado de superficiário. O superficiário tem o direito de utilizar a área do terreno concedida para os fins estabelecidos no contrato, respeitando as condições estabelecidas e as normas legais pertinentes.

Esse instituto proporciona flexibilidade na utilização do espaço, permitindo que o proprietário mantenha a titularidade do terreno enquanto possibilita o aproveitamento econômico ou produtivo por parte do superficiário. Dessa forma, a superfície é uma alternativa interessante para otimizar o uso do solo e promover o desenvolvimento urbano e rural de forma sustentável.

O Estatuto da Cidade (Lei 10.257/01) trouxe uma regulamentação específica para o direito real de superfície, estabelecendo disposições detalhadas a respeito desse instituto nos artigos 21 e seguintes. Com isso, o Código Civil, por sua vez, passou a ter um caráter residual em relação ao tema, devendo ser aplicado apenas naquilo que não estiver disciplinado de forma mais específica na legislação urbanística.

O artigo 1.369 do Código Civil prevê que o proprietário de um terreno pode conceder a outra pessoa o direito de construir ou plantar nesse terreno, por um período determinado, mediante a formalização de uma escritura pública devidamente registrada no Cartório de Registro de Imóveis. Esse dispositivo estabelece as bases para a concessão da superfície, garantindo a segurança jurídica das partes envolvidas.

É importante ressaltar que o direito de superfície, conforme o parágrafo único do artigo 1.369, não autoriza a realização de obras no subsolo, a menos que essas obras sejam inerentes ao objeto da concessão. Isso significa que o superficiário não tem permissão para realizar intervenções no subsolo do terreno, a menos que essas intervenções sejam parte integrante e necessária para o aproveitamento da área concedida.

Essas disposições legais visam garantir que a concessão do direito de superfície seja realizada de forma clara e transparente, estabelecendo limites e condições para a utilização do terreno pelo superficiário. Dessa forma, busca-se promover o desenvolvimento urbano de maneira ordenada e sustentável, conciliando os interesses dos proprietários com as necessidades de ocupação e uso do solo nas áreas urbanas e rurais.

A superfície, regulamentada nos artigos 1.369 a 1.377 do Código Civil, apresenta características peculiares que a distinguem de outros direitos reais, como o usufruto. Uma das distinções fundamentais é que o direito de superfície não é personalíssimo, ou seja, pode ser transferido a terceiros e, em caso de falecimento do superficiário, pode ser transmitido aos seus herdeiros, conforme estabelece o artigo 1.372 do Código Civil.

Além disso, a legislação prevê um direito de preferência em favor do superficiário ou do proprietário do imóvel em caso de alienação do imóvel ou do direito de superfície. Isso significa que, se o proprietário decidir alienar o imóvel ou conceder o direito de superfície a terceiros, o superficiário ou o proprietário têm o direito de preferência, ou seja, a prioridade para adquirir o imóvel ou o direito de superfície em igualdade de condições com outros interessados, conforme disposto no artigo 1.373 do Código Civil.

Essa previsão legal visa garantir a segurança jurídica das partes envolvidas na concessão da superfície, assegurando que o superficiário tenha a oportunidade de manter seu direito sobre a área concedida em caso de sua alienação. Ao mesmo tempo, protege-se o direito do proprietário do imóvel, que pode exercer seu direito de alienar a propriedade, respeitando a preferência do superficiário ou do titular do direito de superfície, quando for o caso.

Assim, o direito de preferência da superfície representa um importante mecanismo de proteção dos direitos das partes envolvidas, contribuindo para a estabilidade e a segurança das relações jurídicas relacionadas à concessão desse direito real.

Extinção do direito real de superfície: A extinção do direito real de superfície está prevista no artigo 1.374 do Código Civil, que estabelece que a concessão poderá ser resolvida antes do termo final caso o superficiário utilize o terreno para finalidade diversa daquela para a qual foi concedida. Essa disposição visa garantir que o terreno seja utilizado de acordo com as condições estabelecidas na concessão, protegendo os interesses do fundieiro, ou seja, do proprietário do terreno.

Ademais, quando o prazo estipulado para a concessão chegar ao fim e o superficiário não devolver o bem ao fundieiro, este poderá intentar uma ação de reintegração de posse contra o superficiário. Isso significa que, após o término do prazo estipulado, o fundieiro tem o direito legal de retomar a posse do terreno, caso o superficiário não o devolva voluntariamente.

Essa possibilidade de extinção do direito de superfície assegura que o terreno retorne ao seu proprietário após o término do prazo acordado ou caso haja descumprimento das condições estabelecidas na concessão. Isso promove a segurança jurídica das relações entre as partes envolvidas e resguarda os direitos do proprietário do terreno, garantindo que ele possa exercer plenamente sua titularidade sobre o imóvel.

10.15. DO DIREITO REAL DE AQUISIÇÃO

Sobre o uso e a habitação

O uso e a habitação, previstos respectivamente nos incisos V e VI do artigo 1.225 do Código Civil, representam direitos reais que conferem a uma pessoa o direito de utilizar e residir em um imóvel, mesmo que não seja seu proprietário. Ambos têm importância significativa no âmbito do direito civil, pois garantem a fruição de determinados direitos sobre uma propriedade, sem que isso implique necessariamente em sua posse plena.

O uso, conforme estipulado pelo Código Civil, diz respeito à possibilidade de uma pessoa utilizar um imóvel alheio para satisfazer suas necessidades específicas, que podem ser diversas, como recreação, lazer, cultivo, entre outros. É importante destacar que o uso não implica a residência permanente no local, mas sim a utilização para fins determinados, conforme acordado entre as partes ou estipulado pela lei.

Por outro lado, a habitação refere-se ao direito de residir em um imóvel que não seja de propriedade do ocupante. Este direito visa proporcionar um local adequado e digno para a moradia, garantindo o direito à habitação e à dignidade humana. Geralmente, a habitação é concedida por meio de contratos específicos, como o contrato de locação, usufruto ou outras formas previstas em lei.

Ambos os direitos, uso e habitação, são regulamentados de forma a garantir a segurança jurídica das partes envolvidas, estabelecendo condições claras para o seu exercício e, em muitos casos, prevendo direitos e deveres específicos para as partes.

Dessa forma, o uso e a habitação desempenham um papel crucial na vida das pessoas, proporcionando-lhes acesso a determinados bens e serviços essenciais para sua qualidade de vida e bem-estar, mesmo que não sejam seus proprietários.

Capítulo 11

DO DIREITO DE FAMÍLIA. DIREITO PESSOAL. DIREITO PATRIMONIAL. UNIÃO ESTÁVEL. - DAS SUCESSÕES. SUCESSÃO EM GERAL. SUCESSÃO LEGÍTIMA. LEI 12.318/2010 – (ALIENAÇÃO PARENTAL).

Joaquim Leitão Júnior

Taline Rezende Paniago

11.1. DO DIREITO DE FAMÍLIA – LIVRO IV DO CÓDIGO CIVIL DE 2002

O direito de família é uma das áreas do direito que se encontra presente em nosso cotidiano, pois é ele quem regula as relações pessoais e patrimoniais, fazendo parte de etapas de nossas vidas, são exemplos: o nascimento, a paternidade, a relação de pais e filhos, o casamento e o divórcio, guarda de filhos, alimentos, entre outras questões que envolvem a estruturação e a dissolução da entidade familiar.

Esse ramo ocupa posição destacada no Direito Privado, no livro IV do Código Civil de 2002, em quatro títulos que se estendem pelos artigos 1.511 a 1.783, sob os rótulos "Do Direito

Pessoal", "Do Direito Patrimonial", "Da União Estável" e "Da Tutela e da Curatela", formado por um conjunto de normas e princípios que organizam as relações familiares, isso é, de parentesco e afetivas.

Ao longo do tempo ocorreram várias alterações no direito de família, isso devido as modificações na instituição familiar, evolução da sociedade, transformações nos costumes e cultura, o que consequentemente gera grande relevância para o direito com mudanças nas normas jurídicas e interpretações.

11.2. DIREITO PESSOAL

No subtítulo I do Direito Pessoal, aparece o casamento com disposições gerais e inúmeras modificações de conteúdo trazidas pelo novo Código Civil de 2002, quais sejam:

a) O artigo 1.511 traz que o casamento estabelece comunhão plena de vida, com base na igualdade de direitos e deveres entre cônjuges.

b) O artigo 1.512 traz a garantia a gratuidade da celebração do casamento, da habilitação, do registro, da primeira certidão, dos emolumentos e custas, com relação à pessoa que for declarada pobre.

c) O artigo 1.516 estabelece a facilitação do registro civil do casamento religioso.

d) A redução da capacidade para o casamento tanto paro homem quanto para mulher que atingi a idade de 16 anos.

e) A redução dos impedimentos matrimoniais, o qual se constitui em rol taxativo (art. 1.521);

f) Em substituição dos antigos impedimentos foram colocadas as causas suspensivas do casamento, art. 1.523;

g) A exigência de homologação da habilitação, matrimonial pelo juiz (art. 1.526);

h) A possibilidade de celebração de casamento mediante procuração instrumento público, com poderes especiais (art. 1.542);

i) Em decorrência da igualdade entre os cônjuges, os quais competem à direção do casamento, houve o desaparecimento da figura do chefe de família (artigos 1.565 e 1.567);

j) O art. 1.565 § 1º trouxe a possibilidade de adoção do sobrenome do outro por qualquer dos nubentes.

Assim, passamos a estudar o Direito Pessoal no Direito de Família no tocante as disposições gerais, da capacidade para o casamento, dos impedimentos, das causas suspensivas, do processo de habilitação, da celebração do casamento, das provas do casamento, da invalidade do casamento, da eficácia e da dissolução da sociedade conjugal.

11.2.1. Disposições gerais – capacidade e impedimentos

I - Da capacidade

O novo Código estabelece que a idade núbil passa para 16, tanto para o homem quanto para a mulher (art. 1.517). No entanto, em caso de não alcançar a maior idade civil, que o novo código reduziu para 18 anos, exige-se autorização dos pais ou dos representantes legais para fins do casamento. Se houver divergência entre os pais ou representantes será assegurado a qualquer um deles pedir autorização judicial para resolução do desacordo (art. 1.631).

Em casos de multiparentalidade, se dois ou mais dos pais discordarem sobre o casamento, o Ministério Público é quem pode requerer o suprimento de consentimento (ECA, art. 201, VIII). O casamento com autorização judicial será obrigatoriamente adotado o regime de separação de bens (art. 1.641, inciso III). Além do mais, a autorização pelos pais ou representantes só poderá ser revogada, apenas até a data do casamento, tendo em vista que a menor idade cessa com o casamento (art. 5º, parágrafo único, II, do CCB/2002).

Deve-se destacar que era permitido o casamento de menores 16 anos, excepcionalmente, em casos de gravidez e para evitar imposição ou cumprimento de pena criminal, mas com o advento da lei advento Lei 13.811 de 2019, que alterou o artigo 1.520 CCB/2002, não será permitido, em qualquer caso, o casamento de quem não atingiu a idade núbil.

II - Dos Impedimentos e das Causas Suspensivas

Primeiramente, não se pode confundir incapacidade para o matrimônio com os impedimentos matrimoniais. Aquele que por lei é impedido para casar-se não é incapaz de contrair casamento, pois a incapacidade é geral e o impedimento é questão circunstancial.

Dispõe o artigo 7º, § 1º da LINDB: *"Realizando-se o casamento no Brasil, será aplicada a lei brasileira quanto aos impedimentos dirimentes e às formalidades da celebração"*.

Os impedimentos são questão de ordem pública e fundamentam-se na proteção da família e devem ser interpretados restritivamente. O Código Civil de 2022 traz um rol taxativo dos que não podem se casar, o art. 1.521[1] estabelece os impedimentos

1. Art. 1.521. Não podem casar:
I - os ascendentes com os descendentes, seja o parentesco natural ou civil;
II - os afins em linha reta;

matrimoniais, chamados também de impedimentos propriamente ditos, impedimentos estes ligados as relações de parentesco (incisos I a V), de casamentos anteriores (inciso VI) e decorrente de crime (VII).

Observação: os impedimentos são aplicáveis à união estável, exceto a vedação existente no caso de a pessoa casada se achar separada de fato ou judicialmente.

Vale pontuar que, no que se refere ao casamento entre colaterais até 3° grau, chamado casamento avuncular, art. 1.521, IV, existe um Enunciado nº 98 da I Jornada de Direito Civil, promovida pelo Conselho da Justiça Federal que assim dispõe: "o inciso IV do art. 1.521 do Código Civil deve ser interpretado à luz do Decreto-Lei nº 3.200/41, no que se refere à possibilidade de casamento entre colaterais de 3º grau".

Isso quer dizer que, pela análise isolada do dispositivo legal, não é permitido devido a questões de ordem moral e genética, no entanto, mas o Decreto-Lei 3.200/41[2] possibilita o reconhecimento do casamento entre tios e sobrinhos desde que não traga riscos à vida e saúde do novo casal, de seus eventuais filhos. No tocante ao casamento avuncular homoafetivo, a este não se aplica a proibição do art. 1521, IV do CC, tendo em vista se houver filho

III - o adotante com quem foi cônjuge do adotado e o adotado com quem o foi do adotante;

IV - os irmãos, unilaterais ou bilaterais, e demais colaterais, até o terceiro grau inclusive;

V - o adotado com o filho do adotante.

2. Decreto-Lei 3200/41 Art. 2º Os colaterais do terceiro grau, que pretendam casar-se, ou seus representantes, legais, se forem menores, requererão ao juiz competente para a habilitação que nomeie dois médicos de reconhecida capacidade, isentos de suspeição para examiná-los e atestar-lhes a sanidade, afirmando não haver inconveniente, sob o ponto de vista, da saúde de qualquer deles e da prole, na realização do matrimônio.

proveniente deste casamento será por meio de adoção ou através de técnicas de reprodução humana assistida.

O art. 1.548 inciso II [3], do CC, considerada nulo o casamento celebrado com infração a quaisquer impedimentos no artigo acima citado. Sendo que poderá ser impugnado no momento da celebração ou na fase de habilitação. O impedimento ao casamento pode ser oposto por qualquer pessoa capaz, de ofício pelo juiz, inclusive de ofício pelo oficial de registro por se tratar de questão de ordem pública. A doutrina aponta que o Ministério Público também possui a legitimação.

Em relação as causas suspensivas elencadas no artigo 1.523[4] do CC, o legislador não proíbe o casamento das pessoas ali listadas, haja vista que são recomendações de que os pretensos nubentes não se casem diante de certas situações para proteção de patrimônio delas.

As causas suspensivas, por se tratar de questão particular, não são; regras proibitivas, não são regras de ordem pública, são causas que resguardam situações de interesse patrimonial ou

---

3. Art. 1.548. É nulo o casamento contraído:
   II - por infringência de impedimento.
4. Art. 1.523. Não devem casar:
   I - o viúvo ou a viúva que tiver filho do cônjuge falecido, enquanto não fizer inventário dos bens do casal e der partilha aos herdeiros;
   II - a viúva, ou a mulher cujo casamento se desfez por ser nulo ou ter sido anulado, até dez meses depois do começo da viuvez, ou da dissolução da sociedade conjugal;
   III - o divorciado, enquanto não houver sido homologada ou decidida a partilha dos bens do casal;
   IV - o tutor ou o curador e os seus descendentes, ascendentes, irmãos, cunhados ou sobrinhos, com a pessoa tutelada ou curatelada, enquanto não cessar a tutela ou curatela, e não estiverem saldadas as respectivas contas.

causas suspensivas fundadas em confusão de sangue. Ressalta-se que não se aplicam à união estável.

Diferente dos impedimentos as causas suspensivas não geram a nulidade absoluta ou relativa do casamento, mas apenas impõem sanções patrimoniais aos cônjuges, sendo ela o regime da separação legal ou obrigatória de bens.

Ademais, o momento ideal de arguição é que sejam alegados quando da habilitação para o casamento, entretanto, poderão ser suscitados também em ação judicial autônoma ou em ação de inventário. Sendo que só poderão ser opostas por parentes em linha reta de um dos nubentes, sejam consanguíneos ou afins, e pelos colaterais em segundo grau, sejam também consanguíneos ou afins, art. 1.524[5] do CC.

Estabelece o art. 1.529[6]/CC que tanto nos casos de impedimentos quanto os de suspensão as oposições deverão ser declaradas por escrito, assinadas e instruídas por provas do fato alegado ou indicação do lugar de onde podem ser encontradas. O oficial de registro deverá entregar aos nubentes ou representantes nota de oposição, contendo os fundamentos, provas e nome do oponente (art. 1.530 do CC). Os nubentes poderão requerer prazo razoável para apresentarem provas contrárias aos fatos.

5. Art. 1.524. As causas suspensivas da celebração do casamento podem ser arguidas pelos parentes em linha reta de um dos nubentes, sejam consanguíneos ou afins, e pelos colaterais em segundo grau, sejam também consanguíneos ou afins.
6. Art. 1.529. Tanto os impedimentos quanto as causas suspensivas serão opostos em declaração escrita e assinada, instruída com as provas do fato alegado, ou com a indicação do lugar onde possam ser obtidas.

11.2.3. Do processo de habilitação e celebração do casamento

I - Do Processo de Habilitação

A habilitação matrimonial é uma fase que antecede o casamento, por ter a finalidade de verificar a inexistência de impedimentos e de causas suspensivas, deverá ocorrer perante o Oficial de Registro Civil do domicílio de um ou de ambos os contraentes.

Os nubentes deverão comparecer em cartório para formular o requerimento de habilitação instruídos dos documentos elencados no art. 1.525[7]/CC, o requerimento de habilitação poderá ser feito por procurador, art. 1.525, já a habilitação deverá ser feita pessoalmente.

O art. 1.526/CC determina que a habilitação será feita perante o Oficial de registro civil, com audiência do MP. O parágrafo único do mesmo artigo estabelece que em casos de impugnação do oficial, do Ministério Público ou de uma terceira pessoa, a habilitação será submetida ao juiz.

Se as documentações estiverem em ordem, o oficial extrairá o edital o qual será afixado pelo período de 15 dias nas

---

7. Art. 1.525. O requerimento de habilitação para o casamento será firmado por ambos os nubentes, de próprio punho, ou, a seu pedido, por procurador, e deve ser instruído com os seguintes documentos:
I - certidão de nascimento ou documento equivalente;
II - autorização por escrito das pessoas sob cuja dependência legal estiverem, ou ato judicial que a supra;
III - declaração de duas testemunhas maiores, parentes ou não, que atestem conhecê-los e afirmem não existir impedimento que os iniba de casar;
IV - declaração do estado civil, do domicílio e da residência atual dos contraentes e de seus pais, se forem conhecidos;
V - certidão de óbito do cônjuge falecido, de sentença declaratória de nulidade ou de anulação de casamento, transitada em julgado, ou do registro da sentença de divórcio.

circunscrições do Registro civil de ambos os nubentes, bem como na imprensa local se houver, são os denominados proclamas do casamento (art. 1.527/CC). A publicação poderá ser dispensada em caso de urgência, parágrafo único do mesmo artigo, como por exemplo, no caso de casamento nuncupativo (caso de um dos contraentes se encontrar em iminente risco de vida).

Após cumpridas as fases de habilitação e publicação, inexistindo oposições, ou sendo elas resolvidas, será expedida pelo oficial de registro a certidão de habilitação. A eficácia da habilitação dos nubentes para o casamento será no prazo de 90 dias, a contar da expedição da certidão (art. 1.532/CC). Ou seja, neste prazo deverá os nubentes celebrar o casamento, caso contrário a renovação do processo dependerá de novo requerimento, podendo-se aproveitar as provas utilizadas no processo anterior.

Importante destacar que, o art. 1.516, § 1º, estabelece que o registro civil do casamento religioso deverá ser promovido dentro de 90 dias de sua realização, mediante comunicação do celebrante ao ofício competente, ou por iniciativa de qualquer interessado, desde que haja sido homologada previamente a habilitação regulada no Código Civil. Se findado o prazo, o registro dependerá de nova habilitação. Se um dos parceiros houver contraído casamento civil com outro, antes do registro civil do casamento religioso, este será considerado nulo.

II- Da celebração do casamento

A celebração do casamento está prevista no art. 1.533/CC e seguintes do CCB). A competência da celebração do casamento será do juiz de paz do lugar em que se processou a habilitação e é gratuita (art. 1.512[8] do CC). A solenidade será realizada na sede do cartório ou em outro edifício público ou particular, ou a portas abertas com a presença de familiares, amigos e ao menos duas testemunhas ou 4 em caso de um dos nubentes não souber ou não poder escrever (art. 1.534[9] do CC).

Importante destacarmos que, a Lei de Registro Público permite a celebração do casamento por videoconferência, desde que sejam asseguradas ampla publicidade para terceiros acompanharem sincronicamente e a manifestação de vontade dos nubentes, das testemunhas e da autoridade celebrante (art. 67[10], § 8º, LRP; art. 1.534 do CC).

É permitido pelo novo Código Civil que, em caso de um dos nubentes não puder estar presente ao ato nupcial, o matrimônio poderá ser celebrado através de procuração, que somente pode

---

8. Art. 1.512. O casamento é civil e gratuita a sua celebração.
   Parágrafo único. A habilitação para o casamento, o registro e a primeira certidão serão isentos de selos, emolumentos e custas, para as pessoas cuja pobreza for declarada, sob as penas da lei.
9. Art. 1.534. A solenidade realizar-se-á na sede do cartório, com toda publicidade, a portas abertas, presentes pelo menos duas testemunhas, parentes ou não dos contraentes, ou, querendo as partes e consentindo a autoridade celebrante, noutro edifício público ou particular.
   § 1º Quando o casamento for em edifício particular, ficará este de portas abertas durante o ato.
   § 2º Serão quatro as testemunhas na hipótese do parágrafo anterior e se algum dos contraentes não souber ou não puder escrever.
10. Art. 67. Na habilitação para o casamento, os interessados, apresentando os documentos exigidos pela lei civil, requererão ao oficial do registro do distrito de residência de um dos nubentes, que lhes expeça certidão de que se acham habilitados para se casarem.
   § 8º A celebração do casamento poderá ser realizada, a requerimento dos nubentes, em meio eletrônico, por sistema de videoconferência em que se possa verificar a livre manifestação da vontade dos contraentes. (Incluído pela Lei nº 14.382, de 2022)

ser outorgado por escritura pública. A validade da procuração não ultrapassará 90 (noventa) dias (art. 1.542[11], § 3º).

O professor Rodrigo Pereira[12], em seu livro Direito das Famílias, explica que: A celebração é o último ato do ritual do casamento. É nele que se diz o sim. Ou não. É o momento mais importante para os noivos, e está envolvido em muitas emoções, ainda que se possa enviar um procurador para dizer o sim. Se algum deles disser "não", a celebração é interrompida, e não será possível retratar-se no mesmo dia (art. 1.538[13]).

Finalizada o ato de solenidade, lavrar-se-á o livro de registro, o qual será assinado pelo presidente do ato, pelos cônjuges, pelas testemunhas e pelo oficial do registro. Destinando -se a dar publicidade ao casamento e servindo de prova de sua realização e do regime de bens adotado (art. 1536).

Para fecharmos o tópico da celebração do casamento, deve-se mencionar que o Código Civil prevê que em caso de moléstia grave o presidente do ato irá celebrá-lo onde se encontrar o impedido, ainda que seja à noite, perante duas testemunhas que saibam ler e escrever (art. 1.539 do CC). Já no caso de risco de vida de um dos contratantes, o denominado casamento nuncupativo,

---

11. Art. 1.542. O casamento pode celebrar-se mediante procuração, por instrumento público, com poderes especiais.

    § 3º A eficácia do mandato não ultrapassará noventa dias.

12. PEREIRA, Rodrigo da Cunha. *Direito das Famílias*; prefácio Edson Fachin. 2. ed. Rio de Janeiro: Forense, 2021.

13. Art. 1.538. A celebração do casamento será imediatamente suspensa se algum dos contraentes:

    I - recusar a solene afirmação da sua vontade;

    II - declarar que esta não é livre e espontânea;

    III - manifestar-se arrependido.

    Parágrafo único. O nubente que, por algum dos fatos mencionados neste artigo, der causa à suspensão do ato, não será admitido a retratar-se no mesmo dia.

se não houver a presença do presidente do ato ou de seu substituto o casamento poderá ser celebrado na presença de 6 testemunhas, que não tenham parentesco em linha reta ou colateral até segundo grau (art. 1.540 do CC).

11.2.4. Provas do casamento e invalidade do casamento

I - Das Provas

A prova do casamento é pré-constituída pela certidão de registro, mas em caso de ausência deste meio comprovatório não se impede que o casamento seja comprovado por outros meios admitidos, tais como: carteira de trabalho, averbação feita em registro de nascimento, dentre outros (art. 1.543 do CC).

Em caso de casamento de brasileiros, realizado no exterior perante o agente consular, será provado por certidão do assento no registro do consulado. Se um ou ambos os cônjuges vieram para o Brasil deverá em até 180 dias, a contar do retorno, transladar o casamento no cartório do respectivo domicílio ou, em sua falta, no 1º Ofício da Capital do Estado em que passarem a residir (art. 1.544, CC).

Os professores Matheus Zuliani e Aurélio Bouret[14], em sua obra Direito Civil, explica que existem três formas de comprovação do casamento:

- certidão de registro do casamento;
- prova indireta, fundada na posse do estado de casado: para isso, são necessários 3 requisitos para sua comprovação: *nomen* (um cônjuge tem que utilizar o nome de

14. Zuliani, Matheus e Bouret, Aurélio. *Livro Direito Civil*, Carreiras Jurídicas, 4. ed., editora CPIURIS, 2023.

outro cônjuge); *Tractatus* (é o tratamento dado entre as partes, como se casados fossem) e a fama ou *reputatio* (a sociedade reconhece as partes como pessoas casadas);

- prova direta supletória: Supondo que o sujeito tenha se casado e, se registrado, sendo extraído uma certidão a qual foi perdida. Nesse caso, far-se-á prova direta complementar ou supletória. Justificada a perda do registro civil, é admitida qualquer outra prova, como o passaporte ou outros documentos que tragam a informação da condição de casado.

Portanto, o Código Civil prevê que na falta de registro ou de outro documento hábil "na dúvida entre as provas favoráveis e contrárias, julgar-se-á pelo casamento, se os cônjuges cujo matrimônio se impugna, viverem ou tiverem vivido na posse do estado de casados." (art. 1.547).

II- Da Invalidade do casamento

O casamento como todo ato jurídico exige: existência, validade e eficácia. O Código Civil de 2002 elenca casos em que o casamento é nulo (art. 1.548) ou anulável (art. 1.550), vejamos:

> *Art. 1.548. É nulo o casamento contraído:*
>
> ...
>
> *II - por infringência de impedimento.*
>
> *Art. 1.549. A decretação de nulidade de casamento, pelos motivos previstos no artigo antecedente, pode ser promovida mediante ação direta, por qualquer interessado, ou pelo Ministério Público.*

A primeira hipótese do art. 1.548 foi revogada, pela Lei 13.146/2015 (Estatuto da Pessoa com Deficiência), e a segunda se refere a normas de ordem pública em caso de casamento que um ou ambos os cônjuges infringirem alguma das hipóteses dos impedimentos descritos na lei (art. 1.521[15] do CC), que já estudamos, sendo: ligados as relações de parentesco (incisos I a V), de casamentos anteriores (inciso VI) e decorrente de crime (VII), hipóteses estas que por serem vícios insanáveis, consequentemente não produzirão qualquer efeito e a ação é imprescritível.

Entretanto, a nulidade depende de provocação em ação própria por quem tenha legitimidade para ofertá-la, ou seja, qualquer interessado (o próprio cônjuge, herdeiro necessário, tutor, curador etc.) ou o Ministério Público (art. 1.549). O professor Flávio Tartuce, no seu Manual de Direito Civil Volume Único[16], aponta que doutrina quase que com unanimidade, diante do princípio da não intervenção, a nulidade do casamento não pode ser reconhecida de ofício, mas apenas o impedimento matrimonial, de acordo com o art. 1.522[17] do CC.

---

15. Art. 1.521. Não podem casar:
    I - os ascendentes com os descendentes, seja o parentesco natural ou civil;
    II - os afins em linha reta;
    III - o adotante com quem foi cônjuge do adotado e o adotado com quem o foi do adotante;
    IV - os irmãos, unilaterais ou bilaterais, e demais colaterais, até o terceiro grau inclusive;
    V - o adotado com o filho do adotante;
    Decreto-Lei 3200/41 Art. 2º Os colaterais do terceiro grau, que pretendam casar-se, ou seus representantes, legais, se forem menores, requererão ao juiz competente para a habilitação que nomeie dois médicos de reconhecida capacidade, isentos de suspeição para examiná-los e atestar-lhes a sanidade, afirmando não haver inconveniente, sob o ponto de vista, da saúde de qualquer deles e da prole, na realização do matrimônio.
16. TARTUCE, Flávio. *Manual de Direito Civil* – Volume Único. 13. ed. Editora Método, 2023.
17. Art. 1.522. Os impedimentos podem ser opostos, até o momento da celebração do casamento, por qualquer pessoa capaz.
    Parágrafo único. Se o juiz, ou o oficial de registro, tiver conhecimento da existência de algum impedimento, será obrigado a declará-lo.

Já as hipóteses de anulação estão previstas no artigo 1.550/CC e são elas:

a) Casamento de quem não completou a idade núbil, 16 anos, tanto para homem quanto para mulher; conforme estudado no tópico 9.10.2, o novo código prevê que o menor de 16 anos é literalmente impedido de se casar. O prazo para a propositura da ação anulatória é de 180, se a ação for proposta pelo próprio menor, representado, a contagem será a partir do momento que completar 16 anos, mas se for proposta pelos representantes a contagem será a partir do momento da celebração do casamento;

b) O casamento de menor em idade núbil, 16 anos, quando não autorizado por seu representante legal; o casamento do menor entre 16 anos e 18 anos é permitido, porém necessita da autorização dos pais ou dos representantes legais. Se for realizado sem autorização será anulado, sendo o prazo decadencial da propositura da ação de 180 dias, a contagem do prazo, da seguinte forma: ação proposta pelo menor o prazo será contado a partir do momento que completar 18 anos; se a ação for proposta pelo representante legal ou ascendente o prazo será a partir da celebração do casamento; se for proposta por herdeiro necessário será a partir da data do óbito do menor. (art. 1.555,[18] *caput* e § 1º, do CC);

18. Art. 1.555. O casamento do menor em idade núbil, quando não autorizado por seu representante legal, só poderá ser anulado se a ação for proposta em cento e oitenta dias, por iniciativa do incapaz, ao deixar de sê-lo, de seus representantes legais ou de seus herdeiros necessários.
§ 1º O prazo estabelecido neste artigo será contado do dia em que cessou a incapacidade, no primeiro caso; a partir do casamento, no segundo; e, no terceiro, da morte do incapaz.

c) Por vício da vontade, nos termos dos arts. 1.556 a 1.558; a anulação por vício de vontade consiste em erro essencial sobre a pessoa do outro cônjuge, onde o art. 1.557 do CC cita os casos em que considera-se erro, sendo: o erro que diz respeito à sua identidade, sua honra e boa fama, a ignorância de crime, a ignorância, anterior ao casamento, de defeito físico irremediável que não caracterize deficiência ou de moléstia grave e transmissível, por contágio ou por herança, capaz de pôr em risco a saúde do outro cônjuge ou de sua descendência, sendo esses erros que ao ter conhecimento ulterior torne-se insuportável a vida em comum ao cônjuge enganado. A ação de anulação tem natureza personalíssima o prazo decadencial será de 3 (três) anos, a contados a partir do momento da celebração do casamento (art. 1.560, III, do CC);

d) O casamento do incapaz de consentir ou manifestar, de modo inequívoco, o consentimento; a lei ao mencionar os incapazes se refere a aqueles que por alguma doença ou por causa transitória não puderem exprimir a sua vontade, sendo: ébrios habituais, alcoólatras, viciados em tóxicos. Importante destacar que foi acrescentado no 1.550/CC, § 2º, que determina que o "retardo" mental ou intelectual, não é causa de impedimento ao casamento, sendo a eles permitido contrair o casamento em idade núbil sendo sua vontade expressado por meio do curador ou representante legal. A ação de anulação deverá ser proposta no prazo de até 180 dias a contar da celebração do casamento (art. 1.560, I, do CC);

e) Casamento realizado por procurador e revogado o mandado antes da celebração, sem que este ou o outro contraente soubesse da revogação do mandato, nessa hipótese o casamento será anulável para a propositura da ação será de 180 dias, contados a partir do conhecimento da revogação do mandato;

f) Casamento realizado pela autoridade celebrante relativamente incompetente, ou seja, em relação a localidade o juiz de paz realiza o casamento fora de sua competência. Se for o caso de celebração de casamento por autoridade absolutamente incompetente será inexistente o ato. A ação de anulação por incompetência relativa deverá ser proposta no prazo de 2 anos, contados da celebração do casamento;

g) O art. 1.558, do CC, prevê que em casos de coação moral o casamento poderá ser anulado, sendo o prazo para propositura da ação de 4 anos a partir do momento em que cessar a coação.

Salienta-se que a lei prevê casos em que o casamento poderá ser convalidado, logo:

a) em situação de gravidez da mulher a qual não permite a anulação do casamento por idade (art. 1.551 do CC);

b) confirmação do casamento do menor que completar a idade núbil, com autorização de seus representantes legais ou autorização judicial (art. 1.553 do CC);

c) quando o casamento do menor com idade núbil for celebrado na presença dos pais ou representantes legais, e estes houverem manifestado de qualquer modo sua vontade (art. 1.557, § 2º, do CC);

d) hipótese de convalidação do casamento realizado por autoridade relativamente incompetente prevista no art. 1.554 do CC que dispõe que "subsiste o casamento celebrado por aquele que, sem possuir a competência exigida na lei, exercer publicamente as funções de juiz de casamentos e, nessa qualidade, tiver registrado o ato no Registro Civil".

Dos legitimados:

a) No casamento de menor de 16 anos, serão legitimados: próprio cônjuge menor, os representantes legais e ascendentes (art. 1.552);

b) Em casos de coação o legitimado será apenas o cônjuge que incidiu em erro, ou sofreu coação, que poderá requerer a anulação do casamento (art. 1.559).

O art. 1.563 do CC estabelece que a sentença de nulidade do casamento tem efeito declaratório, pois apenas reconhece o fato que o invalida. Desse modo, retroagirá à data da sua celebração, efeito *ex tunc*.

Todavia, se tratando de casamente putativo que é o casamento anulável ou nulo, o ordenamento jurídico protege o cônjuge de boa-fé, e os direitos dos filhos havidos na constância do casamento (art. 1.561 do CC).

11.2.5. Da eficácia do casamento e da dissolução da sociedade e do vínculo conjugal

A Carta Magna de 1988 estabelece no artigo 226, § 5, que os direitos e deveres referentes à sociedade conjugal são exercidos igualmente pelo homem e pela mulher. O Código Civil no art. 1.511, conceitua que o casamento tem por finalidade estabelecer a comunhão plena de vida, com base na igualdade de direitos e deveres dos cônjuges.

Após ser válido o casamento, consolida a eficácia do matrimônio e os companheiros passa ater igual direito no poder familiar. Sendo assim, cai de vez o pátrio poder (hoje poder familiar) que era concentrado de forma absoluta pelo homem, pois atualmente a estrutura familiar é de livre decisão do casal. Entretanto, caberá ao Estado oferecer recursos educacionais e financeiros para o exercício desse direito. Ademais, vale ressaltar que é livre a escolha dos companheiros de acrescer ao não o sobrenome do outro.

A lei estabelece deveres comuns e recíprocos do casal, sendo; fidelidade; vida em comum, no domicílio conjugal; mútua assistência; sustento, guarda e educação dos filhos; respeito e consideração mútuos; direção da sociedade conjugal exercida em cooperação pelas partes sempre no interesse da família. No entanto, em caso de um dos cônjuges estiver em lugar desconhecido, preso por mais de 180 dias ou em casos de interdição caberá o outro exercer com exclusividade a direção da família e administração dos bens.

Contudo, se a convivência das partes se tornarem insuportável seja pela violação de qualquer um dos deveres mencionados no parágrafo anterior, ou pela ausência de afeto e impossível for a sociedade conjugal, esta poderá ser desfeita pela dissolução do casamento seja por separação judicial ou divórcio (art. 1.571).

Passaremos a analisar as formas de dissolução da sociedade conjugal:

O art. 1.571[19], do CC, específica as causas terminativas conjugal, sendo elas: pela morte de um dos companheiros, nulidade ou anulação do casamento, separação judicial e divórcio.

A separação judicial é considerada uma etapa antes do divórcio, pois, a separação não vincula o casal aos deveres matrimonial, no entanto, só após o divórcio é que as partes poderão se casar novamente. Vale frisar que, desde 2010 não há exigência de tempo mínimo de separação para o requerimento de divórcio,

19. Art. 1.571. A sociedade conjugal termina:
I - pela morte de um dos cônjuges;
II - pela nulidade ou anulação do casamento;
III - pela separação judicial;
IV - pelo divórcio.

pois, havendo interesse das partes em romper o vínculo conjugal, o procedimento poderá ser realizado imediatamente.

Havendo acordo entre os cônjuges, a separação, o divórcio, bem como a dissolução da união estável poderá ser realizada de forma extrajudicial, denominado de desjudicialização, determinando o Código de Processo Civil em seu art. 733[20] que: "o divórcio consensual, a separação consensual e a extinção consensual de união estável, não havendo nascituro ou filhos incapazes e observados os requisitos legais, poderão ser realizados por escritura pública".

O divórcio é mais amplo, ele coloca fim ao casamento. Nesse passo, aduz o art. 1.581 do CC que o divórcio poderá ser concedido sem que haja prévia de partilha de bens, pois a partilha poderá ser resolvida posteriormente em ação autônoma.

Contudo, o pedido de divórcio somente competirá aos cônjuges, mas no caso de um dos cônjuges for incapaz para propor a ação ou se defender, caberá ao curador, o ascendente ou o irmão, o código exclui os desentendes (art. 1.582 do CC). Em ação de divórcio, o Ministério Público somente intervirá se houver interesse de incapazes ou em casos que figure como parte vítima de violência doméstica e familiar (art. 698, do CPC/2015). A tramitação

20. Art. 733. O divórcio consensual, a separação consensual e a extinção consensual de união estável, não havendo nascituro ou filhos incapazes e observados os requisitos legais, poderão ser realizados por escritura pública, da qual constarão as disposições de que trata o art. 731.
§ 1º A escritura não depende de homologação judicial e constitui título hábil para qualquer ato de registro, bem como para levantamento de importância depositada em instituições financeiras.
§ 2º O tabelião somente lavrará a escritura se os interessados estiverem assistidos por advogado ou por defensor público, cuja qualificação e assinatura constarão do ato notarial.

em processo de dissolução conjugal será em segredo de justiça, fundamento no art. 189[21], III, do CPC.

11.3. DA PROTEÇÃO DA PESSOA DOS FILHOS

A lei protege o interesse do menor, sendo que a guarda será atribuída ao genitor que tiver melhores condições de exercê-la, inclusive, poderá ser deferida a outra pessoa levando em consideração o grau de parentesco, a relação de afinidade e afetividade (art. 1.583 do CC).

O artigo 1.583 do Código Civil prevê as modalidades de guarda, sendo: guarda unilateral e guarda compartilhada. A guarda unilateral será atribuída a apenas um genitor, a quem terá o papel exclusivo de decisões sobre o filho. Já a guarda compartilhada será destinada a ambos os genitores, cabendo a eles decidirem de forma conjunta as situações relativas ao filho.

Importante destacar que, o exercício de guarda compartilhada não significa que o filho irá residir com ambos os genitores, a criança deverá ter uma residência fixa. Entretanto, o tempo de convívio com o filho será de forma equilibrada entre os genitores. Cabe também destacar que, a determinação judicial ou por consenso dos genitores de guarda compartilhada não implica em ausência do pagamento da pensão alimentícia.

O art. Art. 1.584, § 2, do Código Civil, estabelece que se não houver consenso entre os genitores o juiz determinará a guarda compartilhada, se ambos estiverem aptos a exercer o poder

---

21. Art. 189. Os atos processuais são públicos, todavia tramitam em segredo de justiça os processos:
I - em que o exija o interesse público ou social;
II - que versem sobre casamento, separação de corpos, divórcio, separação, união estável, filiação, alimentos e guarda de crianças e adolescentes;

familiar. O juiz de ofício ou a requerimento do Ministério Público para estabelecer os períodos de convivência sob guarda compartilhada dos genitores, poderá basear-se em orientação técnico-profissional ou de equipe interdisciplinar (art. 1.584, § 3º).

Ademais, é direito fundamental da criança e do adolescente ter consigo a presença dos pais, o carinho, a companhia e amizade, diante disso, o art. 1.589 do CC prevê o direito de visita ao pai ou a mãe, que não tiver com a guarda do filho, podendo visitá-lo ter a companhia do filho, bem como fiscalizar sua manutenção e educação. Esse direito se estende aos avos e familiares, tendo em vista garantir a convivência familiar e manutenção das relações de afeto entre os ascendentes e descendentes.

No mesmo sentindo, a lei estende as disposições referentes à guarda e prestação de alimentos aos filhos menores aos maiores incapazes (art. 1.590).

11.4. DAS RELAÇÕES DE PARENTESCO – DISPOSIÇÕES GERAIS, DA FILIAÇÃO, RECONHECIMENTO DOS FILHOS E ADOÇÃO

O Código Civil de 2002 explica nos artigos 1.591 a 1.595 as relações de Parentescos e vínculo de afinidade. Para facilitar o quadro abaixo esclarece essas relações de vínculo entre as pessoas que pode ter origem consanguínea, por afinidade ou civil.:

Relação de Parentesco		**Grau de Parentesco**		
		1 Grau	**2 Grau**	**3 Grau**
Parentes Consanguíneos	Ascendentes Descendentes Colaterais	Pai e Mãe Filhos	Avô e Avó Netos Irmãos	Bisavô e Bisavó Bisnetos Tios e Sobrinhos

Ascendentes		Madrasta Padrasto Sogro (inclusive madrasta, Padrasto do cônjuge ou companheiro	Avô e Avó Do cônjuge e companheiro	Bisavô e Bisavó Do cônjuge e do companheiro
Descendentes		Enteados, Genro e Noras (dos cônjuges e companheiros	Netos (inclusive do cônjuge ou companheiro)	Netos (inclusive do cônjuge ou companheiro)
Colaterais			Cunhados (inclusive do cônjuge ou companheiro)	cônjuge ou companheiro de seus tios e sobrinhos, bem como tios e sobrinhos do seus cônjuge e companheiros

Na sequência, os artigos 1.596 a 1.606 tratam sobre as relações de parentesco em linha reta de 1 grau, que pode decorrer do casamento ou fora dele advindo de uma relação extraconjugal.

O art. 1.597 do CC traz algumas presunções de filiação, sendo presumidos os filhos concebidos na constância do casamento:

a) Aqueles nascidos cento e oitenta dias, pelo menos, depois de estabelecida a convivência conjugal;

b) Os nascidos nos trezentos dias (10 meses) subsequentes à dissolução da sociedade conjugal, por morte, separação judicial, nulidade e anulação do casamento;

c) havidos por fecundação artificial homóloga (aquela feita com o sêmen e óvulo dos próprios cônjuges), mesmo que falecido o marido;

d) havidos, a qualquer tempo, quando se tratar de embriões excedentários (são aqueles ainda não introduzidos no útero materno), decorrentes de concepção artificial homóloga;

e) Os havidos por inseminação artificial heteróloga (é aquela em que o material genético masculino ou feminino, ou ambos, é oriundo de um terceiro), desde que tenha prévia autorização do marido.

Nesse sentido, o STJ [22]entende que as presunções de concepção sobre quem é o pai, também são aplicáveis, por analogia, à união estável.

Se o genitor tiver dúvida da paternidade, caberá a ele contestá-la através da ação negatória de paternidade, sendo tal ação imprescritível. Se houver o falecimento do genitor, os herdeiros dele têm direito de prosseguir na ação (Art. 1.601 do CC). Para que seja possível a anulação do registro de nascimento, deverá ser comprovada que houve induzimento ao erro (foi enganado) ou falsificação do registro, conforme decidido no Informativo do STJ[23] nº 555.

Por fim, o art. 1.609 do CC, determina que os filhos advindos fora do casamento poderão ser reconhecidos através de: registro do nascimento; por escritura pública ou escrito particular, a ser arquivado em cartório; por testamento, ainda que incidentalmente manifestado; por manifestação direta e expressa perante

22. (REsp 1194059/SP, Rel. Ministro MASSAMI UYEDA, TERCEIRA TURMA, julgado em 06/11/2012, DJe 14/11/2012).

23. STJ. 3ª Turma. REsp 1330404-RS, Rel. Min. Marco Aurélio Bellizze, julgado em 5/2/2015.

o juiz, ainda que o reconhecimento não haja sido o objeto único e principal do ato que o contém. No caso de falecimento do genitor, é possível mediante a propositura da Ação de Investigação de Paternidade *Post Mortem*, porém será necessário obter uma amostra do material genético dos parentes consanguíneos, como filhos e irmãos do genitor falecido.

11.4.1. Reconhecimento da paternidade socioafetiva

Estabelece o art. 1.619 do CC a adoção de maiores de 18 anos, o ordenamento jurídico brasileiro além de prevê a adoção no Código Civil incorporou o provimento 63, de 14 de novembro de 2017, do Conselho Nacional de Justiça, que prevê a possibilidade de reconhecimento por vínculos de amor e afeto. O reconhecimento voluntário poderá ser realizado, em cartório, perante oficiais de registro civil das pessoas naturais, sendo irrevogável, só podendo ser desconstituído pela via judicial.

11.5. DO PODER FAMILIAR- EXTINÇÃO E SUSPENSÃO

O poder familiar será exercido pelos pais sobre os filhos. O professor Matheus[24] Zuliane adverte que o poder familiar é instituto que vincula os pais aos filhos ainda menores, atribuindo àqueles o exercício de direitos e deveres em relação à pessoa dos filhos e seus bens, sempre se levando em consideração o melhor interesse da criança e do adolescente.

Em casos de divergências dos pais em relação ao poder familiar, a estes é assegurado o direito de recorrer ao juiz (art. 1.631 do CC).

---

24. Zuliani, Matheus e Bouret, Aurélio. *Livro Direito Civil*, Carreiras Jurídicas, 4. ed., Editora CPIURIS, 2023.

Além de estabelecer direitos aos pais, a lei impõe deveres legais e responsabilidades, quais sejam: conduzir a educação dos filhos; exercer guarda unilateral ou compartilhada; autorizar ou não consentimento para o casamento (observando a idade núbil); conceder ou negar consentimento para mudar de residência, Município ou viagem para o exterior; representar os menores de 16 anos em atos judiciais ou extrajudicial, em atos da vida civil, aos maiores de 16 anos assisti-los quando forem partes em atos judiciais ou extrajudiciais; reclamá-los de quem ilegalmente os detenha; exigir que lhes prestem obediência, respeito e os serviços próprios de sua idade e condição (art. 1.634 do CC, I ao IX).

O art. 1.635 do CC estabelece as formas de extinção do poder familiar, que prescinde de decisão judicial e não tem nada a ver com a prática de conduta grave, sendo elas: pela morte dos pais; pela morte dos filhos; pela emancipação, nos termos do art. 5º, parágrafo único; pela maioridade; pela adoção; pela decisão judicial.

Por fim, a lei estabelece no art. 1.638 do CC os casos em que o pai ou a mãe perderá o poder familiar, por determinação judicial, sendo eles: por castigar imoderadamente o filho; abandonar o filho; praticar atos contrários à moral e aos bons costumes; se forem incididas, reiteradamente, as faltas previstas; o filho for entregue a doação ou a terceiros de forma irregular; a pratica de crimes de homicídio, feminicídio ou lesão corporal de natureza grave ou seguida de morte, quando se tratar de crime doloso envolvendo violência doméstica e familiar ou menosprezo ou discriminação à condição de mulher, estupro ou outro crime contra a dignidade sexual sujeito à pena de reclusão.

Além de praticar crime contra filho, filha ou outro descendente: homicídio, feminicídio ou lesão corporal de natureza grave ou seguida de morte, quando se tratar de crime doloso envolvendo violência doméstica e familiar ou menosprezo ou discriminação à condição de mulher; estupro, estupro de vulnerável ou outro crime contra a dignidade sexual sujeito à pena de reclusão.

11.6. DA TUTELA

Os institutos da Tutela e Curatela trabalham o direito assistencial aos incapazes para a defesa dos seus interesses, sendo que a tutela recai sobre os menores incapazes e a curatela sobre as pessoas maiores incapazes.

A lei determina que aos genitores incubem a responsabilidade de assistir, administrar os bens, educar e criar os filhos menores, entretanto, pode surgir situações em que essa responsabilidade poderá ser passada a terceiros. O art. 1.728 do CC dispõem que os filhos serão colocados em tutelas quando houver o falecimento dos pais ou sendo estes julgados ausentes ou em perda do poder familiar.

A percepção da tutela é uma atribuição que recai sobre o Estado nas situações de direito assistencial com a finalidade de atender interesse público e social. Classifica-se a tutela quanto à origem em:

a) Tutela testamentária elencada nos artigos 1.729 a 1.729 do CC, trata-se de disposição de última vontade em que os pais em testamento declaram a nomeação de tutor dos filhos.

b) Tutela legítima é quando não há indicação do tutor a tutela recairá aos ascendentes ou colaterais até o 3º grau.

c) Tutela Dativa que se encontra esculpida no art. 1.732 do CC, dispõem que na falta de tutelas precedentes o juiz irá nomear um tutor idôneo residente no domicílio do menor. Essa forma de tutela também é prevista nos casos de exclusão de tutor, escusa da tutela e remoção de tutores legítimos ou testamentários.

Importante destacar, que grau mais próximo prevalece aos graus mais remotos, bem como os mais velhos tem preferência em relação aos mais novos, partindo da premissa de que os mais velhos possuem mais experiencia e melhores diretrizes. Contudo, caberá ao juiz analisar o caso em concreto, resguardando o princípio do melhor interesse da criança.

Ademais, o art. 1.733 do CC prevê que em caso de irmãos órfãos será nomeado um tutor para ambos, decorrência do princípio da unicidade da tutela. Além disso, no mesmo artigo no § 2º determina que o autor que instituir um menor como herdeiro ou legatário poderá nomear-lhe um curador especial para os bens deixados, ainda que o beneficiário se encontre sob o poder familiar, ou tutela.

Por outro lado, em se tratando de criança ou adolescente de pais desconhecidos falecidos ou que tiverem sido suspensos ou destituídos do poder familiar, o juiz irá nomear um tutor ou incluirá o menor em programa de colocação familiar (família substituta), conforme dicção do art. 1.734 do CC.

Segundo o artigo 1.735 do CC, não poderá ser tutor e se for, o juiz removerá do cargo aquele que não tiver a livre administração dos seus bens, aquele que for inimigo do menor ou de seus pais, aquele que tiver demanda judicial de direitos e obrigações para com o menor, bem como os que forem condenados que tenham ou não cumprido pena em crimes contra o patrimônio, falsidade, contra a família e os costumes.

O Código Civil no art. 1.736 admite escusa a tutela, das seguintes pessoas: mulheres casadas; maior de sessenta anos; aquele quem sob sua responsabilidade mais de três filhos; os impossibilitados por doença, aqueles que residirem em local longe do exercício de tutela, aqueles que já exercerem tutela ou curatela e os militares em serviço. Alerta-se que a escusa deverá ser apresenta ao juiz no prazo de 10 dias subsequentes a nomeação do tutor.

Segundo o Código Civil em seu art. 1.737, aquele que não for parente consanguíneo do menor, não poderá ser obrigado a aceitar a tutela, se houver no lugar parente idôneo, consanguíneo ou afim, em condições de ocupar o cargo.

O tutor será o representante legal do menor sendo que a lei estabelece deveres e obrigações em relação ao bem-estar do menor (art. 1.740) e a administração dos bens (art.1.741 do CC), bem como determina que o tutor representará o menor, até os dezesseis anos, em atos da vida civil, e assisti-lo, após essa idade. Além disso, a lei confere ao tutor ainda a responsabilidade de conservar os bens, arrendar, alienar os que forem destinados a venda, sem necessidade de prévia autorização judicial (art. 1.748 do CC).

Por outro lado, se o tutor praticar atos elencados nos artigos 1.748 e 1.749 do Código Civil deverá requerer autorização judicial, vejamos:

> *Art. 1.748. Compete também ao tutor, com autorização do juiz:*
>
> *I - pagar as dívidas do menor;*
>
> *II - aceitar por ele heranças, legados ou doações, ainda que com encargos;*
>
> *III - transigir;*
>
> *IV - vender-lhe os bens móveis, cuja conservação não convier, e os imóveis nos casos em que for permitido;*
>
> *V - propor em juízo as ações, ou nelas assistir o menor, e promover todas as diligências a bem deste, assim como defendê-lo nos pleitos contra ele movidos.*
>
> *Parágrafo único. No caso de falta de autorização, a eficácia de ato do tutor depende da aprovação ulterior do juiz.*
>
> *Art. 1.749. Ainda com a autorização judicial, não pode o tutor, sob pena de nulidade:*
>
> *I - adquirir por si, ou por interposta pessoa, mediante contrato particular, bens móveis ou imóveis pertencentes ao menor;*
>
> *II - dispor dos bens do menor a título gratuito;*
>
> *III - constituir-se cessionário de crédito ou de direito, contra o menor.*

Portanto, a relação jurídica estabelecida pela tutela é de suma importância, justificando-se a obrigação da prestação de contas judicial, sendo que a cada final de ano será apresentado o balanço anual e de dois em dois anos a prestação de contas.

11.7. DA CURATELA

O art. 1767 determina quais as pessoas maiores que estão sujeitas a curatela, sendo: a pessoa, por causa transitória ou permanente, não puder exprimir sua vontade, os ébrios habituais, viciados em tóxico e os pródigos. De acordo com o art. 1.774 do Código Civil, as disposições referentes à tutela se aplicam em relações à curatela.

A curatela legítima será determinada da seguinte forma: o cônjuge ou companheiro, não separado judicialmente ou de fato, será de direito curador do outro, em caso de interdito, na falta daquele caberá o pai ou a mãe, na falta destes, o descendente (os mais próximos precedem aos mais remotos), não tendo esses o juiz nomeará um curador dativo.

Ocasionalmente, o juiz poderá nomear dois ou mais curadores, qual seja, a denominada curatela compartilhada. Isso acontece em caso de pessoa com deficiência que necessita de cuidados especiais com maior rede de apoio.

Ao nascituro será nomeado um curador em caso do genitor vier a falecer e a mãe não tiver o poder familiar ou no caso de a mãe ser interditada, sendo neste apenas um curador (art. 1.779 do CC).

Importante destacar que o Código Civil incluiu o artigo 1.783-A, que trata sobre a tomada de decisão no qual a pessoa com deficiência ingressa com um processo para indicar duas pessoas idôneas, de sua confiança, preste apoio na tomada de decisões sobre atos da sua vida civil. O pedido judicial deverá constar os limites do apoio e os compromissos, bem como o prazo estabelecido ao apoio.

Contudo, o juiz antes deferir a decisão ouvirá a pessoa com deficiência e aqueles que irão prestar o apoio, bem como deverá ouvir o Ministério Público e a equipe multidisciplinar. A pessoa que será apoiada a qualquer momento poderá pedir a revogação do termo de apoio, e somado a isso caberá aos apoiadores à prestação de contas e responsabilidade civil por eventual negligência.

11.8. DO DIREITO PATRIMONIAL

O regime de bens é o conjunto de regras e princípios que irá disciplinar as relações econômicas-patrimoniais entre os cônjuges, e entre estes e terceiros. O estatuto patrimonial do direito das famílias, enuncia três princípios:

a) **Da imutabilidade**: não será permitido a alteração no regime de bens regra geral, entretanto o código traz a exceção prevista no art. 1.639, § 2º, do CC, onde admite-se alteração do regime de bens, mediante autorização Judicial, com pedido específico de ambos os cônjuges, o qual deverá ser comprovado que a modificação não tem objetivo de fraude a terceiros.

b) **Das variedades de regime de bens:** O ordenamento jurídico prevê os regimes de comunhão universal de bens, comunhão parcial de bens, de participação final nos aquestos; regime de separação total de bens obrigatório e separação total convencional de bens.

c) **Princípio da livre estipulação:** o legislador da liberdade aos cônjuges na escolha do regime de bens, porém este princípio não é absoluto pois em determinado momento a lei mitiga esse direito, como nos casos da imposição do regime de separação obrigatória total de bens.

É lícito aos nubentes estipular livremente as regras patrimoniais antes do casamento através do pacto antenupcial, salvo as hipóteses da separação obrigatória de bens. Denomina-se pacto antenupcial o contrato bilateral, solene, pois sua forma é prevista no art. 1.653[25] do CC e na Lei 6.015/73 (lei de registro públicos), acessório (ao casamento), realizado por escritura pública e cujos efeitos ficam sob condição suspensiva, ou seja, aguardando o casamento para gerar efeitos.

Todo regime de bens, exceto o regime de comunhão parcial de bens, exige o pacto antenupcial, o qual será apresentado no momento habilitação do casamento. A capacidade para o pacto antenupcial é a mesma para se casar, ou seja, 16 anos (idade núbil), sendo que o menor deverá ter assistência dos pais ou representantes legais.

O pacto antenupcial só pode ser feito mediante escritura pública em Cartório de Notas, que deve ser registrado, em livro especial, e só surtirão efeitos para terceiros após ser registrado no Cartório de Registro de Imóveis do domicílio dos cônjuges. (art. 1.657[26] do CC).

Ademais, o pacto antenupcial por ser regras de carácter econômico não poderá ter nenhuma cláusula que fere o ordenamento jurídico, pois a partir do momento que um negócio jurídico ferir uma proibição legal será considerado nulo (art. 166[27] do CC).

25. Art. 1.653. É nulo o pacto antenupcial se não for feito por escritura pública, e ineficaz se não lhe seguir o casamento.

26. Art. 1.657. As convenções antenupciais não terão efeito perante terceiros senão depois de registradas, em livro especial, pelo oficial do Registro de Imóveis do domicílio dos cônjuges.

27. "Art. 166. É nulo o negócio jurídico quando: I - celebrado por pessoa absolutamente incapaz; II - for ilícito, impossível ou indeterminável seu objeto; III - o motivo determinante, comum a ambas as partes, for ilícito; IV - não revestir a forma prescrita em lei; V - for preterida alguma solenidade que a lei considere essencial para a sua validade; VI - tiver por objetivo fraudar

Passaremos a analisar os regimes de bens descritos no nosso ordenamento jurídico:

O regime de separação legal ou separação total obrigatória de bens, art. 1.641 do CC:

a) será obrigatório esse regime nos casos em que os cônjuges contraírem casamento sem observância as causas suspensivas (art. 1.523 do CC) do casamento;

b) Da pessoa maior de 70 anos, neste caso temos uma inovação jurídica jurisprudencial em que o STF em 01 de fevereiro 2024 decidiu que pessoas acima de 70 anos agora poderão decidir o regime de bens **adotado em casos de união estável ou casamento, mediante escritura pública;**

c) De todas as pessoas que necessitam de autorização judicial para se casar, como por exemplo, o menor com idade núbil (16) anos que não tem autorização de um dos pais ou representante legal e para isso necessita de autorização judicial, com tal finalidade.

Vale a pena pontuar que, a Sumula 377 do STF declara que os bens adquiridos de forma onerosa no regime de separação legal de bens, comunicam-se os adquiridos na constância do casamento. Entretanto, o STJ vem mitigando o entendimento do STF, pois para o STJ exige-se prova do esforço comum para haver comunicabilidade dos bens adquiridos onerosamente durante o casamento, ou seja, o esforço comum não é presumido.

Merece atenção o disposto no art. 1.641 do CC, inciso I, porque se os nubentes comprovarem que não haverá nenhum prejuízo para o casal ou para terceiros, eles podem pleitear que o

lei imperativa; VII - a lei taxativamente o declarar nulo, ou proibir-lhe a prática, sem cominar sanção."

juiz não aplique o regime de separação obrigatória (art. 1.523, p. único,[28] CC).

I) Regime de separação total de bens.

Já o regime de separação total convencional de bens ou separação absoluta de bens, previsto no art. 1.687 do CC, declara que estipulada a separação de bens, estes permanecerão sob a administração exclusiva de cada um dos cônjuges, que os poderá livremente alienar ou gravar de ônus real. Dessa forma, a incomunicabilidade total de cada cônjuge envolve bens antes do casamento, adquiridos durante e os bens futuros.

II) Regime de comunhão Parcial de Bens

O Regime de comunhão parcial de bens está disciplinado no art. 1.640 do CC, e é o tipo de regime de bens mais comum no Brasil. O Código Civil de 2002 passa a tê-lo como regime legal que será aplicado na hipótese de não haver escolha expressa dos nubentes. Nessa forma de regime comunicam-se os bens adquiridos pelo casal na constância do casamento. É oportuno comentar que esse também, em regra, é o regime adotado em união estável.

O artigo 1.660 do CC, incisos I ao V, elenca os bens que se comunicam no regime de comunhão parcial de bens, sendo:

28. Art. 1.523. Não devem casar:
Parágrafo único. É permitido aos nubentes solicitar ao juiz que não lhes sejam aplicadas as causas suspensivas previstas nos incisos I, III e IV deste artigo, provando-se a inexistência de prejuízo, respectivamente, para o herdeiro, para o ex-cônjuge e para a pessoa tutelada ou curatelada; no caso do inciso II, a nubente deverá provar nascimento de filho, ou inexistência de gravidez, na fluência do prazo.

a) Aqueles bens adquiridos na constância do casamento por título oneroso, ainda que só em nome de um dos cônjuges;

b) Os bens adquiridos por fato eventual, com ou sem o concurso de trabalho ou despesa anterior, como por exemplo: bens adquiridos em bingo, loteria, apostas e jogos;

c) Os bens que forem adquiridos por doação, herança ou legado, em favor de ambos os cônjuges;

d) As benfeitorias realizadas em bens particulares de cada cônjuge durante a constância do casamento;

e) Os rendimentos gerados na constância do casamento dos bens comuns, ou dos particulares de cada cônjuge, percebidos na constância do casamento, ou pendentes ao tempo de cessar a comunhão, como por exemplo: rendimentos de um imóvel ou aplicação financeira.

Importante destacar que, as verbas trabalhistas nascidas e pleiteadas na constância do casamento, sob o regime de comunhão parcial ou da união estável, comunicam-se, bem como os valores depositados em conta vinculada ao Fundo de Garantia de Tempo de Serviço – FGTS – auferidos durante a constância da união estável ou do casamento.

São excluídos da comunhão parcial os descritos no art. 1.640 do CC, quais sejam:

a) Aqueles bens que cada cônjuge possuir ao casar, e os que lhe sobrevierem, na constância do casamento, por doação ou sucessão, e os sub-rogados em seu lugar, ou seja, permutados em outro bem;

b) As obrigações provenientes de atos ilícitos, salvo se o produto do ato ilícito foi em proveito do casal;

c) As dívidas anteriores ao casamento;

d) Os bens de uso pessoal, os livros e os instrumentos de profissão;

e) Os proventos de trabalho de cada cônjuge, exceto se dos proventos do trabalho foram adquiridos bens ou investimentos sendo que nesse caso comunica-se;

f) As pensões, meios-soldos (é a metade da pensão paga ao militar reformado), montepios (é a pensão devida aos herdeiros do servidor público falecido) e outras rendas semelhantes.

Portanto, o regime da comunhão parcial de bens se caracteriza pela comunicação apenas dos bens adquiridos onerosamente, por um ou pelos dois cônjuges, durante o casamento ou a união estável, bem como as dívidas contraídas durante o casamento dos bens comuns, salvo as dívidas contraída por um dos cônjuges na administração de bem particular e em seu benefício. (art. 1.666[29] do CC).

III) Comunhão Universal de bens

No regime de comunhão universal de bens, a comunicabilidade é maior que todos os regimes, o professor Rodrigo Cunha, em sua obra de Direito das Famílias, explica que:

> *"O regime de comunhão universal significa a comunicação de todos os bens presentes e futuros dos cônjuges, ou dos conviventes, e suas dívidas. E assim, os cônjuges ou companheiros deixam de ter patrimônios particulares e passam a ser meeiros de um patrimônio comum."*

---

29. Art. 1.666. As dívidas, contraídas por qualquer dos cônjuges na administração de seus bens particulares e em benefício destes, não obrigam os bens comuns.

O artigo 1.668 do CC especifica as exceções á comunicabilidade neste regime:

a) Os bens doados ou herdados com a cláusula de incomunicabilidade e os sub-rogados em seu lugar, esta cláusula é justamente para que não haja a comunicação patrimonial com o cônjuge;

b) Aqueles bens gravados de fideicomisso e o direito do herdeiro fideicomissário, antes de realizada a condição suspensiva; sendo fideicomissário que é aquele que, ainda não foi concebido, tem o direito de receber a herança ou o legado deixado pelo testador (fideicomitente), que enquanto não nascido fica com propriedade resolúvel do sucessor hereditário ou legatário (fiduciário). Já o fiduciário recebe a propriedade de bens que deve – por sua morte, ou a certo tempo, ou sob condição suspensiva – transmitir ao segundo (fideicomissário). Ex.: caso João deixe patrimônio para a prole eventual de Maria com o seu marido (Pedro), o bem ficará com Maria, até o nascimento da aludida prole. Nesse contexto, enquanto pendente a condição suspensiva, ainda que Maria seja casada com Pedro em comunhão universal, o bem, objeto da fidúcia, não se comunicará, por razões óbvias;

c) As dívidas anteriores ao casamento, salvo se provierem de despesas com seus aprestos (preparativos para o casamento), ou reverterem em proveito comum;

d) As doações antenupciais feitas por um dos cônjuges ao outro com a cláusula de incomunicabilidade;

e) Os bens referidos nos incisos V a VII do art. 1.659, ou seja, os bens de uso pessoal, os livros e instrumentos de profissão; os proventos do trabalho pessoal de cada cônjuge; as pensões, meios-soldos, montepios e outras rendas semelhantes.

O art. 1.669 do CC determina que os frutos dos bens incomunicáveis quando percebidos ou vencidos no curso do casamento comunicam-se, ou seja, ainda que esteja diante das exceções, se os bens geram rendimentos a comunicabilidade.

IV) Do regime de Participação Final nos Aquestos

O regime de participação final nos aquestos está previsto no art. 1.672 a 1.686 do CC, em que a maior parte da doutrina classifica com uma forma de regime que possui uma espécie híbrida, pois tem características tanto do regime de separação quanto de comunhão parcial de bens.

Nesse sentido, os bens adquiridos antes do matrimônio não se comunicam. Durante a constância do casamento aplicam-se as regras da separação total dos bens, pois cada cônjuge mantém seu próprio patrimônio, com administração exclusiva de seus bens, entretanto deve-se previamente ser estipulado no pacto antenupcial.

Quando ocorre a dissolução do casamento haverá comunicabilidade dos aquestos (saldo). O professor Rodrigo Cunha, explica em seu livro de Direito das famílias que:

> *"Assim, entende-se que, durante a constância do casamento ou união estável, cada indivíduo terá livre exercício, no que diz respeito à administração de seus bens privados. Com a dissolução do casamento ou união estável os cônjuges e companheiros poderão reivindicar sua participação nos ganhos que o outro cônjuge obteve ao longo da relação: Sobrevindo a dissolução da sociedade conjugal, apurar-se-á o montante dos aquestos, excluindo-se da soma dos patrimônios próprios: I – os **bens** anteriores ao casamento e os que em seu lugar se sub-rogaram; II – os que sobrevieram a cada cônjuge por sucessão ou liberalidade; III – as dívidas relativas a esses bens. (Art. 1.674, CCB)."*

Importante salientar que, em relação as dívidas estas não se comunicam, exceto se reverterem em favor do outro (art. 1.677

do CCB/2002), sendo que caberá ao cônjuge que pagou a dívida do outro receber à restituição do valor atualizado.

11.8.1. Outorga uxória

Vale ressaltar que, a outorga uxória é a autorização concedida, de um cônjuge para o outro, para realizar determinado negócio jurídico. Ela está diretamente ligada ao regime de bens escolhido pelo art. 1.647 do CC, em que este artigo estabelece que para que seja válido a prática de um determinado ato deverá ter a anuência de ambos os cônjuges.

Desse modo, se for alienar ou gravar de ônus real os bens imóveis ou pleitear como autor ou réu, acerca de bens ou direito, ou prestar fiança ou aval, fazer doação, não sendo remuneratória, de bens comuns ou dos bens particulares que passam a integrar futura meação, exige-se a outorga de ambos os cônjuges. (o art. 1.647[30], do CC).

Essa exigência não se aplica no regime de bens de separação convencional total de bens. Ademais, poderá ser suprida a outorga por decisão judicial em caso em que ficar comprovado a denegação injusta. (art. 1.648 do CC).

O Código Civil no art. 1.649 traz que se for praticado um negócio jurídico sem a outorga quando exigida por lei, o ato será

---

30. Art. 1.647. Ressalvado o disposto no art. 1.648, nenhum dos cônjuges pode, sem autorização do outro, exceto no regime da separação absoluta
I - alienar ou gravar de ônus real os bens imóveis;
II - pleitear, como autor ou réu, acerca desses bens ou direitos;
III - prestar fiança ou aval;
IV - fazer doação, não sendo remuneratória, de bens comuns, ou dos que possam integrar futura meação.
Parágrafo único. São válidas as doações nupciais feitas aos filhos quando casarem ou estabelecerem economia separada.

anulável, sendo o prazo de 2 anos para pleitear a anulação, a contar a partir do rompimento do vínculo conjugal, ou seja, o prazo ficará suspenso até o rompimento.

11.8.2. Do usufruto e da administração dos bens de filhos menores

O Código Civil confere aos pais a condição de usufrutuário e administradores dos bens dos seus filhos, por exercerem o poder familiar sobre o filho menor. Entretanto, o próprio código elenca limites na atuação dos pais em relação ao patrimônio do filho menor.

O art. 1.691 do CC determina que aos pais não será permitido alienar, gravar ônus real aos imóveis do filho, nem mesmo contrair obrigações que ultrapassem a simples administração, exceto em casos de necessidade ou interesse da prole, bem como mediante autorização do juiz.

Além disso, os pais terão atuação limitada ao patrimônio do menor, quando:

a) Os bens do menor forem adquiridos antes do reconhecimento da paternidade ao genitor não caberá a administração do bem;

b) Não caberá aos genitores a administração do salário do maior de 16 anos;

c) O menor receber herança que os pais foram excluídos.

Portanto, caberá aos pais em comum a administração e assistência as questões relativas ao patrimônio do filho menor de idade, com o objetivo de assegurar o interesse do menor. Caso haja divergência e conflito de interesse dos pais com o filho, o Juiz nomeará um curador especial e decidirá em favor do melhor interesse do menor (art. 1.692 do CC).

11.9. DOS ALIMENTOS

O ordenamento jurídico estabelece recursos necessários para satisfação de necessidades vitais, tais como: comida, moradia, vestuário, medicamentos, lazer, bem como outras necessidades, destinados àqueles que não podem obtê-los por si mesmos. A obrigação alimentar decorre do princípio da solidariedade familiar, do poder familiar e do dever de mútua assistência.

O Art. 1.694[31] do CC determina que o dever alimentar decorrente da relação de parentesco e decorre do princípio da solidariedade do grupo familiar, sendo necessário estar pautada no binômio necessidade x possibilidade. O dever alimentar é uma obrigação aos parentes em linha reta (ascendentes e descendentes) bem como extensível a parentes de 2° grau (avó e avô).

Estão excluídos do âmbito dos alimentos os parentes por afinidade (genro, nora, enteado, enteada, madrasta, padrasto, sogro, sogra, cunhado e cunhada etc.) e colaterais de 3º e 4º grau, com exceção aos parentes por afinidade ou em linha transversal de 3º e 4º graus exercendo guarda ou tutela, como por exemplo, no caso do padrasto que tenha a guarda do enteado (art. 33 – ECA[32]).

Em relação ao dever de sustento em decorrência do poder familiar, é característico dos pais aos filhos. Tal dever de sustento dos pais para os filhos é unilateral e exigível sempre, independentemente de possível reciprocidade ou do binômio necessidade x possibilidade.

---

31. Art. 1.694. Podem os parentes, os cônjuges ou companheiros pedir uns aos outros os alimentos de que necessitem para viver de modo compatível com a sua condição social, inclusive para atender às necessidades de sua educação.
32. Art. 33. A guarda obriga a prestação de assistência material, moral e educacional à criança ou adolescente, conferindo a seu detentor o direito de opor-se a terceiros, inclusive aos pais.

Vale destacar que em relação ao cônjuge, também se fala em obrigação alimentar, a qual decorre do dever de mútua assistência, obrigação esta que é contraída no matrimônio (art. 1.702[33] do CC).

11.10. UNIÃO ESTÁVEL

A união estável se caracteriza quando duas pessoas se unem com sentimento de afeto, com desejo de constituir família, mantendo um relacionamento informal e duradouro. A constituição Federal de 88, no art. 226[34], § 3º, reconhece a união estável como entidade familiar que goza de proteção legal. No mesmo sentido, prevê o Código Civil em seu art. 1.723 "É reconhecida como entidade familiar a união estável entre o homem e a mulher, configurada na convivência pública, contínua e duradoura e estabelecida com o objetivo de constituição de família."

O ordenamento jurídico prevê que para ser caracterizada a união estável são necessários alguns requisitos, sendo: ânimo de constituir família, estabilidade e continuidade, publicidade, ausência de impedimentos para casar (art. 1.521 do CC).

Compete assinalar que, para ser reconhecida a união estável não se faz necessário um lapso temporal determinado, haja vista que o principal elemento caracterizador é o ânimo de constituir família. Entretanto, deverá ser analisado o contexto da relação.

---

33. Art. 1.702. Na separação judicial litigiosa, sendo um dos cônjuges inocente e desprovido de recursos, prestar-lhe-á o outro a pensão alimentícia que o juiz fixar, obedecidos os critérios estabelecidos no art. 1.694.
34. Art. 226. A família, base da sociedade, tem especial proteção do Estado.
§ 3º Para efeito da proteção do Estado, é reconhecida a união estável entre o homem e a mulher como entidade familiar, devendo a lei facilitar sua conversão em casamento.

Da mesma forma, não se deve considerar que por ser uma relação duradoura será considerada união, haja vista que a relação por muitas vezes é considerada um namoro, não constituindo união estável. Nessa direção, o professor Flavio Tartuce[35], em sua obra de Direito civil, explica que não se pode confundir a união estável com um namoro longo, tido como um *namoro qualificado*, em expressão cunhada pelo saudoso doutrinador Zeno Veloso. No último caso, há um objetivo de família futura, enquanto na união estável a família já existe (*animus familiae*).

Além disso, deve-se diferenciar união estável de concubinato, pois este se refere as relações eventuais entre pessoas impedidas de casar, uma relação que não gera direitos, ou seja, as partes não têm direito a alimentos, direitos sucessórios ou direito à meação, por não se tratar de entidade familiar, mas sociedade de fato (art. 1.727[36] do CC).

Ademais, ainda que seja surgida na informalidade, a união estável cria para os nubentes direitos, sendo: direito a herança, a pensão por morte, a alimentos, bem como obrigações, assim prevê o Código Civil no art. 1.724 "as relações pessoais entre os companheiros obedecerão aos deveres de lealdade, respeito e assistência, e de guarda, sustento e educação dos filhos."

Por fim, a lei determina que será aplicado à união estável o regime de comunhão parcial de bens (art. 1.725[37] do CC).

---

35. Tartuce, Flavio. *Direito Civil*. Volume Único, 2023.

36. Art. 1.727. As relações não eventuais entre o homem e a mulher, impedidos de casar, constituem concubinato.

37. Art. 1.725. Na união estável, salvo contrato escrito entre os companheiros, aplica-se às relações patrimoniais, no que couber, o regime da comunhão parcial de bens.

11.11. DO DIREITO DAS SUCESSÕES – DISPOSIÇÃO GERAL

O direito sucessório nada mais é do que uma regulamentação da transferência do patrimônio (ativo e passivo – créditos e débitos), de alguém, depois de sua morte aos seus respectivos herdeiros em virtude de lei ou testamento, denominado princípio da saisine.

O direito sucessório está disciplinado nos arts. 1.784 a 2.027 do CC e na Constituição Federal o qual assegura o direito de herança (artigo 5º, XXX). O art. 1.786 do CC determina duas modalidades de sucessão que se dará por:

a) Sucessão legítima que é aquela que a pessoa morre sem deixar testamento, a herança transmite-se aos herdeiros legítimos e baseia-se na ordem de vocação hereditária.

b) Sucessão testamentária que é aquela que tem origem na última vontade do falecido, se não houver herdeiros necessários será plena a liberdade de testar, mas havendo herdeiros necessários (cônjuge sobrevivente, descendentes ou ascendentes), o testador só poderá dispor de metade da herança (art. 1.789 CC), ao menos que os herdeiros necessários sejam deserdados (art. 1.961[38] do CC). Ressalta-se que os herdeiros colaterais poderão ser excluídos, basta-se que o testamentário disponha de todo o seu patrimônio sem contemplá-los (art. 1. 850 do CC).

No caso de casamento sob o regime da comunhão universal de bens, o patrimônio do casal será dividido em duas meações,

38. Art. 1.961. Os herdeiros necessários podem ser privados de sua legítima, ou deserdados, em todos os casos em que podem ser excluídos da sucessão.

sendo que a pessoa só poderá dispor da sua meação (art. 1.667 CC).

Portanto, com a morte abre-se de imediato a sucessão, em relação aos bens e obrigações que pertenciam ao morto.

11.12. DA HERANÇA E DE SUA ADMINISTRAÇÃO

A herança é um conjunto de bens considerado em condomínio que forma o chamado espólio, este tem legitimidade ativa que será representado pelo inventariante. A herança é considerada como um todo indivisível (art. 1.791 do CC).

Estabelece o art. 1.793[39] do CC que o direito à sucessão aberta, bem como o quinhão que pertence ao coerdeiro, poderá ser objeto de cessão por escritura pública. Entretanto, o § 2º do mesmo artigo em sua redação dispõem que será ineficaz a cessão de um bem que compõem a herança de forma isolada. Da mesma forma, prevê como ineficaz a disposição por herdeiro, sem a prévia autorização do juiz da sucessão, de bens pertencentes ao espólio, pendente de indivisibilidade conforme consta do § 3º, do CC.

39. Art. 1.793. O direito à sucessão aberta, bem como o quinhão de que disponha o coerdeiro, pode ser objeto de cessão por escritura pública.
§ 1º Os direitos, conferidos ao herdeiro em consequência de substituição ou de direito de acrescer, presumem-se não abrangidos pela cessão feita anteriormente.
§ 2º É ineficaz a cessão, pelo coerdeiro, de seu direito hereditário sobre qualquer bem da herança considerado singularmente.
***porque a herança é um conjunto de bens considerado em condomínio, não podendo o herdeiro fazer cessão de sua parte de bem considerado singularmente.
§ 3º Ineficaz é a disposição, sem prévia autorização do juiz da sucessão, por qualquer herdeiro, de bem componente do acervo hereditário, pendente a indivisibilidade.

A lei consagra ao coerdeiro interessado na cota parte o direito de preferência, proibindo o coerdeiro ceder sua cota hereditária a pessoa estranha à sucessão (art. 1794[40] do CC). Dessa forma, o herdeiro cedente deverá notificar primeiro aos coerdeiros, possibilitando o direito de preferência de aquisição. Ademais, sendo vários coerdeiros a exercer a preferência, entre eles se distribuirá o quinhão cedido, na proporção das respectivas quotas hereditárias (art. 1.795, p. único, do CC).

O coerdeiro que tenha interesse na aquisição cedida a terceiro estranho poderá haver para si a cota parte, porém terá que comprovar que não for notificado acerca da cessão e deverá fazer o depósito judicial nos autos principais em até 180 dias da transmissão (*caput* do art. 1.795).

Noutro giro, o art. 1.796 consagra o prazo de 30 dias para a abertura do inventário, a contar da sucessão, no entanto, o artigo 611[41] do CPC estabelece o prazo de 2 meses para abertura do inventário e partilha a contar da data da sucessão. Diante do conflito aparente de normas, este prazo previsto no Código de Processo Civil prevalece sobre o prazo descrito Código Civil. Logo, o inventário poderá ser aberto após este prazo de 2 meses, mas incidirá multa no imposto ITCMD, de acordo com a lei de cada Estado. A súmula 542[42] declara que não é inconstitucional a multa instituída pelo Estado-Membro, sanção pelo retardamento do início ou da ultimação do inventário.

---

40. Art. 1.794. O co-herdeiro não poderá ceder a sua quota hereditária a pessoa estranha à sucessão, se outro co-herdeiro a quiser, tanto por tanto

41. Art. 611. O processo de inventário e de partilha deve ser instaurado dentro de 2 (dois) meses, a contar da abertura da sucessão, ultimando-se nos 12 (doze) meses subsequentes, podendo o juiz prorrogar esses prazos, de ofício ou a requerimento de parte.

42. https://portal.stf.jus.br/jurisprudencia/sumariosumulas.asp?base=30&sumula=3345

Além disso, o art. 1.796 trata que a sucessão deverá ser instaurada perante o juízo competente no lugar da sucessão, para fins de liquidação e partilha de herança. Da mesma maneira, o art. 1.785 do CC determina que a sucessão se abre no lugar do último domicílio do falecido. Em caso de inventário extrajudicial, poderá ser realizado em qualquer cartório do país.

O art. 1.797 do CC determina que enquanto não aberto o inventário e nomeado o inventariante, que prestará o compromisso, caberá ao administrador provisório administrar a herança, sendo que conforme os incisos do artigo acima citado caberão em preferência:

a) o cônjuge ou companheiro que convivia com o *de cujus* ao tempo da abertura da sucessão;

b) na falta de cônjuge ou companheiro caberá ao herdeiro que estiver na posse do bem, em que sendo vários os herdeiros nessas condições, ao mais velho caberá a preferência;

c) ao testamenteiro;

d) Na recusa daqueles que tem preferência ou na falta destes, o juiz nomeará uma pessoa de confiança para administrar os bens provisoriamente.

Contudo, o Código de Processo Civil de 2015 em seu art. 614[43] determina os direitos e deveres do administrador provisório.

43. Art. 614. O administrador provisório representa ativa e passivamente o espólio, é obrigado a trazer ao acervo os frutos que desde a abertura da sucessão percebeu, tem direito ao reembolso das despesas necessárias e úteis que fez e responde pelo dano a que, por dolo ou culpa, der causa.

11.12.1. Da vocação hereditária e da aceitação e renúncia da herança

I) Vocação Hereditária

O ar. 1.798 do CC trata das pessoas legitimadas que podem ser herdeiras, decorrente do princípio da coexistência, sendo: a pessoa já nascida independentemente da idade e da capacidade, bem como a já concebida, ou seja, o nascituro que nascer vivo, pois se nascer morto não terá legitimidade. Se o quinhão do nascituro já houver sido reservado e aquele nascer morto, o quinhão será devolvido aos demais herdeiros.

Calha abordar que, o enunciado 267 da III jornada de direito civil determina que a regra do art. 1.798 do CC se estende aos embriões formados mediante o uso de técnicas assistidas. Ademais, as pessoas jurídicas tanto de direito privado quanto as de direito público também estão legitimadas a suceder.

Já na sucessão testamentária, o art. 1.799 do CC determina que podem suceder:

a) Os filhos, ainda não concebidos, de pessoas indicadas pelo testador, devendo estarem vivas as pessoas indicadas pelo testador, ou seja, os pais dos filhos ainda não concebidos terão que estar vivos. A isso denomina-se prole eventual ou concepturo. Deverá nascer no prazo de 02 anos após a abertura da sucessão, caso contrário os bens reservados caberão aos herdeiros (art. 1.800, § 4º, do CC). Importante destacar que, não pode ser com material genético de quem faleceu, pois o artigo fala em pessoa viva ao abrir a sucessão;

b) As pessoas jurídicas, bem como as pessoas jurídicas, cuja organização for determinada pelo testador sob a forma de fundação.

Ademais, o art. 1.801 nos incisos I a IV, Código Civil elenca as pessoas que não poderão ser herdeiras e nem legatárias no testamento, isso acontece porque certas pessoas podem influenciar o testador com objetivo de obter aproveito próprio no testamento, sendo as seguintes pessoas:

a) A pessoa que escreveu o testamento para o testador, nem seu cônjuge ou companheiro, ou seus ascendentes ou irmãos;

b) A pessoa que assina como testemunha no testamento;

c) O concubino do próprio testador, exceto se o testador estiver separado de fato do cônjuge há mais de 5 anos. A lei permite que o filho em comum do concubino com o testador pode ser beneficiado pelo pai, via testamento. (art. 1.803 do CC);

d) O tabelião, civil ou militar, ou o comandante ou escrivão, perante quem se fizer, assim como o que fizer ou aprovar o testamento.

Portanto, no caso de alguma das pessoas não legítimas a suceder forem beneficiadas, a disposição testamentária será nula, nem mesmo se forem feitas por simulação sob a forma de contrato oneroso, ou feitas mediante os ascendentes, os descendentes, os irmãos e o cônjuge ou companheiro do não legitimado a suceder, conforme prevê o art. 1.802 do CC.

II) Da Aceitação e Renúncia da Herança

O herdeiro é livre para aceitar a herança ou renunciá-la (art. 1.804 do CC). Aceitando a herança, esta se transmite definitivamente, podendo ser de forma; expressa, tácita ou presumida. Ressalta-se que atos como preparo do funeral do *de cujus*, bem como conservação dos bens deixado não se presumirá aceitação. Também não se considera como aceitação a cessão gratuita a um dos coerdeiros (art. 1.805).

Contudo, se recusar, não haverá transmissão da herança e seu efeito será retroativo a data da morte, a recusa deverá ser feita através de documento público ou termo judicial (art. 1.086 do CC).

Ademais, não se pode aceitar ou renunciar em parte, sob condição ou a termo, já se houver mais de uma sucessão poderá o herdeiro aceitar uma e renunciar a outra (art. 1.808 do CC).

Se um herdeiro falecer antes de declarar se aceita ou renuncia a herança será chamado a suceder o seu herdeiro, a menos que se trate de vocação subordinada a uma cláusula condicional suspensiva ainda não ocorrida. Além disso, o herdeiro do falecido só poderá aceitar ou renunciar a primeira herança se aceitar a segunda herança (art. 1.809, *caput* e p. único, do CC).

Os atos do herdeiro em renunciar ou aceitar a herança serão irrevogáveis (art. 1.812 do CC). Além disso, na sucessão legitima (art. 1.829[44] do CC) a parte da renúncia de um herdeiro será acrescida aos demais herdeiros da mesma classe (grau), mas sendo ele o único da classe devolve-se a herança aos herdeiros da classe seguinte (art. 1.810 do CC).

Importante destacar que, ninguém poderá herdar por representação o herdeiro que renunciou a herança, mas no caso de o herdeiro renunciante for o único legítimo da classe ou se todos os

---

44. Art. 1.829. A sucessão legítima defere-se na ordem seguinte: (Vide Recurso Extraordinário nº 646.721) (Vide Recurso Extraordinário nº 878.694)
I - aos descendentes, em concorrência com o cônjuge sobrevivente, salvo se casado este com o falecido no regime da comunhão universal, ou no da separação obrigatória de bens (art. 1.640, parágrafo único); ou se, no regime da comunhão parcial, o autor da herança não houver deixado bens particulares;
II - aos ascendentes, em concorrência com o cônjuge;
III - ao cônjuge sobrevivente;
IV - aos colaterais.

herdeiros da mesma classe renunciarem a herança, o filho do herdeiro renunciante poderá vir a sucessão para receber a herança, por direito próprio e por cabeça (art. 1.811 do CC).

Contudo, a lei permite ao herdeiro exercer o seu direito de aceitar e renunciar a herança, todavia se o herdeiro renunciante tiver dívidas a lei admite aos credores a requerer ao juízo do inventário, a ineficácia da renúncia para que a herança seja destinada a pagar os credores (art. 1.813 do CC).

O § 1º do mesmo artigo estabelece que os credores terão o prazo de 30 dias para se habilitarem no processo, a contar da data que tiverem conhecimento da renúncia. Se não for feita a habilitação no prazo estipulado aos credores caberão ingressar com ação de anulação a renúncia por meio da ação de fraude contra credores (ação pauliana ou revocatória). As dívidas sendo sanadas os remanescentes serão devolvidos aos demais herdeiros, § 2º do art. 1.813.

11.12.2. Dos excluídos da sucessão e da herança jacente

Importante considerar o art. 1.815-A do CC, que foi incluído pela Lei nº 14.661, de 2023, e estabeleceu que, em todas as hipóteses de indignidade que constam no art. 1.814, o trânsito em julgado da sentença penal condenatória desencadeará a imediata exclusão do herdeiro ou legatário indigno, independentemente da sentença prevista no *caput* do art. 1.815 deste Código.

I) Dos excluídos

O art. 1.814 do CC trata tanto do herdeiro e legatário que serão excluídos da sucessão por ser considerado indigno para receber a herança, os incisos I ao III do mesmo artigo elenca 3 motivos, sendo:

- Crime doloso contra a vida do autor da herança, ou cônjuge ou companheiro, ascendente ou descentes;
- Denunciação caluniosa somente contra o autor da herança, sabendo que ele é inocente. Crime contra a honra contra o autor da herança ou seu cônjuge ou companheiro, não alcançando seus ascendentes e descendentes;
- Por violência ou meios fraudulentos inibir ou obstar contra a liberdade do autor atestar.

Nesse sentido, em qualquer desses casos, a exclusão deverá ser declarada em sentença (art. 1.815 do CC). O parágrafo único do mesmo artigo estabelece que o prazo do direito de demandar a exclusão será de 4 anos, a contar da abertura da sucessão. Já em relação ao testamento o prazo será de 5 anos para impugnação de validade, a contar da data do registro (art. 1.859).

O herdeiro indigno será considerado como se estivesse morto e o seu descendente será chamado a suceder, em virtude da exclusão a lei não admite também ao indigno o usufruto e administração do bem que sucederá ao filho (art. 1.816).

Destaca-se que o ato praticado pelo herdeiro excluído antes da sentença declaratória será considerado válido ao terceiro de boa-fé, assim como o ato de administração, mas aos herdeiros subsiste, quando prejudicados, o direito de perdas e danos. Do mesmo modo, o excluído da sucessão será obrigado a restituir os frutos e rendimentos que dos bens da herança houver percebido, mas a ele caberá o direito a ser indenizado das despesas com a conservação dos bens (art. 1.817).

Logo, a vítima que sofreu humilhação ou tentativa de homicídio poderá perdoar o indigno e colocá-lo a suceder, mas deverá declarar em testamento ou por outro ato autêntico (art. 1.818 do CC).

II) Herança Jacente e Vacante

De início, deve-se diferenciar a herança jacente da vacante. A jacente é aquela que a pessoa morre sem deixar herdeiros e nem testamento, ou tendo eles renunciado à herança. Nesse caso, o juiz nomeará um administrador dos bens até que ocorra duas situações; até a sua entrega ao sucessor devidamente habilitado ou à declaração de sua vacância (art. 1.819 do CC).

Ressalva-se que o art. 739[45] do CPC determina as funções do administrador, quais sejam; ser o representante da herança, manter a conservação dos bens, apresentar balanços mensais; apresentar prestações de contas ao final.

A herança se tornará vacante após decorrido um ano da primeira publicação, denominada vacância resolúvel, e não aparecer herdeiros e os bens passam a integrar ao Poder Público (art. 1.820 do CC). A busca de herdeiros será feita pelo Estado através de publicações de editais por 3 meses no tribunal de justiça do Estado do *de cujus*, conforme estabelece a norma processual art. 741[46] do CPC.

---

45. Art. 739. A herança jacente ficará sob a guarda, a conservação e a administração de um curador até a respectiva entrega ao sucessor legalmente habilitado ou até a declaração de vacância.

    § 1º Incumbe ao curador:

    I - representar a herança em juízo ou fora dele, com intervenção do Ministério Público;

    II - ter em boa guarda e conservação os bens arrecadados e promover a arrecadação de outros porventura existentes;

    III - executar as medidas conservatórias dos direitos da herança;

    IV - apresentar mensalmente ao juiz balancete da receita e da despesa;

    V - prestar contas ao final de sua gestão

46. Art. 741. Ultimada a arrecadação, o juiz mandará expedir edital, que será publicado na rede mundial de computadores, no sítio do tribunal a que estiver vinculado o juízo e na plataforma de editais do Conselho Nacional de Justiça, onde permanecerá por 3 (três) meses, ou, não havendo sítio, no órgão oficial e na imprensa da comarca, por 3 (três) vezes com

Assim, a declaração de vacância da herança não prejudicará os herdeiros que legalmente se habilitarem, mas decorridos cinco anos da abertura da sucessão a vacância passará a ser definitiva e os bens passam ao domínio do Poder Público, sendo ao Município ou ao Distrito Federal, se localizada nas respectivas circunscrições, ou à União, quando situada em território federal. Após a vacância resolúvel os colaterais não terão direito a herança.

11.12.3. Da petição de herança

A petição de herança está escupida nos artigos 1.824 a 1.828 do Código Civil, essa ação tem natureza real para que o indivíduo seja incluído na herança. Ressalta-se que os bens mesmo já partilhados serão restituídos a um novo acervo, independente onde estejam e com quem o possua. Ressalvados as alienações feitas, a título oneroso, pelo herdeiro aparente a terceiro de boa-fé.

Contudo, há divergência em relação ao prazo prescricional da pretensão de petição de herança, pois para a 3ª turma no Informativo 583, determina que prescreve no prazo de 10 anos, nos termos do art. 205 do CC, já que não existe um prazo específico fixado no Código Civil. O termo inicial para o ajuizamento da ação de petição de herança, a fim de anular a partilha

intervalos de 1 (um) mês, para que os sucessores do falecido venham a habilitar-se no prazo de 6 (seis) meses contado da primeira publicação.

§ 1º Verificada a existência de sucessor ou de testamenteiro em lugar certo, far-se-á a sua citação, sem prejuízo do edital.

§ 2º Quando o falecido for estrangeiro, será também comunicado o fato à autoridade consular.

§ 3º Julgada a habilitação do herdeiro, reconhecida a qualidade do testamenteiro ou provada a identidade do cônjuge ou companheiro, a arrecadação converter-se-á em inventário.

§ 4º Os credores da herança poderão habilitar-se como nos inventários ou propor a ação de cobrança.

e reivindicar a sua parte na herança, é a data do trânsito em ação de investigação de paternidade, quando, em síntese, confirma-se a condição de herdeiro. É a Teoria *Actio Nata* (REsp 1475759-DF, 3ª T, j. 17/5/16[47]).

Todavia, recentemente a 2ª do STJ[48], ao julgar embargos de divergência, pacificou o entendimento de que o prazo prescricional começa a ser contado com a abertura da sucessão ou, em se tratando de herdeiro absolutamente incapaz, da data em que completa 16 anos. Isso porque a propositura de ação de investigação de paternidade é imprescritível e de seu julgamento definitivo não constitui óbice para o ajuizamento de ação de petição de herança.

Desse modo, ainda está em discussões o prazo prescricional da pretensão da petição de herança, mas na prova do concurso publico para o cargo de promotor substituto, Estado do Paraná, cobrou o entendimento recente do STJ, conforme questão elencada abaixo. Inclusive, destaca-se que a questão foi cadastrada no STJ como tema sob nº 1200 em sede de recursos repetitivos.

11.13. DA SUCESSÃO LEGÍTIMA

A sucessão legítima determina a ordem hereditária que deverá ser analisada, conforme o código vigente no momento da sucessão, ou seja, se a sucessão ocorreu antes da vigência do Código Civil de 2002 a ordem de vocação seguirá a que era prevista no Código anterior.

47. https://www.jusbrasil.com.br/jurisprudencia/stj/862054957/inteiro-teor-862054967.
48. (EAREsp n. 1.260.418/MG, relator Ministro Antonio Carlos Ferreira, Segunda Seção, julgado em 26/10/2022, DJe de 24/11/2022.)

O art. 1.829 do CC de 2002, nos incisos I a IV, estabelece a ordem de vocação hereditária, conforme as seguintes classes:

> *Art. 1.829. A sucessão legítima defere-se na ordem seguinte:*
>
> *I – aos descendentes, em concorrência com o cônjuge sobrevivente, salvo se casado este com o falecido no regime da comunhão universal, ou no da separação obrigatória de bens (art. 1.640, parágrafo único); ou se, no regime da comunhão parcial, o autor da herança não houver deixado bens particulares;*
>
> *II – aos ascendentes, em concorrência com o cônjuge;*
> *III – ao cônjuge sobrevivente;*
> *IV – aos colaterais.*

Em relação ao cônjuge e os descendentes deve-se analisar as seguintes situações:

a) Situação em que o cônjuge herda em concorrência com os descendentes: Regime da comunhão parcial de bens, se existirem bens particulares do falecido. Regime de separação convencional de bens (é aquela que decorre de pacto antenupcial).

b) Situação em que o cônjuge não herda em concorrência com os descendentes: Regime da comunhão parcial de bens, se não havia bens particulares do falecido. Regime da separação legal (obrigatória) de bens (é aquela prevista no art. 1.641 do CC) Regime da comunhão universal de bens.

Em seguida, o Código Civil prevê no art. 1.832 que ao cônjuge em concorrência com descendentes caberá ao cônjuge quinhão igual ao dos que sucederem por cabeça, no caso de concorrer parte da herança com mais de três filhos em comum é assegurada ao cônjuge a quota parte não inferior à quarta da herança.

O STJ entendeu que a reserva da quarta parte da herança, prevista no art. 1.832 do Código Civil, não se aplica à hipótese de concorrência sucessória híbrida (filhos próprios e afilhados, ou seja, filhos somente do outro cônjuge). Isto porque, para aquele Tribunal, a interpretação mais razoável do enunciado normativo é a de que a reserva de 1/4 da herança restringe-se à hipótese em que o cônjuge ou companheiro concorrem com os descendentes comuns, conforme Enunciado 527 da V Jornada de Direito Civil. STJ, REsp 1.617.650-RS, Rel. Min. Paulo de Tarso Sanseverino, Terceira Turma, por unanimidade, julgado em 11/06/2019, DJe 01/07/2019 (Info 651[49]).

Lembrando que, além do direito à herança o cônjuge tem direito à meação. A sucessão ocorre em bens particulares (herança), e a meação em bens comuns.

> *"Art. 1.790. A companheira ou o companheiro participará da sucessão do outro, quanto aos bens adquiridos onerosamente na vigência da união estável, nas condições seguintes: (Vide Recurso Extraordinário nº 646.721) (Vide Recurso Extraordinário nº 878.694)*
>
> *I - se concorrer com filhos comuns, terá direito a uma quota equivalente à que por lei for atribuída ao filho;*
>
> *II - se concorrer com descendentes só do autor da herança, tocar-lhe-á a metade do que couber a cada um daqueles;*
>
> *III - se concorrer com outros parentes sucessíveis, terá direito a um terço da herança."*

Noutro giro, passamos a análise do art. 1.835 do CC que diz respeito a sucessão por representação, também chamada de

49. https://www.buscadordizerodireito.com.br/jurisprudencia/detalhes/44e65d3e9bc2f88b2b3d566de51a5381

sucessão por estirpe, sendo que existem 2 formas no direito de representação, quais sejam:

a) A primeira em relação aos herdeiros no mesmo grau que será a representação por cabeça, por exemplo; o pai morre e deixa 2 descendentes a divisão será por cabeça, ou seja, metade para cada.

b) A segunda em relação aos herdeiros de classe diferente que será por representação por estripe, por exemplo: o pai tinha 2 filhos, mas antes do pai falecer 1 filho já havia morrido e deixou 3 descendentes (netos), estes receberão a metade do pai por cabeça dividido em 3 partes iguais.

Se não houver descendentes, serão avocados a suceder os herdeiros de segundo grau, sendo os ascendentes em concorrência com o cônjuge. Importante ressaltar que não há direito de representação na linha reta de sucessão. Além disso, aqueles que são herdeiros mais próximos excluem os mais remotos.

A herança em relação aos ascendentes será dividida em metade para a parte materna e paterna e a outra metade ao cônjuge, como por exemplo: Ana com patrimônio de 100 mil reais faleceu sem deixar descendente, mas deixou o cônjuge e os pais. Ao cônjuge caberá o valor de 50 mil e aos pais 25 mil para cada.

Nos casos que o *de cujus* não deixar descendentes e ascendentes, ao cônjuge sobrevivente caberá a integridade da herança, mas há duas exceções; a primeira se não estiverem se separado judicialmente, e a segunda nem separados de fato há mais de dois anos, por culpa sua (art. 1.830 do CC).

A lei também ampara o cônjuge ou companheiro independentemente do regime de bens o direito real de habitação, em decorrência do princípio da dignidade da pessoa humana, não importando se o bem era comum ou particular, pois o imóvel era destinado à residência da família, desde que seja o único daquela natureza a inventariar (art. 1.832 do CC).

Já na ausência de descendentes, cônjuge e ascendentes colaterais herdaram, sendo que os mais próximos excluem os mais remotos, salvo o direito de representação. Isso porque no direito de representação ainda que os sobrinhos sejam de um grau inferior aos irmãos eles poderão concorrer conjuntamente com irmãos, por premoriência, ou seja representação do irmão pré-morto (art. 1.840 do CC).

Concorrendo a herança do falecido, os irmãos bilaterais com unilaterais pela regra do art. 1.841, cada um destes herdará metade do que cada um daqueles herdar. Ademais, na linha sucessória primeiro herdam os irmãos, depois os sobrinhos e por último os tios.

Portanto, exemplificando os artigos 1.840 e 1.841; falecendo uma pessoa, cuja herança monta R$ 12.000.000,00, sem descendentes, ascendentes, cônjuge ou convivente, mas que possuía cinco irmãos, sendo pré-morto um deles, deixando mãe viva, que não era mãe do hereditando; dois irmãos bilaterais e dois unilaterais, sendo um desses unilaterais também já falecido, deixando dois filhos. Cada irmão = bilateral receberá R$ 4.000.000,00, o irmão unilateral receberá R$ 2.000.000,00, e os sobrinhos R$ 1.000.000,00 cada um, nada recebendo a mãe do irmão pré-morto.

11.14. ALIENAÇÃO PARENTAL – LEI 12.318/2010

A alienação parental é um tema muito relevante, por envolver direito fundamental de convivência familiar às crianças e aos adolescentes e de manutenção de vínculo afetivo. A lei 12.318/2010[50] determina que caracteriza o ato de alienação pa-

50. https://www.planalto.gov.br/ccivil_03/_ato2007-2010/2010/lei/l12318.htm

rental a afronta física ou psicológica na criança ou adolescente promovida por um dos genitores ou por quem detenha a guarda, trazendo prejuízo a formação dos laços afetivos com a outra parte genitora ou seus familiares.

O rol do art. 2º nos incisos I ao VII trouxe formas exemplificativas de condutas capazes de caracterizar alienação parental, sendo que não somente estes elencados na lei, mas todo aquele ato declaro por juízes ou por perícia:

> *I - realizar campanha de desqualificação da conduta do genitor no exercício da paternidade ou maternidade;*
>
> *II - dificultar o exercício da autoridade parental;*
>
> *III - dificultar contato de criança ou adolescente com genitor;*
>
> *IV - dificultar o exercício do direito regulamentado de convivência familiar;*
>
> *V - omitir deliberadamente a genitor informações pessoais relevantes sobre a criança ou adolescente, inclusive escolares, médicas e alterações de endereço;*
>
> *VI - apresentar falsa denúncia contra genitor, contra familiares deste ou contra avós, para obstar ou dificultar a convivência deles com a criança ou adolescente;*
>
> *VII - mudar o domicílio para local distante, sem justificativa, visando a dificultar a convivência da criança ou adolescente com o outro genitor, com familiares deste ou com avós.*

Além do mais, a prática de alienação pode ser tanto feita por um dos genitores, quanto por avós ou a pessoa que detenha a guarda do menor.

A prática de alienação parental poderá ser comprovada por prova documental, audiovisual, testemunhal ou pericial, sendo que a pericial será produzida em âmbito judicial onde o juiz determinará a um perito na área psicológica e na área social para avaliar o caso mediante estudo e pareceres técnicos. Os pareceres técnicos aliados com as outras provas produzidas no processo servirão para magistrado alinhar todo o cenário e proferir uma decisão de mérito.

Portanto, uma vez reconhecida pelo juiz a prática de alienação parental, a lei prevê no art. 6º, nos incisos I ao VI, sanções cumulativas ou não, com o objetivo de restabelecer os direitos dos envolvidos, preservar a integridade física e psicológica do menor, além de restabelecer o convívio da criança com o alienado, quais sejam:

> *I - declarar a ocorrência de alienação parental e advertir o alienador;*
>
> *II - ampliar o regime de convivência familiar em favor do genitor alienado;*
>
> *III - estipular multa ao alienador;*
>
> *IV - determinar acompanhamento psicológico e/ou biopsicossocial;*
>
> *V - determinar a alteração da guarda para guarda compartilhada ou sua inversão;*
>
> *VI - determinar a fixação cautelar do domicílio da criança ou adolescente;*

Dessa forma, a Lei 12.318/2010 determina que práticas de alienação parental devem ser coibidas com o objetivo de preservar o direito fundamental da criança à convivência familiar saudável, sendo esse direito violado abrirá espaço para a aplicação de uma sanção. Ressalta-se que a ação de alienação parental tem prioridade de tramitação processual, bem como será obrigatório a participação do Ministério Público.

11.15. REFERÊNCIAS BIBLIOGRÁFICAS

- BRASIL. Supremo Tribunal Federal.
- QCONCURSOS. Disponível em: https://www.qconcuros.com

- https://www.buscadordizerodireito.com.br (acessado no dia 05/03/2024 as 20h)
- https://www.jusbrasil.com.br/jurisprudencia/stj/862054957 (acessado no dia 07/03/2024 as 21h)
- https://www.planalto.gov.br/ccivil_03/_ato2007-2010/2010/lei/l12318.htm (acessado no dia 23/02/2024 as 13h)
- MADELO, Rolf. Manual de Direito de Família - 2ª Edição. 2019. Editora Forense
- PEREIRA, Rodrigo da Cunha. Direito das Famílias / Rodrigo da Cunha Pereira; prefácio Edson Fachin. – 2. ed. – Rio de Janeiro: Forense 2021.
- TARTUCE, Flávio. Manual de Direito Civil – Volume Único. 13ª Edição. 2023. Editora Método.
- Zuliani, Matheus e Bouret, Aurélio. Livro Direito Civil, Carreiras Jurídicas 2023, 4ª edição, editora CPIURIS.

EDITORA
JusPODIVM
www.editorajuspodivm.com.br

RENOVA
GRAF
www.renovagraf.com.br

JUS3622